EU ESCREVE

Organização de
Gabriela Aguerre e Natalia Timerman

EU ESCREVE

DILEMAS DAS ESCRITAS DE SI

Com textos de

Adriano Schwartz; Amara Moira; Andrea Saad Hossne; Anna Faedrich; Bianca Santana; Bruna Mitrano; Camilo Gomide; Diana Klinger; Felipe Charbel; Gabriela Aguerre; Ieda Magri; Isabela Cordeiro Lopes; Joselia Aguiar; Julián Fuks; Júlio Pimentel Pinto; Lubi Prates; Luciene Azevedo; Mariana Delfini; Natalia Timerman; Samara Lima; Tatiana Salem Levy; Trudruá Dorrico; Yasmin Santos

1ª edição

EDITORA RECORD
RIO DE JANEIRO • SÃO PAULO
2025

Diagramação: *Abreu's System*

CIP-BRASIL. CATALOGAÇÃO NA PUBLICAÇÃO
SINDICATO NACIONAL DOS EDITORES DE LIVROS, RJ

E86

Eu escreve : dilemas das escritas de si / Adriano Schwartz ... [et al.] ; organização Gabriela Aguerre , Natalia Timerman. - 1. ed. - Rio de Janeiro : Record, 2025.

ISBN 978-85-01-92470-4

1. Crítica literária. 2. Ficção autobiográfica - História e crítica. 3. I. Schwartz, Adriano. II. Aguerre, Gabriela. III. Timerman, Natalia.

25-98431.0 CDD: 809.382
CDU: 82-09

Carla Rosa Martins Gonçalves - Bibliotecária - CRB-7/4782

Este livro foi revisado segundo o Acordo Ortográfico da Língua Portuguesa de 1990.

Direitos desta edição adquiridos pela
EDITORA RECORD LTDA.
Rua Argentina, 171 - 3º andar - São Cristóvão
Rio de Janeiro, RJ - 20921-380
Tel.: (21) 2585-2000.

Seja um leitor preferencial Record.
Cadastre-se em www.record.com.br
e receba informações sobre nossos lançamentos e nossas promoções.

Atendimento e venda direta ao leitor:
sac@record.com.br

Impresso no Brasil
2025

Sumário

Apresentação

Era um domingo na casa da Gabriela. Estávamos comendo biscoitos e tomando chá, como que vindas de séculos atrás para pousarmos, estarrecidas, na tarde do nosso tempo. Folheávamos o jornal como mudávamos de assunto, e o tema a que chegamos – olhando desde agora, aquele passeio por diversos tópicos era um preâmbulo – era a diferença entre verdade e ficção, discutida em um texto do jornal. O texto nos incomodou porque pressupunha compreensões sobre verdade, ficção e outros conceitos às quais custávamos a aderir totalmente. Daí, nos pusemos a enumerar situações em que esses conceitos se espalhavam, perdiam suas bordas, se fundiam a outros, e percebemos que esse extravasamento tendia a se aglutinar em torno do campo das escritas de si, termo foucaultiano que engloba as narrativas em primeira pessoa sobre um eu que escreve a si mesmo. "Escrever é, portanto, 'se mostrar', se expor, fazer aparecer seu próprio rosto perto do outro", afirma Michel Foucault no ensaio "A escrita de si", de 1983.

Nossa conversa enveredou, mais que para a defesa do nosso entendimento, em direção à percepção de uma necessidade: a de investigar por que, hoje, as escritas de si estão em toda parte, mas entendidas em cada parte de um jeito, sendo motivo ora de ataque, ora de defesa. A autoficção, por exemplo, tem sido alvo de discussões fervorosas, mas em geral pouco aprofundadas, o que parece encaminhar o termo a seu esvaziamento e banalização. Tentávamos entender o que estava em jogo: a recepção de conceitos específicos? O interesse sobre as obras que esses conceitos tentam fisgar? O desejo de escrever as próprias obras? A popularidade de algumas de suas autoras, de alguns de seus autores? Em que desconfortos essas perguntas estavam nos tocando?

Passeamos, ao redor daquela mesa, ao redor daquela tarde, pelo nosso tempo e pela maneira como ele aprecia a literatura que produz. Postamo-nos no meio do fogo cruzado, e um dos lados colocava o testemunho na berlinda, como se não houvesse literatura possível em textos nessa primeira pessoa de quem viu, e agora escreve. Surpreendidas, também observamos como o conceito de escrevivência, à medida que se expande e ganha espaços, não só como gesto de resistência, mas de existência, recebe críticas – que apenas revelam uma hierarquização de gêneros e autorias. E o que pensar de textos não ficcionais que estabelecem uma declarada correspondência com o real, mas que insistem em nomear como autoficcionais? A própria ideia de literatura se pôs em xeque, e concordávamos sobre o quão importante seria rever as definições, reconhecer seus limites, expandi-los. Assombrar-nos foi o primeiro passo.

Surgiu, naquela tarde, a vontade desta coletânea. Começamos lá mesmo a anotar nomes de escritores e pesquisadores que poderiam pensar essas questões sob diversos prismas. O gesto pretendido foi bem descrito por Isabela Lopes Cordeiro em sua colaboração, "América latina, testemunho e pós-autonomia": "Quando novos termos começam a circular, descrevendo fenômenos que sempre existiram com outros nomes e sob outras abordagens, e as categorias de que dispomos já não respondem tão bem à forma com que as coisas se arranjam no mundo, então costuma ser hora de levantarmos um dedo para sentir a direção do ar se movendo."

Propusemos a cada autor um tema por meio da sugestão do título de um capítulo. Nossa intenção não foi categorizá-los, mas, grande desafio da contemporaneidade, garantir espaços sem restringir ou resumir as pessoas a eles. Priorizamos nomes de quem vem se debruçando – seja em pesquisas de mestrado ou doutorado, em publicações não ligadas diretamente ao universo acadêmico, em sala de aula, em rodas de conversa, em festivais, nas próprias obras literárias, no posicionamento que assumem sobre suas obras ou na análise crítica de livros que têm estado no centro das discussões – nas reflexões sobre as escritas de si ao longo do tempo e em como essas escritas vêm aterrissando no *nosso* tempo.

O resultado nos surpreendeu em muitos sentidos: pela diversidade de abordagem, recorte e profundidade; pelas diferentes distâncias que cada texto toma do hoje; até mesmo pela escolha de se debruçar na obra de uma de nós, caso de Luciene Azevedo, que escreve sobre Natalia Timerman, em "As redes sociais, as escritas de si e a ficção". Também pelo diálogo inadvertido que alguns dos textos estabelecem entre si, como concordância ou como contraponto, caso do texto de Adriano Schwartz em relação aos de Diana Klinger e Anna Friedrich sobre autoficção.

Vibramos a cada entrega, vendo formar-se um caleidoscópio daquilo que não enxergávamos tão claramente à época do chá. Um diagnóstico variado acerca dos dilemas ia se desenhando, a partir do qual reconhecíamos "a vontade de tocar as tensões com mãos próprias, de agarrar as tensões e puxá-las para o interior dos livros", como escreve Julián Fuks em seu "O direito à própria história e a ética do contar". Fomos organizando, com nossas próprias mãos, descobrindo conexões e parcerias entre os textos, qual poderia ficar perto de qual, que diálogos se estabeleciam entre diferentes conhecimentos e visões.

Vibramos ainda mais quando tivemos certeza do nome que daríamos a este conjunto de textos – e aproveitamos aqui para saudar a equipe editorial da Editora Record, que abraçou não apenas o título (cuja irreverência, pensamos, também revela um choque) como o projeto da coletânea como um todo, desde o início. *Eu escreve* é a síntese a que chegamos: a apreciação, na maior quantidade de ângulos possível, desse "eu" que se põe a escrever em primeira pessoa. A observação não apenas do "eu" em sua autorreferencialidade, mas como fenômeno contemporâneo, instável e inapreensível, o eu como um outro.

Esse título nos deu a chave para batizar as seções deste livro. A primeira, "Eu e nós: gêneros instáveis", dispõe e analisa paradoxos, fusões e emaranhados – os nós e os híbridos, enfim – das escritas ligadas ao "eu". Da autoficção ao diário, do ensaio pessoal às redes sociais, dos testemunhos à tese, vemos a escrita de si emergindo como um campo expandido, onde o "eu" é linguagem e também um corpo em embate com o mundo, um "eu" inventor de textos que escapam aos enquadramentos de gêneros de que dispomos (ou dispúnhamos).

Em "Eu disputa: conceitos em debate", diferentes vozes tensionam os limites entre fato e ficção, autenticidade, biografia e construção narrativa, enquanto refletem sobre os usos e disputas em torno dos conceitos de autoficção, narrativa de filiação e escrevivência.

Finalmente, na seção "Eu escrevo: a própria voz" se alinham, como se pode esperar deles, sujeito e verbo, ao se apresentarem como testemunhos próprios. Os textos discutem desde a ética do narrar a vida até a transcriação de experiências traumáticas, passando pela autoteoria, a maternidade e as oficinas literárias como espaços de elaboração de identidade e reconstrução de ancestralidades dilaceradas.

Reunir ensaios que fundamentassem e aprofundassem as reflexões sobre as escritas de si, mas se mantivessem acessíveis ao leitor, foi outra de nossas sugestões quando do convite à escrita, convite que só se completa na leitura. Que *Eu escreve*, em vez de definições estanques, nos ofereça a direção do vento.

Gabriela Aguerre e Natalia Timerman
São Paulo, maio de 2025

PARTE 1. EU E NÓS

Gêneros instáveis

Narrar a própria vida incomoda muita gente?

Ieda Magri

> *De hecho, Moore escribe como si no hubiera sido ella tocada por los debates sobre la narración en primera persona, la autoficción (que no existe, porque todo es autoficcional, ya que lo que se escribe siempre viene de uno mismo; hasta la Biblia es autoficción, porque empieza con alguien creando algo), la autorrepresentación, la no ficción, que tampoco existe porque cualquier versión narrativa de una historia real es siempre una forma de ficción, ya que desde el instante en que se ordena el mundo con palabras se modifica la naturaleza del mundo.*[1]
>
> Enrique Vila-Matas, *Montevideo*

Essas palavras de Enrique Vila-Matas tiveram um efeito enorme sobre mim. Quando as li em setembro de 2022, ao chegar em Barcelona para uma pequena temporada de estudos, passaram a funcionar como um mantra. Queria escrever como Moore, escrever como se não tivesse sido tocada pelos debates sobre a narração em primeira pessoa, mas logo descobri que era o contrário do que Vila-Matas estava propondo.

1 De fato, Moore escreve como se não tivesse sido tocada pelos debates sobre a narração em primeira pessoa, a autoficção (que não existe, porque tudo é autoficcional, já que o que é escrito sempre vem de quem escreve; até a Bíblia é autoficção, porque começa com alguém criando algo), a autorrepresentação, a não ficção, que também não existe porque qualquer versão narrativa de uma história real é sempre uma forma de ficção, já que a partir do momento em que o mundo é ordenado com palavras, a natureza do mundo é modificada. (Todas as traduções são minhas.)

Montevideo foi o primeiro livro que comprei ao chegar. Também porque tinha na memória a livraria do CCCB, o Centro de Cultura Contemporânea de Barcelona, onde tinha comprado meu primeiro Vila-Matas, numa viagem do início dos anos 2000. *Bartleby e companhia*. Mas com *Montevideo* nas mãos, lendo página a página, depois desse achado deslumbrante e verdadeiro, fui começando a perder a empolgação. O que havia de errado com aquele livro? Vila-Matas escrevia como se não tivesse sido tocado pelos debates sobre a narração em primeira pessoa. E sua escrita já não tinha a força de *Bartleby e companhia*. Por quê? Porque aquela novidade incrível das invenções conceituais, das falsas histórias de escritores, dos falsos escritores, dos falsos críticos, aquela alta ficção de tudo já não fazia o mesmo efeito daquela outra época, daquela descoberta, daquela inteligência do início dos anos 2000. Agora Vila-Matas me parecia racional demais. Os intrincados jogos ficcionais me pareceram apenas cansativos. Eu já estava acostumada com eles e passei a achar que seria melhor se ele tivesse sido tocado pelo debate da narração em primeira pessoa.

O livro era, na verdade, uma pegadinha sobre isso: anunciava que tudo o que estava escrito ali era uma "ficção verdadeira". Entendi antes de ler que ele tinha viajado a Montevidéu e se instalado num hotel que no passado havia recebido escritores da mais alta estirpe, e que contaria o que aconteceu como um encontro de mentes ilustres. Mas logo de cara, sua mala se transforma num objeto mágico, um instalador de tramas paranoicas, e a primeira pessoa que narra se enlaça tanto na trama de "A porta condenada", um conto de Cortázar, quanto na do capítulo 56 de *O jogo da amarelinha*, no qual Oliveira faz um labirinto de barbantes ao modo de uma sofisticada teia de aranha em seu quarto, para impedir a proximidade de Traveler. Era um livro sobre outros livros. Era um escritor jogando com outros escritores. Era literatura cerebral. Daquelas que me instigam, daquelas que amo. Mas algo não estava dando certo na minha leitura. Estando eu mesma numa viagem, queria saber das viagens do Vila-Matas, queria poder vê-lo caminhando em Montevidéu. Queria que ele saísse dos jogos mentais. Ainda não era o momento certo para entender que Vila-Matas estava reagindo ao poder das histórias de teor autobiográfico com uma nova ofensiva: a tal "ficção verdadeira". *Montevideo* é, em alguma medida, um tratado sobre como a ficção é o que tornaria real o vivido, ainda que seja o vivido a partir de um livro de ficção.

Não parece ser um desejo apenas meu, este de ler algo que mina a ficção, algo que não aparece como inventado e que, no entanto, seja escrito "como um romance" – e seja vivido como se por um personagem de ficção, como na famosa frase de Barthes em *Roland Barthes por Roland Barthes*. Sim, a autoficção não precisa exibir sua existência em conceito porque tudo é autoficcional; sim, a autorrepresentação não precisa exibir sua existência em conceito porque tudo é autorrepresentação. Vila-Matas está correto. Mas... parece haver mesmo um desgaste dos jogos ficcionais e um clamor pelos livros que deem conta de experiências reais, de escritores que sejam capazes de narrar a própria vida – ou episódios dela – como se fossem personagens de ficção, como se o que narram pudesse ser lido como um romance ou como um ensaio, plasmado na matéria autobiográfica. Em outro ensaio, arrisco dizer que o que se apresenta atualmente para nós é uma crise da ficção (que já vem sendo detectada há anos por vários críticos e teóricos, entre eles, por exemplo, James Wood), e que essa crise leva a uma busca do irrepetível, da experiência que produz aura. Leitores e escritores querendo partilhar uma experiência (nos termos de Walter Benjamin), uma capacidade, um traço de artisticidade presentes na própria vida do escritor e que se fixam em seus textos quando ele consegue fazer com que funcionem como literatura – sendo, também, sua vida.

É inegável, então, que há hoje uma demanda pela leitura de livros de teor autobiográfico. Os termos conceituais variam, não são "tudo a mesma coisa" – e vão, então, do mais próximo da ficção (a autoficção) até o mais próximo do testemunho ou do acontecimento histórico (o romance de não ficção).[2] Para tornar mais fácil o entendimento do meu argumento, vou colocar tudo no caldeirão das escritas de si ou das escritas com teor autobiográfico, traduzindo também o citado debate anunciado por Vila-Matas, o da escrita em primeira pessoa. Por um lado, vejo uma certa predominância desse tipo de escrita, que vem crescendo desde a década de 1980 até a atualidade. Por outro, vejo nascer um personagem que poderia ser chamado de "Inimigo da Autoficção", seguindo aqui o escritor argentino César Aira, com seu "Inimigo da Arte Contemporânea": "O Inimigo militante da Arte Contemporânea argumenta e vocifera contra a fraude destes preguiçosos que se fizeram milionários graças ao esnobismo da massa, quem escreve livros com títulos que parecem ser variações de 'A culpa é de Duchamp', e se enfurecem exemplificando as ridículas obras de arte ('arte' com muitas aspas) da Arte Contemporânea."[3] Não dá para ficar milionário com autoficção, mas, mesmo assim, há inimigos sólidos – isso porque o romance de teor autobiográfico dá a impressão de ser menos trabalhado, de que basta sentar e puxar o fio da memória diante do computador. Quase dá para ouvir uma voz soando ao fundo, entre dentes: "Mas que memória têm esses escritores de 20 anos?" Diatribe típica do Inimigo da Autoficção que Aira já anunciava em 2017, ele próprio como o primeiro Inimigo Sólido da Autoficção: "Não gosto dessa 'literatura do eu' que agora está na moda [...] É preciso ter uma autoestima muito elevada, maior do que a minha pelo menos, para acreditar que seus namoros e porres são tão interessantes."[4] E colocava na boca de um personagem do romance *A confissão*: "Não comungava com os que tomavam a palavra, às vezes por tempo interminável, para contar obviedades autobiográficas, essas famosas 'histórias que se contam sozinhas.'"[5]

---

2 Remeto aqui ao texto mais completo que conheço sobre o romance de não ficção, no qual o autor, Felipe Charbel, traça com minúcias as linhas que demarcam esse tipo de escrita a partir de um romance de Laurent Binet: "Repactuar o romance histórico e a ficção biográfica: sobre *HHhH*, de Laurent Binet", *ArtCultura*, 2017.

3 César Aira, *Sobre a arte contemporânea*, 2019, p. 25.

4 Alexandre Luchese, "César Aira: 'Não gosto dessa 'literatura do eu' que agora está na moda'", *Gaúcha ZH*, 2017.

5 César Aira, *A confissão*, 2022, p. 55.

O Inimigo da Autoficção não separa, de propósito, as escritas de si autocelebratórias, muitas vezes recheadas apenas de banalidades, aquelas incensadas por um mercado dirigido a leitores que se regozijam com a vida de celebridades, daquela que tem um propósito, digamos, mais nobre, e que intenta levar a cabo uma busca séria para plasmar o vivido em termos literários. Porque a literatura de teor autobiográfico vem informada de largos debates em torno da primeira pessoa, e dificilmente é feita de "namoros e porres". Acho, porém, que aquela linha tênue que vai do mais próximo da ficção até o mais próximo da não ficção (e o jogo do indecidível entre os dois polos) foi o que firmou o conceito e marcou uma espécie de "moda" da autoficção no início dos anos 2000, no Brasil. À época, alguns escritores – Ricardo Lísias, por exemplo – começaram a misturar a escrita de romance de teor autobiográfico com declarações do narrador/autor (dentro do livro) de que se tratava de pura ficção, embaralhando as cenas para evitar acusações no plano jurídico, ou seja, naquilo que é vivido fora da página do romance.

No início de *Divórcio*, o narrador Ricardo Lísias dizia que não havia ali uma linha sequer de ficção. Páginas depois, o mesmo narrador dizia, numa cena de tribunal, que se tratava de um romance de ficção, portanto ele nada devia de explicações à justiça.[6] No plano de fora do livro, eu mesma vi o espetáculo do autor que, em uma determinada cena, tirava a roupa e ficava sob um facho de luz. Depois pegava o microfone e explicava de forma bem didática que não tínhamos visto Ricardo Lísias quase nu, mas sim um personagem de nome idêntico criado pelo autor Ricardo Lísias.

Quando se fala em escritas de si hoje, se quer passar longe desse jogo mais aberto de embaralhamento entre ficção e não ficção, mas que advoga de maneira clara pela ficção, pela pura burla, fazendo o leitor concluir que nada é para ser lido como verdade, ainda que o seja. Nesse tipo de livro, estaríamos firmando um pacto ambíguo, como o conceitua Manuel Alberca, que quer testar o limite de crença do leitor, sendo o mais crente também o mais ingênuo. Penso que esse momento auge da autoficção

6 Remeto à excelente análise desse romance feita por Anna Faedrich, bem como ao seu extenso estudo sobre o tema, no livro *Teorias da autoficção*, 2022.

criou uma crise da capacidade do leitor de acreditar – fazendo com que ele não queira mais jogar o jogo do autor. Entraríamos, então, numa nova fase na qual, se for para o autor "fazer o morto falar" (explico isso adiante), queremos que ele seja, além de crível, confiável. Estaríamos na fase na qual o maior valor recairia sobre a autenticidade do narrador em primeira pessoa, fazendo o ponteiro ir do mais próximo da ficção para o mais próximo do teor autobiográfico. Ao ler, o leitor buscaria algo que o fizesse crer que o que se conta ali aconteceu, ainda que não daquela maneira, porque ninguém é tão ingênuo a ponto de excluir o engenho, a arquitetura necessária para contar qualquer história.

Mas talvez esse meio de campo que é chamado texto, e que existe entre aquele que escreve e aquele que lê, não seja tão simples assim.

Nora Catelli mostra, em seu livro *En la era de la intimidad*, que "só tem valor de verdade no discurso o que torna evidente um sujeito", mas diz também que "não possuímos nenhum instrumento definitivo para capturar esse sujeito" e este seria então "o signo da era da intimidade",[7] o momento que ainda estamos vivendo. Acho que poucos enunciados soam tão próximos ao que experimentamos no momento em que escrevo este texto, ainda que o livro de Nora seja de 2007 e que ela esteja pensando o aparato crítico em torno das escritas de si que tomam consistência, segundo ela, depois da Segunda Guerra Mundial. Nora parte de dois polos, Paul de Man e Philippe Lejeune, para explorar as possibilidades de leitura das escritas de si e a implicação mais incômoda que a cerca: como pensar esse "eu" que se afirma nas páginas.

Depois do chamado "giro linguístico" que abalou a década de 1960, não podemos mais tomar com naturalidade aquele que diz "eu" – o sujeito autocentrado foi colocado em desconfiança, abalado por uma nova concepção de linguagem, que deixa de ser uma ferramenta transparente para o uso daquele que pensa e "se expressa", impugnando qualquer noção prévia que sustentaria o escrito. A cena de escrita habitada pelo escritor

7 Nora Catelli, *En la era de la intimidad*, 2007, p. 9.

romântico que pensa e logo existe, que sente e se expressa, que comunica um saber autêntico e único é suplantada pela cena de outro escritor, cuja relação com a escrita é permeada sempre por uma máscara e outra e outra, e mais outra e que, quando retiradas, só deixam ver o vazio. A nova ideia de escrita é aquela na qual se institui o sujeito, inexistente antes dela. Por isso a figura da escrita autobiográfica seria a da prosopopeia – e sua tarefa, a de fazer o morto falar. "Colocar em cena o morto e dar a ele uma voz é a figura que cobre, e por isso mesmo subtrai, o vazio atrás da máscara",[8] diz Catelli, a partir de Paul de Man.

Se o texto de Paul de Man é o marco obrigatório para pensar as escritas de si a partir do giro linguístico, seria preciso pensar se há um motivo para que a figura do autor (nome de personagem, narrador ou herói homônimo ao que assina o livro) prolifere de maneira tão imponente no romance de ficção e de não ficção, sobretudo a partir da década de 1980. Tenho para mim que é o autor se recusando a ocupar o lugar do morto, desejando dar um nó na teoria. Ou chamando a teoria, a crítica, para um duelo, para um combate, como acontece na já clássica cena de *Os detetives selvagens*, de Roberto Bolaño, na qual Arturo Belano luta, num cenário de praia, com o crítico Iñaki Echavarne.

Eu disse "figura do autor", e isso não é gratuito. Mesmo com a tentativa de Lejeune de restituir o sujeito autobiográfico, quando sustenta que a escrita autobiográfica é uma "narrativa retrospectiva em prosa que uma pessoa real faz da sua própria existência, quando focaliza especialmente sua vida individual, sobretudo a história de sua personalidade",[9] o chamado "giro autobiográfico" não deixou de levar em conta os conceitos de figura e função instituídos pelo pós-estruturalismo e pela desconstrução. Desconfia-se de que aquele que diz "eu", ainda que o afirme, possa ser "uma pessoa real" justamente porque o que temos em vista, o que lemos, é uma "narrativa" – ou seja, um artefato de linguagem e não a pessoa real, que nem mesmo o autor consegue acessar de forma plena. Por mais que chafurde em si, o autor ganha a forma de uma cebola, sempre retirando camadas e se apresentando a si mesmo e ao leitor como fantasma, fantasia ou figura.

---

8 Nora Catelli, *op. cit.*, p. 36.

9 Philippe Lejeune, *O pacto autobiográfico: de Rousseau à internet*, 2014, p. 16.

E é exatamente essa desconfiança que leva ao duelo entre autor e crítica, entre autor e personagem, entre escrita e leitura, instaurando mais que uma nova forma de escrita de si, uma nova forma de ler. O autor se apresenta com seus truques ou com sua verdade. Cabe ao leitor perceber qual pacto está sendo proposto, se ele se sustenta e, enfim, se quer fazer ou não esse pacto.

Se é uma questão de leitura, é porque, como não se deixou de perceber, as escritas de si se utilizam das mesmas estratégias narrativas da ficção. Como distinguir o que é ficção e o que não é, se não podemos confiar na palavra do autor? E sobretudo se as mais diversas teorias acabaram por dizer que não há autobiografias, mas momentos autobiográficos (Paul de Man), espaços autobiográficos (Nora Catelli), teor testemunhal, gesto autobiográfico, impulso autobiográfico ou autoficcional etc., e se um autor como Ricardo Piglia acabou por dizer que tudo o que um autor escreve, inclusive a crítica, é autobiográfico? Também disse que uma gota de ficção contamina tudo de ficção...

Sem querer menosprezar todos os esforços inteligentes de fazer essa diferenciação, o que conta mesmo é que a autoproclamada ficção produz um jogo de ilusões que permite a evasão: o leitor lê como se ninguém estivesse conduzindo a história. Como se ela se desse sozinha, nascesse como uma flor no mundo real que foi colhida e ofertada a ele, leitor. A leitura segue um enredo que é uma história escrita e sobretudo inventada por um autor. Mas isso não é pertinente durante a leitura, durante a fruição da leitura. O autor fica escondido, é alguém que ficou na capa do livro. Quando é uma história não ficcional, lemos e nos remetemos o tempo todo a essa figura que conduz a leitura da forma que interessa a ela. O autor está dentro do livro.

Eu mesma adoro os romances de não ficção porque sinto como se estivesse acessando, ao ler, um modo de fazer específico desse autor – e que não está reduzido ao estilo, faz parte da linha e não da entrelinha. Leio ao mesmo tempo o enredo e o modo como foi armado.

* * *

No seu discurso do Nobel, "O narrador sensível", Olga Tokarczuk dá um diagnóstico do que vivemos hoje e uma possível resposta ao porquê de escritores, leitores e mercado promoverem tanto a escrita de si: "A categoria de fake news impõe novas perguntas sobre o que é ficção. Os leitores que se deixam enganar, desinformar ou iludir várias vezes vão adquirindo uma neurose idiossincrática. Uma reação a esse cansaço da ficção", diz ela, "talvez seja o enorme sucesso da literatura de não ficção, que nesse grande caos da informação grita sobre nossas cabeças: 'conto a verdade, só a verdade', 'o meu relato é baseado em fatos!'".[10] Como se concordasse com o que escrevi anteriormente, ela diz que a ficção perdeu a confiança dos leitores quando a mentira se tornou uma arma de destruição em massa. Mas então ela propõe que a voz sensível que o mundo precisa hoje seria a de uma "quarta pessoa", que ela exemplifica com o narrador do Gênesis, aquele que vê Deus fazendo o mundo e concluindo que era bom. Essa voz acima de tudo e de todos, uma espécie de volta à totalidade, para ela, seria a única capaz de juntar os cacos do mundo, devolver a nós a realidade que tudo conecta, que nos mostraria que cada ato, por minúsculo que seja, contribui para equilibrar ou desequilibrar o mundo inteiro e o destino de todas as pessoas na Terra. Essa quarta pessoa seria uma voz não humana, capaz de fazer com que o leitor se conecte ao também não humano, dotando de vida os seres e objetos inanimados. Esse poder de sair de si seria o mais radical que a narrativa teria a oferecer ao mundo, capaz de restituir as coisas aos seus lugares. Não é de se surpreender que alguns romances brasileiros dos anos seguintes ao discurso sejam narrados senão pelo bule de chá da Olga, pelas cordilheiras, rios e cascatas, pelas árvores, pelas pedras e pelos vulcões. A narradora do discurso é bastante convincente. Assim como não dá para deixar de lado o grande sucesso dos livros de Annie Ernaux, seu discurso do Nobel, e a tendência contemporânea (mas que vem desde a década de 1980) da escrita de si na França e hoje por todo lugar. Quanto à quarta pessoa de Tokarczuk, o mais temível é que essa voz que tem o poder de saber até mesmo o que Deus vê seja a da Inteligência Artificial.

---

10 Olga Tokarczuk, *Escrever é muito perigoso: ensaios e conferências*, 2023.

Deixando esse temor para uma outra conversa, quero trazer uma última citação do discurso de Olga Tokarczuk, que é o golpe definitivo nas escritas de si: "A sensibilidade personaliza tudo a que se refere, deixando que isso ganhe uma voz, ganhe um espaço e um tempo para existir e se expressar [...]. Ela surge quando olhamos, com atenção e foco, para dentro de um outro ser, naquilo que não é 'eu'."[11] Olga Tokarczuk aqui encarna o Inimigo militante da Autoficção. E aponta para outro problema da literatura contemporânea, que também merece debate: o da escrita que não é sobre "o ego do autor", mas sobre o ego do leitor, que busca personagens que sirvam perfeitamente para sua identificação.

Diria com ela, mas com um resultado contrário ao dela, que o momento atual, no qual as fake news colocam novas perguntas sobre o que é ficção, é também o momento no qual as histórias de teor autobiográfico dão um pouco de consistência ao que vivemos no plano coletivo. Esse tipo de história empresta um pouco de concretude, uma espécie de sopro de vida - num mundo vivido (todo ele) como se fosse ficção, no qual duvidamos de nossa própria existência. Nessas condições, "devolver ao passado a aura da experiência vivida",[12] como diz Silvia Molloy em *Acto de presencia*, é um atestado de vida para quem escreve e para quem lê. Afinal, a aura da obra de arte vem sendo liquidada já há mais de um século, como nos ensinou Walter Benjamin, mas vai reaparecendo aqui e ali, como um resíduo que se agarra à vida, testemunhando a passagem do tempo e a nossa passagem nele. Narrar a vida em busca de um sentido que jamais se deixa tocar por completo talvez seja a forma que encontramos de deixar rastros de nossa existência, ainda que pouca, ainda que banal, esperando que entre uma experiência e outra haja alguma forma de comunicação, alguma iminência de sentido.

11 *Ibidem.*

12 Silvia Molloy, *Acto de presencia: la escritura autobiográfica en hispanoamérica*, 1996, p. 214.

Referências bibliográficas

AIRA, César. *Sobre a arte contemporânea*. Tradução de Victor da Rosa. Rio de Janeiro: Zazie Edições, 2019.

______. *A confissão*. Tradução de Ieda Magri, Hugo de Almeida, Juliana Ribeiro e Mariana Teixeira. Rio de Janeiro: Papéis Selvagens, 2022.

ALBERCA, Manuel. *El pacto ambíguo: de la novela autobiográfica a la autoficcion*. Madrid: Biblioteca Nueva, 2007.

BENJAMIN, Walter. *Magia e técnica, arte e política*. Tradução de Sérgio Paulo Rouanet. 7ª ed. São Paulo: Brasiliense, 1994.

BOLAÑO, Roberto. *Os detetives selvagens*. Tradução de Eduardo Brandão. São Paulo: Companhia das Letras, 2006.

CATELLI, Nora. *En la era de la intimidad: seguido de – el espacio autobiográfico*. Rosário: Beatriz Viterbo Editora, 2007.

CHARBEL, Felipe. "Repactuar o romance histórico e a ficção biográfica: sobre *HHhH*, de Laurent Binet". *ArtCultura* n. 35, 2017, pp. 31-41. Disponível em: <www.doi.org/10.14393/ArtC-V19n35-2017-2-03>. Acesso em: 27 abr. 2025.

DE MAN, Paul. "Autobiography as De-facement". In: *The Retoric of Romantism*. Nova York: Columbia University Press, 1984.

FAEDRICH, Anna. *Teorias da autoficção*. Rio de Janeiro: EdUerj, 2022.

LEJEUNE, Philippe. *O pacto autobiográfico: de Rousseau à internet*. Organizado por Jovita Maria Gerheim, tradução de Jovita Maria Gerheim Noronha e Maria Inês Guedes. Belo Horizonte: Editora UFMG, 2014.

LISIAS, Ricardo. *Divórcio*. Rio de Janeiro: Alfaguara, 2013.

LUCHESE, Alexandre. "César Aira: 'Não gosto dessa 'literatura do eu' que agora está na moda'". *Gaúcha ZH*. 14 ago. 2017. Disponível em: <www.gauchazh.clicrbs.com.br/cultura-e-lazer/livros/noticia/2017/08/cesar-aira-nao-gosto-da-literatura-do-eu-que-esta-na-moda-9868792.html>. Acesso em: 17 abr. 2018.

MOLLOY, Silvia. *Acto de presencia: la escritura autobiográfica en hispanoamérica*. Tradução de José Esteban Calderón. Cidade do México: Colégio de México; Fondo de Cultura Económica, 1996.

PIGLIA, Ricardo. *O laboratório do escritor*. Tradução de Josely Vianna Baptista. São Paulo: Iluminuras, 1994.

______. *La forma inicial. Conversaciones en Princeton*. Buenos Aires: Eterna Cadência, 2015.

TOKARCZUK, Olga. *Escrever é muito perigoso: ensaios e conferências*. Tradução de Gabriel Borowski. São Paulo: Todavia, 2023.

VILA-MATAS, Enrique. *Montevideo*. Barcelona: Seix Barral, 2022.

Literatura latino-americana: testemunho, pós-autonomia e dias atuais

Isabela Cordeiro Lopes

Ao me sentar para escrever este texto, me dou conta de que estou prestes a elaborar noções que, em última instância, não existem: a América Latina, a pós-autonomia e o testemunho. As três referem-se a objetos fugidios, instáveis, cercados por fronteiras forjadas "lá fora", precárias demais (como toda fronteira) para abarcar o que transborda ali dentro. Mas é justamente por isso que me interessam, e é precisamente ali, onde se mostram meio impossíveis, que essas categorias produzem algumas das obras mais interessantes dos nossos tempos.

São muitas as formas literárias nessa América Latina (que também são tantas). Impossível tratá-las todas como uma só coisa, sob o risco de perdermos a pluralidade, as singularidades, os traços específicos que cada obra insere nos campos com que dialoga. É com isso em mente que comento este recorte, testando olhar para alguns relevos que parecem se avizinhar nessa paisagem. Falo aqui de um conjunto de obras que, a partir de recursos autoficcionais, parecem tratar o passado e a identidade dos sujeitos como um empreendimento ficcional, que se instala precisamente ali onde "eu" faz tão pouco sentido quanto "verdade". Ou melhor: onde tanto "eu" quanto "verdade" são produzidos pelo ato duplo de escrita e leitura, comunitariamente. E, ao fazê-lo, articulam formas, talvez novas, de *fazer presente*.

* * *

Foi o escritor cubano Guillermo Cabrero Infante que disse uma vez não ser cidadão latino-americano porque esse continente (um continente e meio, acrescenta) não tem conteúdo: "É, como Erewhon, o anagrama de *nowhere*, ou como Utopia, ambos conceitos inventados na Inglaterra, que literalmente nomeiam o lugar que não existe."[1] Se olhamos para o lugar que existe, sem tratar com uniformidade o universo heterogêneo e multicultural que é o da América Latina, ainda nos vemos às voltas com o fato incontornável de que essa identidade segue sendo colada aos povos que aqui vivem e às produções culturais que aqui circulam, sustentando a latino-americanidade em um processo "delirantemente etnocêntrico".[2]

Identidade é um mecanismo que opera pela exclusão do diferente: é *latino*-americano aquele que, nas Américas, não é estadunidense ou canadense; é latino-*americano* aquele cuja língua materna é latina fora da Europa, da África ou da Ásia. Mas também são *latino-americanos* muitos imigrantes nos Estados Unidos ou na Europa, os povos originários cujas línguas maternas são o quéchua, o guarani ou o mapuche, e ainda aqueles que falam línguas híbridas cujas raízes frequentemente não são nem latinas nem americanas, como os crioulos de Guadalupe e do Suriname e o patoá jamaicano.

São muitas as formas com que essa identidade é reforçada, reafirmada e instaurada nos territórios que perfazem a tal da América Latina, geralmente pautadas pela violência que configura a produção identitária: um valor extrínseco, um olhar externo, uma postura que vê no outro um "não eu", um "eles" que é indistinguível, em nuance e diversidade, dos demais *outros*. Se a origem desse sistema encontra-se no colonialismo e na escravização, seus mecanismos são atualizados no pós-colonialismo, no neoliberalismo e em suas iterações, na forma de golpes, ditaduras, intervenções militares e milícias.

---

1 Ignacio Buquete, "América latina nunca existió", entrevista a Guillermo Cabrero Infante, *La Nación*, 7 abr. 2002.

2 Evando Nascimento, "Literatura no século XXI: expansões, heteronomias, desdobramentos", *Revista brasileira de literatura comparada*, 2016, p. 12.

Detenho-me brevemente sobre o *golpe*,[3] um dos marcos recentes desse processo. Um golpe militar como os que ocorreram e ocorrem em nossos territórios é parte da atualização de um mesmo e contínuo sistema e representa, nesse sentido, um momento singular de ajuste dessas engrenagens. A cronologia que o golpe inaugura não se encerra com a redemocratização, assim como não se inicia no momento em que acontece – é precedida e ultrapassada pela mesma necropolítica que funda as nações e a própria América Latina. E a necropolítica, como toda política, é uma gestão dos corpos tanto quanto da linguagem: a lógica que hierarquiza e determina quem vive e quem morre também é uma lógica do discurso, que identifica quem são os *nós* e quem são os *outros* – e, por extensão, o que deve ficar por trás dos panos, o que é interditado, o que não pode ser compartilhado.

Trata-se de uma *política do antagonismo*, "a dramatização do conflito regido pela mecânica do enfrentamento ditatorial",[4] que parece se repetir ciclicamente nas vidas contemporâneas por essas partes da América Latina. Nessa lógica liberal, que tem nas ditaduras uma de suas raízes, o *comum* vai perdendo espaço para o *um*, de forma que há sempre uma fissura na transmissão da experiência, na conexão entre os diferentes tempos, subjetividades e dicções que coexistem *em comum* (aquilo que é vivido coletivamente e aquilo que é de cada um, mas encontra eco no outro). "Na álgebra do conquistador, a unidade é a única medida que conta", sintetiza Silviano Santiago.[5]

Mas há sempre o que escapa ao sentido único, à identidade, ao real tal como ele é institucionalmente apresentado. Proliferam sentidos que não cabem na história oficial, "no monótono e interminável binarismo

3 Falo em *golpe* como Diamela Eltit: "Digo golpe pensando, por exemplo, numa cicatriz ou num hematoma ou numa fratura ou numa mutilação. Digo golpe como corte entre um instante e outro, como surpresa, acidente, assalto, dor, como jogo agressivo, como sintoma". Diamela Eltit, "Os dois lados da moeda (transição democrática, mercado e literatura)" in *A máquina Pinochet*, 2017, p. 239.

4 Nelly Richard, "Escenario democrático y política de las diferencias" in *La insubordinación de los signos*, 1994, p. 85.

5 Silviano Santiago, "O entre-lugar do discurso latino-americano" in *Uma literatura nos trópicos: ensaios sobre dependência cultural*, 2000, p. 14.

mediante o qual se arregimentaram os corpos".[6] E se não há medida oficial que dê conta dessas formas da experiência, narrá-las irá sempre demandar a elaboração de estratégias provisórias de associação entre eventos e sujeitos, de linguagens que codifiquem ou decodifiquem os elementos imprecisos e fragmentados da memória e tornem o subentendido legível.

É, por exemplo, o que encontramos nas imagens evocadas por Camila Sosa Villada no romance *O parque das irmãs magníficas*:

> Se alguém quisesse fazer uma leitura de nossa pátria, dessa pátria pela qual juramos morrer em cada hino cantado nos pátios da escola, essa pátria que levou vidas de jovens em suas guerras, essa pátria que enterrou gente em campos de concentração, se alguém quisesse fazer um registro exato dessa merda, deveria, então, ver o corpo da Tia Encarna. Somos isso como país também, o dano sem trégua contra o corpo das travestis.[7]

No espaço-tempo sem pátria da literatura, testemunhamos, ao lado da Camila-narradora, essas vidas que compõem ficcionalmente o mundo do livro – e o mundo no livro.

Falo de *testemunharmos* não é à toa: é um dos gestos implicados na leitura e na escrita de muitas das obras que articulam, ficcionalmente ou não, uma forma de falar *em nome* do que está ausente – da Tia Encarna, dos desaparecidos, das vidas que poderiam ter sido, do próprio passado vivido. Beatriz Sarlo escreve que "não há testemunho sem experiência, mas tampouco há experiência sem narração: a linguagem liberta o aspecto mudo da experiência, redime-a de seu imediatismo ou de seu esquecimento e a transforma no comunicável, isto é, no *comum*".[8]

Trata-se de um traço que se encontra em diversas produções contemporâneas, vinculado a uma variedade de tradições e marcos históricos

---

6 Diamela Eltit, *op. cit*, p. 261.

7 Camila Sosa Villada, *O parque das irmãs magníficas*, 2021, p. 26.

8 Beatriz Sarlo, *Tempo passado: cultura da memória e guinada subjetiva*, 2007, pp. 24-25.

ao redor do mundo. No contexto latino-americano,[9] essa emergência acompanha em larga medida os processos de redemocratização que sucederam os regimes militares da segunda metade do século XX, estendendo-se também para além das experiências sob as ditaduras. O testemunho emergiu como a forma pública de histórias que não puderam formular-se narrativamente durante as ditaduras. Isso no campo documental e historiográfico, dando conta das dimensões da experiência que não têm provas ou não constam em arquivos; nos campos político (como denúncia) e jurídico (como acusação e penalização dos perpetradores, em alguns casos); e, como não poderia ser diferente, também no campo literário e artístico.

O testemunho, entretanto, possui uma relação particularmente complexa com a *verdade*, o que faz com que transite de formas distintas em cada um desses campos. Seu espaço é, por excelência, o da subjetividade, cuja verdade é tão singular que seu encaixe no comunitário é sempre um pouco desajustado. *Testemunhar* é mais uma das palavras deste texto que descrevem uma quase impossibilidade. É sempre uma dicção da memória *diante do outro*, enunciada por um *eu* que se olha *como outro*, pela distância temporal ou pelos interditos dos traumas e dos silenciamentos que marcam as experiências testemunhadas.

Qualquer um que já tenha tentado contar a alguém um momento marcante de seu passado sabe com certa aflição que o relato carrega um conjunto de imprecisões do qual é impossível se desvencilhar. Há o que não sabemos ser memória ou algo que nos contaram, há a interpretação posterior, que construímos ao longo do tempo, há as seleções, arbitrárias ou intencionais, do que é relevante para o caso e há as dúvidas sobre a exatidão do que lembramos. Há, sobretudo, invenção, esgueirando-se nas brechas do que tentamos dar como consolidado.

9 Refiro-me aqui principalmente aos países do Cone Sul, que viveram movimentos políticos e culturais similares no que diz respeito às ditaduras e redemocratizações mais recentes. E aqui enfatizo novamente a imprecisão da "latino-americanidade": os processos que descrevo ocorreram de formas drasticamente diferentes nos territórios compreendidos nessa nomenclatura, inclusive dentro do recorte que tento traçar. Por isso procuro também não delimitar demasiadamente, buscando mais aproximações que definições.

Quando o testemunho entra no terreno da literatura, a ficção permite a articulação de outras formas de circulação do discurso, nas quais a verdade não é um parâmetro de medição:[10] as regras que regem os arranjos e a lógica interna de cada ficção são particulares a seus universos narrativos e à teia de associações produzida pelo ato da leitura. A literatura, a ficção, é onde a memória pode ser imaginada, mesmo quando a elaboração das experiências individuais e coletivas é interditada.

Na literatura, essa espécie de indeterminação do testemunho, que indistingue fronteiras exatas entre o fictício e o factual, é também uma questão estética. Em muitas das produções contemporâneas, e em especial nas que comento aqui, isso aparece na própria forma com que os textos são compostos, com recursos híbridos que mesclam documentos e arquivos à ficção, com estratégias que remetem a todo momento às instâncias produtoras da narrativa, com a alternância de registros e de gêneros textuais (e não textuais). Por essa forma de aproximação que prioriza a ambiguidade sobre a certeza e a subjetividade sobre a autoridade, as instâncias que clausuram os sentidos são tensionadas: questionam-se os valores familiares e religiosos, os sistemas normativos de gênero e de sexualidade, as hierarquias sociais, as noções de raça, de pátria e de democracia.

Assim, a preocupação estética é acompanhada de uma investigação ética que também toma do testemunho sua imprecisão. "A escrita testemunhal torna-se compromisso, signo de um pertencimento que alerta e procura também as bordas da experiência coletiva."[11] E aqui as *bordas* aparecem como aquilo que contorna uma comunidade, aquilo que seu regime de sentidos é capaz de abarcar (uma borda em constante tensão); e como o próprio entrelugar de onde se escreve, a margem, o limiar implicado pelas experiências-limite, pela sobrevivência, pela subalternidade. Tensionam-se as bordas daquilo que produz o *eu* e o distingue do *outro*. Esse é o espaço fronteiriço que tanto me interessa.

10 Juan José Saer, "O conceito de ficção", *Sopro*, 2009.

11 Lorena Amaro Castro; Claudia Amigo Pino, "Introdução: o eu, o nós e os outros" in *Auto(bio)grafias latino-americanas*, 2012, pp. 17-18.

"Meus livros são trinta e dois por cento autobiográficos", escreve Alejandro Zambra em um ensaio.[12] A frase, uma resposta à pergunta de um crítico – "Quanto de ficção e quanto de realidade há em seus livros?" –, é "totalmente honesta", garante o narrador. É claro que o absurdo dessa afirmação sempre arranca um sorriso, e é com essa ironia que o autor chileno brinca. No fundo, sabemos que a resposta é que não importa. Muitas de suas obras são lidas em chave autoficcional, e parte do jogo literário conduzido pelo autor consiste em tensionar essa leitura. Isso aparece, por exemplo, nos espelhamentos de seu romance *Formas de voltar para casa*,[13] em que um escritor-personagem-narrador escreve um romance ficcional sobre sua própria vida, que tem, por sua vez, grandes coincidências com a do próprio Zambra.

Mas essa brincadeira sobre livros "32% autobiográficos" também guarda um comentário-chave sobre o procedimento de mescla do real e do ficcional: a forma com que o limite entre verdade e invenção se desfaz, deixando o leitor sempre em território ambíguo, diante de uma realidade performada e apresentada como performance. "A questão da identidade, do sujeito e da relação entre consciência e palavra encontra-se, assim, dramatizada e ocupa, junto com a trama do narrado, o primeiro plano dos textos",[14] movimento que artistas como Pedro Lemebel radicalizam ao transitarem em um vaivém incessante entre versões duplicadas de sua própria figura, nômade e fragmentada – "É necessário produzir a velha Lemebel",[15] escreve.

A autoficção aparece, então, como uma exploração ficcional dos limites do que é "verdadeiro" – não no sentido de buscar uma verdade única para os sujeitos, mas pela proliferação de versões, vozes e temporalidades de maneira a desestabilizar os alicerces de tudo o que produz esse tipo de verdade absoluta. Um ótimo exemplo de exploração desse mecanismo encontra-se em *Space Invaders*, de Nona Fernández, em cujo universo meio onírico e meio labiríntico a autoficção é uma ferramenta, e não

12 Alejandro Zambra, *Tema libre*, 2019.

13 Alejandro Zambra, *Formas de voltar para casa*, 2014.

14 Julio Premat, *Héroes sin atributos*, 2008, pp. 28-29.

15 Pedro Lemebel, *Adiós mariquita linda*, 2005, p. 180.

necessariamente uma voz no texto – até porque a narração é partilhada por um coro impreciso de vozes que contornam, de diferentes perspectivas, uma experiência testemunhada individual e coletivamente.

Nesses casos, não se trata de alçar discursos e experiências menores, dissidentes ou marginais à estatura de relato oficial ou de autoridade, nem de horizontalizá-los em relação ao centro. Esses autores mantêm sua construção identitária (que, nos livros, é também literária) em permanente estado de produção, aberta, porosa, meio nômade e instável. O *eu* que narra está sempre em vias de tornar-se alguma outra coisa, algum outro *eu*, reintegrado provisoriamente ao *nós* ou ao *você* que compartilham o corpo do texto. Trata-se, como faz Leila Guerriero, de construir narrativamente uma identidade que apareça como "uma falha, uma pequena disrupção, algo que não se esperava que resultasse assim".[16]

Assim, essas autoficções funcionam mais como um dispositivo[17] subversivo do que como uma reafirmação identitária daquele ou daquela que a escreve. Ou melhor: o potencial disruptivo dessas escritas autoficcionais reside precisamente na recusa de identificar-se consigo mesmo como forma de se relacionar com o mundo. "Quem sou eu? Onde estou? A que vim? A que vou? Eu já não sou eu, meu eu é uma miragem. Não tenho passado, não tenho futuro", escreve Fernando Vallejo.[18]

Essa forma de aproximação do mundo e da própria linguagem implica uma certa vulnerabilidade que tem muito a ver com a exposição de si (estamos falando de memória e experiência pessoal, é claro), mas especialmente com a exposição dos *processos* de construção de si *ao outro*. É o desencontro entre o autor e sua ficção (o jogo está precisamente entre *auto* e *ficção*) que produz esse efeito. Por chamar atenção para o artifício da linguagem, tornando-a ferramenta de trabalho e transformação, a autoficção pode funcionar como uma fundação contínua e em aberto, frutífera mas sempre faltante, de uma comunidade legível. Se texto, autor e leitor só existem em função uns dos outros (assim como autor, personagem e narrador), o *eu* autoficcionado também só existe em função da diferença extraída pela ficção da realidade.

16 Leila Guerriero, *Zona de obras*, 2014, p. 28.

17 Evando Nascimento, "Autoficção como dispositivo: alterficções", *Matraga*, 2017, p. 612.

18 Fernando Vallejo, *Años de indulgencia*, 2005, p. 61.

O *eu* que se autoficciona, que veste a máscara ficcional e brinca de mudá-la de lugar, entende que se constitui em relação aos demais, que *eu* só existe porque existe o *outro*, de forma que o que está em jogo não são tanto as identidades, mas o pertencimento comunitário.[19] Nessas produções, a identidade, seja coletiva, geracional ou nacional, seja pessoal e íntima (e em geral em ambas as dimensões), não funciona pelo modelo de exclusão do *outro*. Por apresentar-se como construção, e por chamar a atenção para o fato de que é um trabalho com a linguagem e sobre os discursos, recusando-se a ser lida pelo binarismo, pela causalidade ou pela linearidade, a busca identitária dessas narrativas funciona pela inclusão incessante e proliferante do diferente. Trata-se de extrair, da linguagem hegemônica, a mesma diferença que esta anula e ataca para constituir-se; e de instalar-se nessa dissidência, fazer dela o meio da narração.

Essas narrativas, com forma ou teor testemunhal e autoficcional, não apenas desfazem as conexões preexistentes da história oficial, instalando--se em suas fraturas, como também lançam as bases para uma narrativa alternativa, para um futuro e uma convivência ainda desconhecidos, cujas possibilidades de ordenação se estendem ao trabalho da escrita e à tarefa interpretativa e lúdica da leitura. E isso leva a uma questão latente: como essas narrativas circulam no mundo, aqui e agora?

Quando novos termos começam a circular, descrevendo fenômenos que sempre existiram com outros nomes e sob outras abordagens, e as categorias de que dispomos já não respondem tão bem à forma com que as coisas se arranjam no mundo, então costuma ser hora de levantarmos um dedo para sentir a direção do ar se movendo, talvez em um sentido ligeiramente diferente. Há pelo menos duas décadas, a crítica literária tem se preocupado em nomear esse borramento das fronteiras operado pela literatura contemporânea nas Américas Latinas.

---

19 Antonio Andrade; Celia Pedrosa [*et al.*], "Comunidade" in *Indicionário do contemporâneo*, 2018.

Reinaldo Laddaga fala em uma "estética de laboratório",[20] Ana Kiffer em uma escrita e uma literatura "fora de si";[21] Florencia Garramuño em "práticas inespecíficas" ou "impertinentes" para descrever a forma com que "no interior da linguagem literária, vários tipos de especificidade – nacional, pessoal, genérica, literária – são dissolvidos num número cada vez mais importante de textos que exibem uma intensa porosidade de fronteiras".[22] Referem-se à emergência de narrativas híbridas, que desestabilizam as fronteiras entre verdade e ficção e alargam as margens da própria noção de literatura, unindo o documental ao biográfico, mesclando gêneros, temporalidades e vozes a partir da performance e da fricção dos estatutos do discurso e de suas relações com a verdade e o real. Referem-se à arte que "trabalha agora nos rastros do ingovernável".[23]

Josefina Ludmer radicaliza esse gesto conceitual propondo a ideia de "pós-autonomia", um contexto de produção e circulação literárias que não mais pressupõe uma diferenciação de outros meios ou linguagens, de forma que a literatura não é percebida como autônoma,[24] com um espaço e um regime de sentidos próprios: um contexto de fusão dos campos da arte e do real. As literaturas pós-autônomas entrariam na *realidadeficção*, "na fábrica de realidade, que é a imaginação pública, para narrar algumas histórias cotidianas em alguma ilha urbana latino-americana. A fim de imaginar identidades de sujeitos que se definem fora e dentro de certos territórios".[25]

---

20 Reinaldo Laddaga, *Estética de laboratório: estratégias das artes do presente*, 2013.

21 Ana Kiffer, "A escrita e o fora de si" in *Expansões contemporâneas: literatura e outras formas*, 2014.

22 Florencia Garramuño, *Frutos estranhos: sobre a inespecificidade na estética contemporânea*, 2014, p. 16.

23 Néstor García Canclini, *A sociedade sem relato: antropologia e estética da iminência*, 2016, p. 28.

24 É bastante possível questionar os pressupostos que fundaram essa ideia de autonomia e de que maneiras foram estabelecidos como parâmetros, e inclusive se já houve de fato uma arte ou uma literatura "autônomas" – ainda que seja verdade que leitura, recepção e crítica tenham se moldado a partir dessa ideia na modernidade ocidental. Ver: raúl rodríguez freire, "Lo(s) material(es) de la literatura: notas sobre técnica e intermedialidad", *Landa*, 2021.

25 Josefina Ludmer, *Aqui América Latina: uma especulação*, 2013, p. 133.

São literaturas que parecem tratar a ficção *e* o real como uma espécie de campo de experimentação, um ensaio de explicações e associações possíveis. A representação do "real" nessas escritas subverte sua própria referencialidade, e a experiência de personagens e narradores, suas memórias, a forma com que conduzem suas relações, seu "real", enfim, é tratado ele também como representação. Alguns autores levam esse gesto adiante, colocando em evidência os mecanismos ficcionais do real, como Roy David Frankel, com seu livro *Sessão*, cujos poemas são transcrições de discursos de deputados, ou como Mario Bellatin no uso de fotografias e falsos referenciais de *Shiki Nagaoka: una nariz de ficción*. "Quem escreve, nesse sentido, não representa a realidade, mas a apresenta, ou seja, a produz, em relação às tradições literárias, ou não, para sua futura reprodução na forma de leitura."[26]

Parece-me que um trabalho silencioso (mas nem sempre) e permanente da literatura é a defesa de seu lugar na construção do mundo, a defesa da imaginação como parte do real. Ao fazê-lo, ela sempre se encontrará na fronteira entre o real e o ficcional, entre a vida vivida, a vida narrada e as vidas imaginadas, nos espaços limítrofes onde a linguagem "produz presente"[27]. Afinal, "o fim da ficção não é estender-se nesse conflito e sim fazer dele sua matéria, modelando-a 'à sua maneira'".[28]

Em todos os intervalos produzidos pelos simulacros e artifícios dessas narrativas revelam-se traços de diferença, dissidência e revolta que desmascaram (paradoxalmente por meio de novas máscaras) a artificialidade que constitui a memória, a identidade e a própria realidade. Talvez – e essa me parece a aposta dessa literatura – as articulações da ficção, deixadas ao encargo do leitor, sejam capazes, se não de dar sentido à experiência, de ao menos fazer perceber que esse sentido nada mais é que uma construção contínua, comunitária e tão ficcional quanto empírica.

---

26 Cristina Rivera Garza, *Os mortos indóceis: necroescritas e desapropriação*, 2024, p. 112.
27 Josefina Ludmer, "Literaturas pós-autônomas", *Sopro*, n. 20, 2010, p. 1.
28 Juan José Saer, "O conceito de ficção", *Sopro*, n. 15, 2009, p. 4.

Referências bibliográficas

ANDRADE, Antonio; PEDROSA, Celia *et al.* "Comunidade". In: ______. *Indicionário do contemporâneo.* Belo Horizonte: Editora UFMG, 2018.

BELLATIN, Mario. "Shiki Nagaoka: una nariz de ficción". In: ______. Obra reunida. México: Alfaguara, 2005.

BUQUETE, Ignacio. "América latina nunca existió". *La Nación.* 7 abr. 2002. Disponível em: <www.lanacion.com.ar/opinion/america-latina-nunca-existio-nid210305/>. Acesso em: 27 abr. 2025.

CANCLINI, Néstor García. *A sociedade sem relato: antropologia e estética da iminência.* Tradução de Maria Paula Gurgel Ribeiro. São Paulo: EdUSP, 2016.

CASTRO, Lorena Amaro; PINO, Claudia Amigo. "Introdução: O eu, o nós e os outros". In: ______. *Auto(bio)grafias latinoamericanas.* São Paulo: Annablume; Santiago: Editorial Cuarto Propio, 2012.

ELTIT, Diamela. "Os dois lados da moeda (transição democrática, mercado e literatura)". In: ______. *A máquina Pinochet.* Tradução de Pedro Meira Monteiro. São Paulo: e-galáxia, 2017.

FERNÁNDEZ, Nona. *Space Invaders.* Tradução de Silvia Massimini Felix. Belo Horizonte: Moinhos, 2021.

FRANKEL, Roy David. *Sessão.* São Paulo: Luna Parque, 2017.

FREIRE, raúl rodríguez. "Lo(s) material(es) de la literatura: notas sobre técnica e intermedialidad". *Landa,* n. 2, 2021, pp. 196-204. Disponível em: <www.revistalanda.ufsc.br/vol9-n2-20211/ >. Acesso em: 27 abr. 2025.

GARRAMUÑO, Florencia. *Frutos estranhos: sobre a inespecificidade na estética contemporânea.* Tradução de Carlos Nougué. Rio de Janeiro: Rocco, 2014.

GARZA, Cristina Rivera. *Os mortos indóceis: necroescritas e desapropriação.* Tradução de Joca Reiners Terron. São Paulo: Martins Fontes, 2024.

GUERRIERO, Leila. *Zona de obras.* Buenos Aires: Anagrama, 2014.

KIFFER, Ana. "A escrita e o fora de si". In: KIFFER, Ana; GARRAMUÑO, Florencia (org.). *Expansões contemporâneas: literatura e outras formas.* Belo Horizonte: Editora UFMG, 2014.

LADDAGA, Reinaldo. *Estética de laboratório: estratégias das artes do presente.* Tradução de Magda Lopes. São Paulo: Martins Fontes, 2013.

LEMEBEL, Pedro. *Adiós mariquita linda.* Santiago: Sudamérica, 2005.

LUDMER, Josefina. *Aqui América Latina: uma especulação*. Tradução de Rômulo Monte Alto. Belo Horizonte: Editora UFMG, 2013.

______. "Literaturas pós-autônomas". Tradução de Flávia Cera. *Sopro*, n. 20, 2010. Disponível em: <www.culturaebarbarie.org/sopro/outros/posautonomas.html>. Acesso em: 27 abr. 2025.

NASCIMENTO, Evando. "Literatura no século XXI: expansões, heteronomias, desdobramentos". *Revista Brasileira de Literatura Comparada*, n. 28, 2016. Disponível em: <www.revista.abralic.org.br/index.php/revista/article/view/388>. Acesso em: 27 abr. 2025.

______. "Autoficção como dispositivo: alterficções". *Matraga*, n. 42, 2017, pp. 611-634. Disponível em: <www.doi.org/10.12957/matraga.2017.31606>. Acesso em: 27 abr. 2025.

PREMAT, Julio. *Héroes sin atributos*. Buenos Aires: Fondo de Cultura Económica, 2008.

RICHARD, Nelly. "Escenario democrático y política de las diferencias". In: ______. *La insubordinación de los signos*. Santiago: Cuarto Propio, 1994.

SAER, Juan José. "O conceito de ficção". Tradução de Joca Wolff. *Sopro*, n. 15, 2009, pp. 1-4. Disponível em: <https://www.culturaebarbarie.org/sopro/n15.pdf>. Acesso em: 30 abr. 2025.

SANTIAGO, Silviano. "O entre-lugar do discurso latino-americano". In: ______. *Uma literatura nos trópicos: ensaios sobre dependência cultural*. 2ª ed. Rio de Janeiro: Rocco, 2000.

SARLO, Beatriz. *Tempo passado: cultura da memória e guinada subjetiva*. São Paulo: Companhia das Letras; Belo Horizonte: Editora da UFMG, 2007.

VALLEJO, Fernando. *Años de indulgencia*. Buenos Aires: Alfaguara, 2005.

VILLADA, Camila Sosa. *O parque das irmãs magníficas*. São Paulo: Planeta, 2021.

ZAMBRA, Alejandro. *Formas de voltar para casa*. Tradução de José Geraldo Couto. São Paulo: Cosac Naify, 2014.

______. *Tema libre*. Barcelona: Anagrama, 2019.

Narrar com imagens: o dispositivo fotográfico na literatura do século XXI

Felipe Charbel

Formas que não precisam de nome

Seja experimental de todas as maneiras possíveis,
mas deixe o leitor ser parte do experimento.
W. G. Sebald

Do que estamos falando quando dizemos que uma narrativa tem algo de ensaístico? Que qualidades de um texto procuramos realçar quando mobilizamos a tradição do ensaio para comentar certas obras – por exemplo romances ou autobiografias – que não são propriamente ensaios? Por que é que nas nossas conversas sobre livros, seja em bares, cafés, sebos ou na universidade, insistimos em reciclar a velha ideia de que uma obra tem de "pertencer" a um único gênero? Não seria mais proveitoso voltar a atenção – mas isso daria trabalho – para o que acontece com a nossa mente, com o nosso corpo, quando nos sentimos hipnotizados por um desses livros que amamos chamar de inclassificáveis?

São perguntas que às vezes me faço. Mas não tenho a ilusão de ensaiar respostas. Só sei – e isso basta como ponto de partida – que a ânsia de etiquetar cada um dos livros que existem me entedia imensamente. É claro que os rótulos a que nos acostumamos desde sempre – os gêneros – são confortáveis e facilitam a arrumação de qualquer biblioteca. Mas confiar cegamente no bibliotecário tem seus perigos, como o de nos tornarmos leitores piores, que só descobrem num texto o que já sabiam antes. Para a nossa sorte, assistimos nos últimos cinquenta anos – o tempo aproximado da minha vida – a um avanço notável na circulação de obras que investem contra as fronteiras do que conhecemos como romance, autobiografia, ensaio, história ou o que for. Admiro o empenho das escritoras e dos escritores de hoje, em diversos cantos do planeta, para dinamitar as muralhas que separavam em territórios incomunicáveis a ficção e a não ficção, o texto e a imagem, a literatura imaginativa e a escrita do real.

Não é que antes da nossa época as narrativas mistas e impuras (romances fotográficos, ficções ensaísticas, biografias autobiográficas, diários insinceros) não fossem valorizadas. Basta pensar na *Recherche* de Proust, essa mescla tão sedutora de romance e ensaio. Ou no modo como André Breton embaralha fotografias, mapas, recortes de jornal e *flânerie* urbana no estranhíssimo *Nadja*. Ou na "biografia experimental" que A. J. Symons lançou em 1934 a respeito de um certo Barão Corvo – a primeira vez que um biógrafo sai dos bastidores e ocupa o centro do palco.[1] Ou nos "diários em público" de Witold Gombrowicz. Acontece que esses experimentos eram percebidos como marginais: excentricidades que confirmavam a regra de que cada livro deve se encaixar em uma, e só uma, prateleira da biblioteca de Babel.

Mas felizmente a coisa mudou de figura. Numa analogia com Mendel e suas ervilhas, as escritoras e os escritores do século XXI – ao menos as mais inquietas e os mais inventivos – não se cansam de induzir novos cruzamentos entre as espécies textuais antigas. A ideia é fazer com que elas se toquem, e que do encontro nasçam formas que não reivindicam um estatuto próprio: "formas terceiras", como sugeriu Roland Barthes.[2] Formas que não precisam de nome. É claro que a imagem dos gêneros como compartimentos hermeticamente vedados caiu em desuso no começo do século XX, quando Bakhtin propôs que todos eles são mutantes, nada têm de "puros". Todo gênero é híbrido. Mas com o tempo eles se enrijeceram em rótulos que estão por todo lado: nas fichas catalográficas dos livros, nas listas dos mais vendidos (a coluna da ficção e a da não ficção),

---

1 Para uma análise da "poética do processo" em biografias experimentais, incluindo o caso de Symons, conferir: Antonio Marcos Pereira, "Uma poética do processo na biografia literária contemporânea", *Orbis Tertius*, 2018.

2 Roland Barthes, *Durante muito tempo, fui dormir cedo*, 2004, p. 351.

nos prêmios literários com suas categorias tolamente impermeáveis, na suspeita alimentada pelo mercado editorial de que certas variedades de escrita (o romance, a poesia, a história) são mais nobres do que outras (a crônica, o diário, o ensaio).

Alguns conceitos que a crítica universitária pôs em circulação recentemente ajudaram a amolecer o calcário que se depositou, com os séculos, em torno da noção de gênero. Me refiro a fórmulas desengonçadas e ainda assim muito úteis, como "formas híbridas" (redundante), "metaficção historiográfica" (cerebral demais), "romance de não ficção" (um paradoxo), "literatura fora de si" (existe a que se fecha numa casca?), "autossociobiografia" (é até difícil pronunciar). E a mais achincalhada de todas: a "autoficção" (dessa eu gosto, pois nasceu do atrevimento de um escritor que ergueu a casa da sua ficção na areia movediça de uma teoria).[3] O que me interessa nesses debates é a recusa de um ideal higienista de texto puro, a apologia do desviante: a "de-formação" e a "de-generação" como forças propulsoras da criatividade.

Outra vantagem desses conceitos é que eles permitem observar a paisagem do alto, como se sobrevoássemos os vales e as planícies da literatura num avião que voa lento. Por outro lado, se o que buscamos é o mergulho vertical nos modos de fazer de um autor, desviar o foco do produto final (a forma mista) para o processo em si (como os autores misturam ingredientes e jogam fora a receita) pode ser mais interessante. O slogan de uma antiga propaganda de tevê dizia assim: "Existem mil maneiras de preparar Neston, invente uma." A frase é boa, e se ela resistiu no imaginário coletivo é pela conexão que induz entre experimento e alegria, entre "felicidade e jogo" – atributos que estão na essência do ensaio, de acordo com um dos seus pensadores mais finos, Theodor Adorno.[4]

Quando escritores se atrevem a inventar novos modos de narrar histórias verdadeiras, desafiando o automatismo das convenções, o ensaio adquire certa primazia em relação aos outros elementos da mistura.

3 Me refiro ao modo como o escritor Serge Doubrovsky leu o ensaio "O pacto autobiográfico", de Philippe Lejeune, e se propôs a escrever uma "autoficção" que explorasse os pontos cegos da sua teoria.

4 Theodor Adorno, *O ensaio como forma*, 2003, p. 17.

Avesso a todo padrão normativo, o ensaio é o ponto de encontro dessas formas sem nome. Existem mil maneiras de revisitar o velho cânone ao modo ensaístico: escrevendo uma biografia que é ensaio pessoal (*My Autobiography of Carson McCullers*, de Jenn Shapland), um poema-ensaio com fotos (*Parque das Ruínas*, de Marília Garcia), um diário ensaístico de contornos romanescos (*O discurso vazio*, de Mario Levrero), um romance histórico que ensaia a recusa da ficção (*HHhH*, de Laurent Binet), uma biografia que se ensaia como romance realista (*O mágico*, de Colm Tóibín). As possibilidades são infinitas. O que pretendo neste texto é voltar a atenção para um desses modos ensaísticos de conceber formas sem nome, que passa pelo manuseio narrativo de fotografias e outras imagens na literatura do século XXI.

O dispositivo fotográfico em Sebald

Escrever é descobrir coisas até então invisíveis.
Se não for assim, o processo não faz sentido.
W. G. Sebald

Um dos casos emblemáticos do ímpeto de desfazer gêneros e narrar a partir de imagens é o de W. G. Sebald – o mais inclassificável entre os escritores inclassificáveis da virada do século XX para o XXI, o momento-chave para as transformações que venho analisando aqui. Quando morre em 2001, aos 57 anos, Sebald havia publicado num curto intervalo de tempo quatro "narrativas longas em prosa" – ele se recusava a chamar seus livros de romances – que alcançaram um êxito enorme. Uma das grandes novidades da sua escrita, a ousadia mais notada por seus leitores, era o modo peculiar como ele incluía fotografias, mapas, recortes de jornais e plantas arquitetônicas no seu texto, sem jamais recorrer a legendas. As imagens pareciam conversar diretamente com o que líamos. Elas não estavam ali para ilustrar. Eram parte da arquitetura. Tire as imagens, e o que restar já não vai ser um livro de Sebald.

A inclusão de fotografias em relatos ficcionais não foi uma invenção de Sebald. Breton fez isso antes, Alexander Kluge e Javier Marías, também.

A principal diferença é que nos relatos sebaldianos as imagens ajudam a compor uma assinatura. Hoje sabemos, graças à pesquisa da biógrafa Carole Angier, que Sebald era um frequentador assíduo de sebos e antiquários: muitas das fotos que povoam seus livros foram compradas em balaios de saldos. É o caso de uma fotografia que aparece na capa de *Austerlitz*, e retorna mais para o fim do relato. Na imagem vemos um menininho loiro que nos olha de um jeito intrigante, cabelos bagunçados pelo vento, a roupa larga e muito branca que nos faz pensar numa fantasia carnavalesca. E é isso mesmo. Originalmente, a imagem era um cartão-postal dos anos 1920 ou 1930 que registra o Rose's Queen Carnival.[5] Mas no livro ela é ficcionalizada como o retrato do pequeno Jacquot antes de ser deportado. "Sim, e este aqui na outra foto, disse Vera depois de um instante, este é você, Jacquot, em fevereiro de 1939."[6] Lemos a frase e um segundo depois somos tragados pela foto.

"Só posso encorajar vocês a roubar o máximo que puderem", Sebald gostava de sugerir a seus alunos de escrita criativa, e sempre o vejo dizendo isso com um risinho de canto da boca. "Ninguém jamais notará."[7] A fotografia de Jacques Austerlitz – um personagem ficcional criado a partir da combinação dos relatos de vida de três ou quatro pessoas reais – é o instantâneo de uma criança qualquer, sugada pelo sumidouro do tempo. E isso é algo que os leitores podem intuir sem ter de recorrer a nenhum aparato crítico. Mas em vez de diminuir, essa consciência reforça a sensação de realidade que toma conta da gente na leitura de *Austerlitz*.[8] Acontece o mesmo em relação às fotos que o narrador alega pertencerem ao acervo de Jacques, fotos que ele havia tirado com sua câmera. Não nos iludimos nem por um segundo. E ainda assim – ou justamente

---

5 Carole Angier, *Speak, Silence. In Search of W. G. Sebald*, 2021, p. 423.

6 W. G. Sebald, *Austerlitz*, 2008, p. 180.

7 Algumas frases que Sebald repetia nos cursos de escrita foram reunidas por dois de seus antigos estudantes. Carole Angier atesta a veracidade das máximas. Inclusive, as citações que mobilizo como epígrafes neste ensaio podem ser encontradas na página: <www.robert-mcgill.com/news/maxims-w-g-sebald-writing/>.

8 Natalia Brizuela, em *Depois da fotografia* (2014, p. 19), sugere que o "dispositivo fotográfico permite algo contraditório ou em tensão: aproximar-se e afastar-se da realidade".

por esse motivo – sentimos a presença de um passado que não é nosso mas parece ser, um passado que não passa. Essa inundação do presente pelo passado não teria a mesma intensidade se, a cada página, nós não fôssemos catapultados para fora do texto – para o real – pela sequência de imagens arrebatadoras e de origem incerta.

Tudo nessa alquimia passa pelo modo de fazer: o manejo ensaístico das imagens. Sebald nos convida para dançar em sua "semificção ensaística" (era assim que o poeta Michael Hamburger se referia aos livros do amigo). Mas não precisamos somar outro conceito desengonçado a uma lista já extensa, até porque Sebald foi um dos primeiros a entender que as "formas terceiras" – quase escrevi certeiras – passam bem sem ter um nome. Sebald escreveu o que escreveu. É suficiente que as suas "narrativas longas em prosa" ainda abram caminhos, vinte e tantos anos depois da sua morte, para quem se aventura a narrar ensaiando, e busca fazer isso a partir de um manejo inventivo de fotografias e outras imagens.

Breve cartografia de um continente narrativo

Saia das vias principais; você não verá nada lá.
W. G. Sebald

Não vou me arriscar a uma interpretação selvagem sobre o que fez com que os livros inclassificáveis caíssem no gosto de editores e leitores (já os escritores sempre levaram a sério as próprias extravagâncias). Mas noto ao menos três características que se repetem no vasto conjunto de relatos que borram os limites entre a literatura-ficção e o texto-verdade. O primeiro é o apelo do real: o entusiasmo com relatos de vida, a atração pela História, o uso de fotografias e imagens que atestam "isso é o real". O segundo é a atitude ensaística: o interesse em pôr à prova os modos usuais de escrever histórias verdadeiras (ou mais ou menos verdadeiras), trazendo para o centro do relato (com honestidade mas também com apuro artístico) os bastidores de uma investigação. E por fim a "saída da ficção": a expansão da literatura "na direção de outras formas de narração, em especial daquelas que flertam com o documento".[9]

A "saída da ficção", como pensada por Luciene Azevedo, não é o retorno de um recalque, a antiga suspeita de que a ficção é parente do engano, flerta com a mentira. O que está em jogo é uma faceta inesperada da prática (e talvez do conceito) da ficção, sua diáspora por um território que jamais foi o seu: a referencialidade. Gosto de uma analogia que Ivan Jablonka propõe entre literatura e cartografia. Até meados do século XX, o mapa-múndi literário tinha dois continentes. Numa das margens estava a literatura-ficção (o romance em primeiro plano), na outra a escrita--verdade (biografias, memórias etc.). Esses terrenos foram explorados até o limite dos seus recursos, o que abriu espaço para a emergência de um terceiro continente narrativo, a "literatura do real" (o *nonfiction novel* de Capote e Walsh, a literatura de testemunho de Primo Levi, o "novo jornalismo" de Joan Didion e Janet Malcolm).[10]

Essa "literatura do real" tem duas ambições que até pouco tempo atrás eram percebidas como contraditórias: a busca incessante do prazer do texto (ela quer ser literatura) e a fidelidade canina ao acontecido (e também escrita da realidade). A "literatura do real" se beneficia de uma ambiguidade que ela não tem pressa em resolver (não se quer teoria). Isso abriu espaço para romances deliciosamente contraditórios como *Soldados de Salamina* de Javier Cercas e *HHhH* de Laurent Binet.[11] "Creio ainda nunca ter confundido a ficção com a realidade, muito embora as tenha misturado em mais de uma ocasião", confessa com bem mais que uma pitada de ironia o narrador de *Negro dorso do tempo*, de Javier Marías.[12]

Me interesso por um expediente que aparece com frequência em obras que querem ser ao mesmo tempo ficção e relato verídico. Me refiro aos "alertas de ficcionalidade", avisos curtinhos que fazem as vezes de epígrafe. Rodrigo Rey Rosa abre *O material humano* assim: "embora não pareça, embora não queira parecer, esta é uma obra de ficção". B. Kucinski, em

---

9 Luciene Azevedo, "Saindo da ficção: narrativas não literárias", *Caracol*, 2019, p. 331.

10 Ivan Jablonka. *O terceiro continente: ou a literatura do real*, 2024.

11 Tratei de *HHhH* no ensaio "Repactuar o romance histórico e a ficção biográfica", de 2017.

12 Javier Marías, *Negro dorso do tempo*, 2000, p. 1.

K. Relato de uma busca: "Tudo neste livro é invenção, mas quase tudo aconteceu." Bernardo Carvalho, em *Nove noites*: "Este é um livro de ficção, embora esteja baseado em fatos, experiências e pessoas reais." A ficção que precisa se afirmar como obra imaginativa, o romance que reivindica o seu caráter de fabulação: nada mais incoerente, e por outro lado nada mais estimulante para quem busca se aventurar por onde "é tudo mato".

Alguns escritores tratam de banir a contradição, mas só conseguem multiplicá-la. Me refiro ao "romance de não ficção" ou "sem ficção" (prefiro o primeiro termo, pois "não ficção" é um rótulo editorial que agrupa práticas textuais diversas, enquanto "sem ficção" parte da tese insustentável de que é possível narrar sem inventar). Há aqui uma reivindicação explícita do espólio do *nonfiction novel*, mas ao contrário de Capote em *A sangue frio* e Walsh em *Operação Massacre*, que tomavam liberdades na construção de diálogos e às vezes apelavam para a narração onisciente, Emmanuel Carrère e Javier Cercas se situam em *Limonov* e *O impostor* como narradores que conduzem uma pesquisa, e personagens das histórias que contam.

Mas o país mais habitado nesse terceiro continente – de altíssima densidade demográfica – é a literatura autobiográfica. É um país dividido em facções. De um lado a autoficção ao modo quase clássico (*Verão*, de J. M. Coetzee, *Divórcio*, de Ricardo Lísias). Do outro, os romances que recusam o "pacto ambíguo" da autoficção e se apresentam como relatos sinceros, escritos a partir da experiência e do trabalho da memória (essa ficcionista de mão cheia que traz de volta pela porta dos fundos a ambiguidade que os autores enxotaram pela porta da frente). Me refiro a obras como Minha Luta, de Karl Ove Knausgård, *Caderno de memórias coloniais*, de Isabela Figueiredo, e *As pequenas chances*, de Natalia Timerman.

Num movimento pendular em relação a essas tendências, localizo o ensaio pessoal com forte investimento narrativo, um conjunto estimulante de livros que, por razões que me escapam – talvez para a sorte deles –, hesitamos antes de chamar de romances. Me refiro a obras como *Afetos ferozes*, de Vivian Gornick, *O ano do pensamento mágico*, de Joan Didion, *O que é meu*, de José Henrique Bortoluci, *John*, de Julia de Souza, *Triste não é ao certo a palavra*, de Gabriel Abreu, ou *Avenida Beberibe*, de Claudia Cavalcanti. Muita coisa já foi escrita, inclusive nesta coletânea, sobre autoficção e romance autobiográfico. Por isso gostaria de avançar um pouco por outro terreno: o das narrativas visuais que, partindo de Sebald, querem descobrir novos modos de fazer com que texto e imagem se toquem, conversando ou mesmo brigando entre si.

Narrar com imagens

> *"Detalhes significativos" dão vida a situações que de outra forma seriam banais. É preciso observação aguçada e implacável.*
>
> W. G. Sebald

Em *Vertigem*, a primeira "narrativa longa em prosa" que Sebald publicou, encontramos uma fotografia que me parece a ilustração perfeita do que venho chamando de manuseio ensaístico de imagens. É um passaporte, e nele vemos a pequena foto de um homem calvo de bigodinho preto, o olhar triste de um cão São Bernardo. Mas o que prende a nossa atenção de imediato é a tarja preta cortando o rosto do homem em duas metades. O que vejo quando olho para a foto? Vejo Sebald e seu duplo ficcional. Vejo o narrador sebaldiano, um apátrida. Vejo um caminhante solitário que se espelha em Rousseau.

A imagem tem um potencial alegórico imenso. Talvez porque ela faça pensar numa montagem – será? – e as alegorias sempre deixam seus cabos e andaimes muito aparentes. Seja como for, indagar sobre a autenticidade do passaporte não nos leva longe: quem garante que esse tipo de rasura não era um procedimento de rotina das autoridades alfandegárias, um modo arcaico de inutilizar documentos? O que importa é que a foto tem valor intrínseco, para além do alegórico, e por isso ela é tão boa. Ela me faz pensar nos nossos próprios resíduos, naquilo que descartamos antes mesmo de dar uma olhada, no que esquecemos no fundo das gavetas ou perdemos quando mudamos de residência.[13] Passamos a vida sem

13 Para uma análise detalhada do dispositivo fotográfico em Sebald, conferir: Kelvin Falcão Klein, *Estratégias de visualidade na literatura: o olho Sebald*, 2022.

reparar nesse tipo de material. Mas Sebald está aí para nos lembrar que eles existem.

Para que uma imagem nos capture, é preciso que a gente abra espaço para elas. E isso tem a ver com exercitar a passividade: abrir os olhos e deixar que o real se faça notar.[14] Numa visita a um sebo qualquer, Sebald é capturado por uma foto que passaria batida a quase todo mundo. Uma menina de 8 ou 9 anos sentada numa cadeira, um cachorrinho no colo e uma boneca fantasmagórica aos seus pés. O que Sebald viu quando olhou para essa foto? Ele viu a "existência subaquática" de uma cidade inteira. Ele viu a menina e o cachorro submersos pela água. Ele viu o lugar onde morou o pai adotivo de um personagem que ele ainda iria inventar. Ele viu o que um narrador de bigodinho preto e olhar desolado encontraria no álbum de fotos de um certo "Jacquot". Sebald olha para uma fotografia qualquer e descortina uma vida inteira.

Bernardo Brayner e Lucas Verzola, leitores de Sebald, sobrinhos longínquos de Ambros Adelwarth, também recorrem a imagens para nutrir um desejo obstinado de ficção. Mas fazem isso a seu modo. Ao contrário do caminhante solitário que saía pelo mundo tirando fotos de ruínas e se enfurnava nos sebos em busca de tesouros imperceptíveis para as outras pessoas, os narradores de *Bicho geográfico* e *Infelizes à sua maneira* são consumidos por outro tipo de ideia fixa. Eles garimpam os baús dos velhos, cavoucam os armários da família. Escrevem "livros-álbuns", se bem que escrever já não é a melhor palavra: texto e imagem conversam mas também se provocam, criam atritos, se confrontam em pé de igualdade. São dois no ringue.

Brayner e Verzola são miniaturistas. Eles seguram nas mãos as fotos que recuperaram de uma gaveta esquecida ou da lata do lixo e esperam, fitam, até que as imagens (num tempo só delas que nunca vamos compreender) fisgam um fio solto da memória e põem os dois para escrever. São as imagens que estão no comando. Numa página mais para o fim

14 Em *O ensaísta aposentado*, de 2024, discuto como a "atitude ensaística" se desenvolve a partir do exercício da receptividade e da passividade, aspectos tão importantes para nossa existência como o trabalho e a "vida ativa".

de *Bicho geográfico* – a página é uma foto –, vemos uma criança sentada num balanço, vesga, emburrada, seus pés não tocam no chão. Por que ela me olha desse jeito? Na página ao lado (e quase tudo ali é espaço em branco), uma legenda que nada explica: "as palavras гость (gost), convidado em russo, e ghost, fantasma em inglês, me lembram as visitas que nunca chegavam na minha infância. Chegarão um dia?".[15] O fio solto era o desamparo, o trauma do nascimento.

Em *Uma exposição*, Ieda Magri trabalha as fotos de outra maneira. Mas também estamos diante de um relato que depende das imagens, do que salta delas – coisas miúdas que só percebemos quando nos acomodamos numa varanda com certo olhar bovino. Uma mulher de 40 anos viaja para a casa dos pais. Ao modo dos narradores sebaldianos, o que motiva a viagem é uma crise existencial. Haverá uma festa, um boi vai ser morto, ela leva uma câmera para registrar a extinção do bicho que vai servir de alimento naquela noite e por algumas semanas. Numa das fotos, nossa atenção é fisgada pelo olhar que três bois parecem nos dirigir. Mas eles não olham para nós, e sim para o "boi 45", prestes a ser executado. O que vejo quando olho para a foto? Vejo perplexidade. Vejo hesitação. Mas a narradora enxerga outra coisa: o olhar acusativo dos animais que protestam, se solidarizam. São olhos humanos. Aqui a imagem desafia o texto, se abre a leituras contrastantes. Ela convida o leitor a ser parte do experimento.

Uma das linhas de força mais notáveis, um dos modos mais inventivos de situar imagens num texto é fazer do livro um objeto ao mesmo tempo narrativo (há uma história sendo contada) e visual (a história também é contada com imagens). *Parque das Ruínas*, de Marília Garcia, começa com uma "epígrafe em forma de imagem" que nos faz pensar numa foto aérea ou no rascunho de um mapa (se bem que o que vejo quando olho para a foto é o anjo de Klee deitado de lado, as asas fechadas como se enfim alcançasse o descanso eterno). Logo somos informados de que não estamos diante de um mapa, mas do "pequeno instante na vida de uma lágrima".[16] Tínhamos a ilusão de observar de longe, mas olhamos

15 Bernardo Brayner, *Bicho geográfico*, 2020, p. 82.

16 Marília Garcia, *Parque das Ruínas*, 2018, p. 11.

de perto, perto demais para dar conta do que vemos. Tudo aqui tem a ver com o modo como palavras e imagens se esparramam na página. Já não se trata de fazer a imagem conversar ou entrar em atrito com o texto. As duas coisas são uma coisa só, e o ser mutante que nasceu desse encontro é um objeto que ainda é livro mas também já é outra coisa. Algo parecido acontece em *Objeto Satie*, de María Negroni. Imagem e texto se embrenham, se fundem: dirigíveis e diários, mapas astrais e uma declaração de nascimento, partituras musicais e a sonoridade surrealista das frases soltas. O que de melhor podemos fazer com o objeto que temos nas mãos é manuseá-lo livremente, como acharmos melhor. Agora nós estamos no comando, os leitores. E não temos ideia do que fazer com isso.

Referências bibliográficas

ABREU, Gabriel. *Triste não é ao certo a palavra*. São Paulo, Companhia das Letras, 2023.

ADORNO, Theodor. "O ensaio como forma". In: *Notas de literatura I*. Tradução de Jorge de Almeida. São Paulo: Editora 34, 2003.

ANGIER, Carole. *Speak, Silence. In Search of W. G. Sebald*. Londres: Bloomsbury Circus, 2021.

AZEVEDO, Luciene. "Saindo da ficção: narrativas não literárias". *Caracol*, n. 17, 2019, pp. 329-345. Disponível em: <www.revistas.usp.br/caracol/article/view/159132>.

BARTHES, Roland. "Durante muito tempo, fui dormir cedo". In: *O rumor da língua*. Tradução de Mario Laranjeira. São Paulo: Martins Fontes, 2004.

BINET, Laurent. *HHhH*. Tradução de Paulo Neves. São Paulo: Companhia das Letras, 2012.

BORTOLUCI, José Henrique. *O que é meu*. São Paulo: Fósforo Editora, 2023.

BRAYNER, Bernardo. *Bicho geográfico*. Recife: CEPE, 2020.

BRIZUELA, Natalia. *Depois da fotografia: uma literatura fora de si*. Tradução de Carlos Nougué. Rio de Janeiro: Rocco, 2014.

CAPOTE, Truman. *A sangue frio*. Tradução de Sergio Flaksman. São Paulo: Companhia das Letras, 2003.

CARRÈRE, Emmanuel. *Limonov*. Tradução de André Telles. Rio de Janeiro: Objetiva, 2013.

CARVALHO, Bernardo. *Nove noites*. São Paulo: Companhia das Letras, 2002.

CAVALCANTI, Claudia. *Avenida Beberibe*. São Paulo: Fósforo Editora, 2024.

CERCAS, Javier. *Soldados de Salamina*. Tradução de Wagner Carelli. São Paulo: Biblioteca Azul, 2012.

______. *O impostor*. Tradução de Bernardo Azjenberg. São Paulo: Biblioteca Azul, 2015.

CHARBEL, Felipe. "Repactuar o romance histórico e a ficção biográfica. Sobre *HHhH*, de Laurent Binet". *ArtCultura*, v. 19, n. 37, 20 dez. 2017. Disponível em: <www.doi.org/10.14393/ArtC-V19n35-2017-2-03>. Acesso em: 7 maio 2025.

CHARBEL, Felipe. "O ensaísta aposentado". *Alea*, v. 26, n. 3, 15 nov. 2024. Disponível em: <www.doi.org/10.1590/1517-106X/2024e64973>. Acesso em: 7 maio 2025.

COETZEE, J. M. *Verão*. Tradução de José Rubens Siqueira. São Paulo: Companhia das Letras, 2010.

DIDION, Joan. *O ano do pensamento mágico*. Tradução de Marina Vargas. Rio de Janeiro: Harper Collins, 2021.

FIGUEIREDO, Isabela. *Caderno de memórias coloniais*. São Paulo: Todavia, 2018.

GARCIA, Marília. *Parque das Ruínas*. São Paulo: Luna Parque, 2018.

GORNICK, Vivian. *Afetos ferozes*. Tradução de Heloisa Jahn. São Paulo: Todavia, 2019.

JABLONKA, Ivan. *O terceiro continente: ou a literatura do real*. Tradução de Eduardo Lessa. Rio de Janeiro: FGV Editora, 2024.

KLEIN, Kelvin Falcão. *Estratégias de visualidade na literatura: o olho Sebald*. Belo Horizonte: Editora da UFMG, 2022.

KUCINSKI, Bernardo. *K. Relato de uma busca*. São Paulo: Cosac Naif, 2014.

LEJEUNE, Philippe. *O pacto autobiográfico: de Rousseau à internet*. Organizado por Jovita Maria Gerheim, tradução de Jovita Maria Gerheim Noronha e Maria Inês Guedes. Belo Horizonte: Editora UFMG, 2014.

LEVRERO, Mario. *O discurso vazio*. Tradução de Antônio Xerxenesky. São Paulo: Companhia das Letras, 2025.

LÍSIAS, Ricardo. *Divórcio*. São Paulo: Alfaguara, 2013.

MAGRI, Ieda. *Uma exposição*. Belo Horizonte: Relicário Edições, 2021.

MARÍAS, Javier. *Negro dorso do tempo*. Tradução de Eduardo Brandão. São Paulo: Martins Fontes, 2000.

NEGRONI, María. *Objeto Satie*. Buenos Aires: Caja Negra, 2018.

PEREIRA, Antonio Marcos. "Uma poética do processo na biografia literária contemporânea". *Orbis Tertius*, v. 23, n. 27, La Plata, 11 maio 2018. Disponível em: <www.doi.org/10.24215/18517811e073>. Acesso em: 7 maio 2025.

REY ROSA, Rodrigo. *O material humano*. Tradução de Josely Vianna Baptista. São Paulo: Saraiva, 2011.

SEBALD, W. G. *Austerlitz*. Tradução de José Marcos Macedo. São Paulo: Companhia das Letras, 2008.

______. *Vertigem*. Tradução de José Marcos Macedo. São Paulo: Companhia das Letras, 2008.

SOUZA, Julia de. *John*. São Paulo: Âyné, 2023.

TIMERMAN, Natalia. *As pequenas chances*. São Paulo: Todavia, 2023.

TÓIBÍN, Colm. *O mágico*. Tradução de Christian Schwartz e Liliana Negrello. São Paulo: Companhia das Letras, 2023.

VERZOLA, Lucas. *Infelizes à sua maneira*. São Paulo: Editora Incompleta, 2024.

WALSH, Rodolfo. *Operação massacre*. Tradução de Hugo Mader. São Paulo: Companhia das Letras, 2010.

Afinal, o que é um diário?

Júlio Pimentel Pinto

Quem nunca escreveu um diário?

Pode ter sido na infância, na adolescência ou hoje cedo, antes mesmo de tomar café, para que as intuições do sono recente não se perdessem. Foi nele que lançamos as notas secretas das nossas aflições e empolgações, dos medos e desejos, da irritação ou da alegria que só com muita dificuldade encaixavam na escrita. Ou os registros que nem eram secretos e que deixamos lá para que alguém folheasse furtivamente as páginas e soubesse daquilo que não teríamos coragem de falar de frente.

Os termos que usamos no diário, os julgamentos que fazemos, são às vezes duros e categóricos, até cruéis. Traduzimos ansiedade em palavras ocas, que o interlocutor de papel assimila sem resposta.

O diário pode ter a cor vermelha, azul, rosa, preta ou amarela; capa dura ou não; cadeado na borda e uma chave minúscula que, anos depois, jamais reencontraremos. Pode durar pouco – abandonado no mesmo dia do início, logo depois das anotações que não serão relidas – ou se arrastar pelas décadas que a vida acumula e virar memória física de tudo que se esfuma na vertigem do dia a dia.

Se ele sobreviver e chegar até o autor atingir 50 ou 60 anos, a leitura pode ser constrangedora. Nas páginas amareladas e cheias de manchas, lemos a ingenuidade do passado e a precariedade da nossa compreensão, revemos a pessoa que fomos e, graças a Deus, deixamos de ser. Nos surpreendemos: como não me lembro mais daquela cena – beijo na boca, discussão acesa – que tomou três ou quatro páginas de caligrafia miúda?

Por que não anotei nada sobre os monstros que ainda me apavoram nos sonhos e que já ocuparam sessões e sessões de análise?

A maior questão que o diarista enfrenta, porém, é outra. É a hesitação sorrateira que, como mosca teimosa, insiste em pousar por mais que abanemos: o que é um diário e por que o escrevo?

Um diário é um livro sobre o nada

Foi o crítico francês Gérard Genette quem disse isso, e tinha razão.[1] Em primeiro lugar, um diário é intransitivo: carece de objeto definido. É difuso, falta-lhe coesão, estrutura e propósito explícitos. Não adianta supor que ele conte a vida, condição prévia do registro cotidiano: a vida lhe é externa, transcorre com mais viço e dor do que o papel consegue acolher, mesmo quando o diarista acredita, iludido, que sua expressão imediata seja sincera. A vida é no máximo sua inspiração, mas os fragmentos do que vivemos não compõem sequer um tema ou enredo regular.

Genette faz tal afirmação ao comentar "Délibération" [Deliberação], artigo que Roland Barthes publicou originalmente em 1979. O texto de Barthes é curioso: ensanduicha doze anotações diarísticas entre duas reflexões conceituais do tema. Logo no início, atesta:

> Eu jamais mantive um diário – ou melhor, eu jamais soube se devia manter um. De vez em quando, começo e, depois, bem rápido, abandono – e entretanto, mais tarde, recomeço. É uma vontade leve, intermitente, sem gravidade e sem consistência doutrinal. Acredito poder diagnosticar essa "doença" do diário: uma dúvida insolúvel acerca do valor do que nele se escreve.[2]

Repare: a "dúvida insolúvel" não está em iniciar ou reiniciar um diário, nem em querer tê-lo; está em não saber se deve ou não conseguir *mantê-lo*. Assim compreendemos a impressão de paradoxo que o trecho

---

1 Gérard Genette, *Figures IV*, 1999, p. 344.

2 Roland Barthes, *Le Bruissement de la langue: Essais critiques IV*, 1984, p. 423.

transmite ao leitor: como é possível que algo destituído de objeto e de enredo exija tamanha persistência, continuidade, atenção e disciplina de escrita? O "nada" do diário deriva da falta de "gravidade" do desejo e da ausência de uma "doutrina" que o justifique, de uma certeza quanto à sua razão de existir.

A "intermitência" da vontade de manter o diário mimetiza a intermitência mais grave da vida: às vezes, há muito a dizer; outras vezes, nada. Ao relembrar – misturando a primeira e a terceira pessoas – como foi o início da sua escrita diarística, o argentino Ricardo Piglia atesta:

> No começo as coisas foram difíceis. Ele não tinha nada para contar, sua vida era totalmente trivial. "Gosto muito dos primeiros anos do meu diário justamente porque neles luto contra o vazio. Não acontecia nada, na realidade nunca acontece nada, mas naquele tempo isso me preocupava. Eu era muito ingênuo, estava o tempo todo procurando aventuras extraordinárias."[3]

Ingenuidade, diz, buscar aventuras antes de reparar que a vida é mais mesquinha. Os resíduos e vestígios dos dias vão sendo empilhados nas folhas e expõem ações mínimas, histórias truncadas, ocorrências quase invisíveis, desabafos, um ou outro delírio, banalidades combinadas com problemas sérios – todos que leem diários de escritores já brincaram com o único registro que Kafka fez em seus cadernos no trágico dia 2 de agosto de 1914: "A Alemanha declarou guerra à Rússia. – À tarde, natação."[4] Há aí outra intermitência: a que nos faz saltar seguidamente do mundo externo para o interno, da calamidade pública para o cotidiano repetitivo, da sentença completa, com todos os seus elementos, para a frase sem verbo.

O nada, afinal, constrói-se de muitas miudezas acumuladas em meio às atribulações e aos caprichos da história. Se concordarmos com Piglia, poderemos chegar a uma resposta (só aparentemente) paradoxal: o nada cotidiano permite a escrita de um livro sobre o nada que, por sua vez, nos permite criar significados para o vazio. É por isso que escrevemos diários?

3 Ricardo Piglia, *Os diários de Emilio Renzi*. Vol. 1: Anos de formação, 2017, p. 11.

4 Franz Kafka, *Diários: 1909-1923*, 2021, p. 387.

É difícil escrever um diário

Piglia acabou de nos dizer: o registro escrito do cotidiano é difícil. Afirma também que é desafiador e instrutivo; ele nunca cansou de repetir que se não tivesse escrito seus diários jamais escreveria coisa alguma. Nos diários estava a origem da sua ficção e de seu ensaísmo: redigiu seus cadernos por mais de cinco décadas e depois de ter publicado uma obra literária sólida e celebrada, os selecionou, reescreveu e publicou em três polpudos volumes.

O desafio não está só na hora de começar ou no esforço de manter o diário; aparece igualmente na maneira como pensamos e expomos nosso lugar no mundo. Georges Didi-Huberman confirma: "É terrivelmente difícil apresentar claramente a que estamos nós mesmos direta e vitalmente expostos."[5] Alejandra Pizarnik, quase no final de seus trágicos diários, acrescenta o risco de tentar entender a si mesma por meio da escrita diarística: "Eis-me aqui escrevendo em meu diário, por mais que saiba que não deve ser assim, que não devo escrever meu diário."[6] Compreender-se é impossível, compreender-se é perigoso: a vibração do momento vivido impede e a consciência de si ameaça.

Nem sempre, porém. Didi-Huberman recorre aos diários de guerra de Bertolt Brecht para constatar que os singulares diários de guerra – que não são "sobre nada", pois envolvem uma aventura e as dificuldades que ela implica – tornam essa "consciência de si" fundamental para a sobrevivência em meio ao horror da destruição e do avanço do nazifascismo. Em seguida, indica uma passagem em que Brecht trata exatamente da contradição entre a presença da guerra e a continuidade da literatura. O escritor alemão, então exilado em Londres, conta que acabou de escrever a peça *O senhor Puntila e seu criado Matti*:

> *Puntila* não me concerne em quase nada, a guerra menos ainda; posso escrever quase tudo sobre *Puntila*, nada sobre a guerra. Não penso

5 Georges Didi-Huberman, *Quando as imagens tomam posição: o olho da história I*, 2017, p. 27.

6 Alejandra Pizarnik, *Diarios*, 2013, p. 861.

> somente no direito a escrever, penso realmente na "capacidade" de escrever. É interessante ver como a literatura é relegada, enquanto práxis, a tal distância dos acontecimentos dos quais tudo depende.[7]

O inconformismo de Brecht, guardadas as proporções, afeta todo diarista: a relação entre o privado e o público é infalível – todos vivemos as circunstâncias externas que nos rodeiam e invadem nosso dia a dia: como circular por esses dois mundos e articulá-los na escrita? Qual a razão de manter um diário – a mesma questão que incomodava Barthes – quando tudo que nele é lançado soa insuficiente ou afastado da vida que nos revolve? Piglia responde com o exemplo de um diarista famoso: o polonês Witold Gombrowicz: "O *Diário* [de Gombrowicz] é isso, uma espécie de experimentação contínua com a experiência, com a forma, com a escritura."[8]

Experimentar simultaneamente a experiência e a forma, o vivido e a escrita. Reconhecer que toda forma de escrita é política no sentido original do termo: referida à pólis, ao espaço público. Brecht certamente concordaria com isso e com a ideia de que, num diário, manejamos a experiência, a reviramos, a desmontamos e a remontamos. Também por isso é tão difícil escrever um diário: mesmo se o cotidiano registrado e significado em suas páginas não for dolorido, mesmo se conseguirmos conceber nosso lugar em meio à tensão do momento, ainda teremos de lidar com a tradução literária da experiência e de suas ambiguidades.

Um diário não conta a verdade

É óbvio que quem escreve um diário coloca nele o que bem entende, o que inclui partes inventadas – ou invenções integrais, como nos diários-romances de Doris Lessing, Max Frisch e Michel Butor.[9] Logo, pode

7 Bertold Brecht, *Journail de travail (1938-1955)*, 1976, p. 128.

8 Ricardo Piglia, *Antología personal*, 2015, p. 96.

9 Doris Lessing, *The Golden Notebook*, 1962; Max Frisch. *From Berlin Journal*, 1972; Michel Butor, *L'Emploi du temps*, 1956.

mentir. E seguidamente mentimos – até porque verdades não são necessariamente agradáveis nem para nós mesmos ou porque tentamos formulá-las de forma oblíqua, e o desvio é inevitável. Mas quem pretende registrar a verdade da própria vida num papel vazio tampouco alcança seu objetivo. T. S. Eliot já avisou num de seus poemas mais conhecidos: "Vivemos a experiência mas perdemos o significado,/ E a proximidade do significado restaura a experiência/ Sob forma diversa, além de qualquer significado."[10]

Viver a experiência não assegura a compreensão de seu significado, porque nenhum significado é inerente ao vivido. Claro que, no momento em que a vivemos, somos capazes de associar determinado significado a dada experiência, mas o deslocamento temporal – mesmo que sejam os breves segundos até que alcancemos o caderno em que pretendemos registrá-la – logo dissolve tal vínculo. Quando restauramos a experiência, e sempre a restauramos de forma narrativa, ela surge sob forma diversa e substitui o significado anterior por outro, mais compatível com o tempo da restauração do que com o tempo em que vivemos aquela experiência. É provável, como destacou Didi-Huberman, que a restauração narrativa da experiência seja mais densa e complexa, contenha elementos inacessíveis no momento de sua ocorrência original: "é no Agora reminiscente que a origem aparece [...]. A imagem que produzimos impõe sua própria evidência".[11]

Por isso é impossível supor que fatos autobiográficos apareçam diretamente nos diários: eles estão lá, mas estão deslocados. A imagem verbal os projeta para outro espaço, num outro alargamento da onda da lembrança. Ainda uma vez, é Piglia que explica, numa linda passagem do terceiro volume de seus diários:

> Difração. Forma que a vida adquire ao ser narrada num diário pessoal. Em óptica, fenômeno característico das propriedades ondulatórias da matéria. A primeira referência à difração aparece nos trabalhos de Leonardo da Vinci. Conforme suas observações do Lago dei Fiori

10 T. S. Eliot, *Quatro quartetos. Obra completa.* V. 1, 2004, pp. 364-365.

11 Georges Didi-Huberman, *Diante do tempo: história da arte e anacronismo das imagens.* 2015, p. 279.

> sob o sol do meio-dia, a luz, ao entrar na água, espalha-se imprecisa e seu brilho ondula num sistema concêntrico de anéis claros e escuros, até o leito lamacento. Não é uma ilusão óptica, é um milagre. Os dias se sucedem e se perdem na claridade da infância e o sol ilumina as lembranças de leve.[12]

Difratada, a experiência narrada é outra, distante da vivida. A verdade do que se enfrentou baldia ou dramaticamente continua presente, lateja, mas é inacessível. É Piglia também que nos ajuda a concluir: "Nunca me preocupou a ideia de que a literatura nos afastasse da experiência, porque, para mim, as coisas acontecem ao revés: a literatura constrói a experiência."[13] Alejandra Pizarnik, na entrada de 27 de julho de 1955 de seus diários, sintetiza: "Caminhando. Caminhando. Mil rostos disseminam suas notas no pentagrama das ruas."[14] O movimento contínuo, que vem do mundo externo, transmuta-se na percepção pessoal, em metáfora que preenche o nada e recria a vida. Novamente, Brecht concordaria.

Um diário no fundo é um álbum

Montar, desmontar, remontar a experiência. Tentar impedir que ela prossiga dispersa e incoesa. Reunir registros distintos, extraídos da microscopia dos dias, e transformá-los em sequências, criando uma sensação de continuidade entre materiais diferentes entre si: o relato de episódios de um amor encerrado, a lista de leituras realizadas nas férias, a urgência de retirar a roupa na lavanderia, a opinião sobre os estranhos rumos políticos que atravessamos. As possibilidades são infinitas e incluem menções a outros diários, porque (quase) todo diário se alimenta de outros diários, desde o do amigo ou da amiga que nos mostrou uma página do que escreveu em seu caderno, tornando-nos cúmplices da vida que redigia para si, até os de grandes escritores – Anaïs Nin, André Gide, Cesare Pavese, Sylvia Plath, Virginia Woolf e tantos outros.

12 Ricardo Piglia, *Os diários de Emilio Renzi*. Vol. 3: Um dia na vida, 2021, p. 208.

13 Ricardo Piglia, *Os diários de Emilio Renzi*. Vol. 2: Os anos felizes, 2019, p. 72.

14 Alejandra Pizarnik, *op. cit*, p. 91.

O resultado dessa justaposição de registros pode lembrar mais a forma de um álbum do que de um livro. Quem em primeiro lugar diferenciou livro e álbum foi Mallarmé, num texto de 1895: "Diário, a folha dispersa, plena, empresta à impressão um resultado indevido, de simples maculatura [...]. O livro, expansão total da letra, de que ela deve extrair, diretamente, uma mobilidade e, espaçoso, por correspondência, instituir um jogo, não se sabe, que confirme a ficção."[15] Na contramão do livro – espaço de conexão e ludicidade –, o álbum é "simples maculatura", desencontrada de outros registros. Barthes, numa de suas últimas aulas, capturou com argúcia a possibilidade de comparar diário a álbum e a valorizou: diário, diz, é "um desenrolar organizado" com ritmo próprio e oscilando entre o contínuo e o descontínuo; é um conjunto de aforismos que acolhem a fantasia de quem o redige; é "*Rapsódico* (Ideia do *Costurado*, *Montado*, *Patch-Work*); [...] Álbum não implica um pensamento menor. Álbum: talvez a representação do mundo como *inessencial*. [...] Álbum: atonal, *sem cadência*."[16]

Na superfície do diário, improvisamos relatos, ideias e pensamentos que não precisariam estar naquele espaço específico ou naquela ordem; foram assim costurados numa antologia que não privilegia nenhum dos fragmentos e tenta conter sua dispersão, permitindo ao leitor daquelas páginas circular por todos, lê-los separada ou integradamente, inventar e irradiar seus sentidos. Como em toda colagem, mais importante do que cada elemento que a compõe – infinitos nadas – é a relação possível que os reúne na combinação e na leitura.

O leitor de diários é um bisbilhoteiro

Quem lê, afinal, um diário – que, a princípio, é um registro privado? Nós os escrevemos apenas para nós mesmos e, na maioria dos casos, as páginas terão eternamente esse único leitor. Embora o caráter pessoal dos diários

---

15 Stéphane Mallarmé, *Œuvres complètes*, 1989, p. 380.

16 Roland Barthes, *A preparação do romance*, 2005 [2003], pp. 124-125, 127.

não implique que também sejam íntimos, olhos intrusos de leitores os percorrem, atraídos pela oportunidade de vasculhar a vida alheia.

Bisbilhotar não é propriamente uma arte, mas podemos abrir exceção para os escarafunchadores de diários e sua avidez em obter revelações e informações, algum anedotário, ou simplesmente conhecer um pouco mais daquele personagem cujos livros conhece ou com quem divide o cotidiano. Nós, bisbilhoteiros, chegamos até a fantasiar que descobriremos, nas linhas e entrelinhas dos cadernos, alguma inconfidência que o próprio diarista deixou escapar. Lorna Martens justifica essa crença ao observar que o diarista tem domínio limitado sobre o material real ou fictício que produz: nem sempre temos clareza do que escrevemos e um diário, como todo texto, é obra aberta; o leitor sempre vai continuá-la, desdobrá-la, enxergar mais do que ela contém.[17]

Com o tempo, um diário pode ser tornado público, conforme desejo do redator ou de seus herdeiros, e a divulgação amplia a complexidade do gênero. Diferentemente do que ocorre nas anotações privadas dos cadernos acumulados ao longo da vida, num diário público a comunicação com o leitor exige um enquadramento que ajuda a criar sentido para o material.[18] Essa moldura assume diferentes formatos: apresentação ou prólogo explicativo, aparato paratextual – fotos do diarista, fac-símiles dos cadernos, orelha e quarta capa que reiterem o vínculo entre referente e texto –, citações de outros diários.

Sem o risco de ser pego em flagrante pelo diarista que não escondeu suficientemente bem seus cadernos e assim permitiu que olhos indevidos circulassem por suas páginas, o leitor do diário publicado pode sentar-se em uma poltrona e invadir pacificamente a privacidade alheia – que já havia sido rompida na edição. Olha aquelas anotações, dá mais atenção a uma do que a outra, entedia-se um pouco, empolga-se em certos momentos e, após fechar o volume, talvez até se pergunte: por que não escrevo meu próprio diário e assim invento para mim uma nova vida?

---

17 Lorna Martens, *The Diary Novel*, 1985, p. 34.

18 *Ibidem*, p. 33.

Referências bibliográficas

BARTHES, Roland. "Délibération". In: *Le Bruissement de la langue: Essais critiques IV.* Paris: Seuil, 1984.

______. *A preparação do romance.* Vol. 2. Tradução de Leyla Perrone-Moisés. São Paulo: Martins Fontes, 2005 [2003].

BRECHT, Bertold. *Journail de travail* (1938-1955). Tradução de P. Ivernel. Paris: L'Arche, 1976.

BUTOR, Michel. *L'Emploi du temps.* Paris: Éditions de Minuit, 1995 [1956].

DIDI-HUBERMAN, Georges. *Diante do tempo: história da arte e anacronismo das imagens.* Tradução de Vera Casa Nova e Márcia Arbex. Belo Horizonte: Editora UFMG, 2015 [2000].

______. *Quando as imagens tomam posição: o olho da história I.* Tradução de Cleonice Paes Barreto Mourão. Belo Horizonte: Editora UFMG, 2017.

ELIOT, T. S. "The Dry Salvages". In: *Quatro quartetos: obra completa.* V. 1. Poesia. Tradução de Ivan Junqueira. São Paulo: Arx, 2004 [1941].

FRISCH, Max. *From Berlin Journal.* Calcutá: Seagull Books, 2017 [1972].

GENETTE, Gérard. *Figures IV.* Paris: Seuil, 1999.

KAFKA, Franz. *Diários: 1909-1923.* Tradução de Sérgio Tellaroli. São Paulo: Todavia, 2021.

LESSING, Doris. *The Golden Notebook.* Nova York: Harper Perennial, 2008 [1962].

MALLARMÉ, Stéphane. "Le Livre, instrument spirituel". In: *Œuvres complètes.* Paris: Bibliothèque de la Pléiade; Gallimard, 1989 [1945].

MARTENS, Lorna. *The Diary Novel.* Cambridge: Cambridge University Press, 1985.

PIGLIA, Ricardo. "El escritor como lector" [2007]. In: *Antología personal.* Barcelona: Anagrama, 2015.

______. *Os diários de Emilio Renzi.* Vol. 1: Anos de formação. Tradução de Sérgio Molina. São Paulo: Todavia, 2017 [2015].

______. *Os diários de Emilio Renzi.* Vol. 2: Os anos felizes. Tradução de Sérgio Molina. São Paulo: Todavia, 2019 [2016].

______. *Os diários de Emilio Renzi.* Vol. 3: Um dia na vida. Tradução de Sérgio Molina. São Paulo: Todavia, 2021 [2017].

PIZARNIK, Alejandra. *Diários.* Organização de Ana Becciú. Barcelona: Penguin Random House, 2013.

A escrita do "eu-nós" na literatura indígena

Trudruá Dorrico

Assim como meus antepassados pedem licença para entrar na mata, peço licença para entrar neste território da crítica.

É costume makuxi, antes de começar uma cerimônia, seja uma assembleia, uma aula na universidade, um desfile de moda, cantar e dançar uma parixara. Assim, convido vocês para acompanharem esse canto que, enquanto escrevo, vibra em meus dedos e olhos:

Siu, siu taawon pariikuwa more
Siu, siu taawon pariikuwa more
Wanaabon wanaabon pariikuwa more
Wanaabon wanaabon pariikuwa more[1]

Quando li pela primeira vez a obra autobiográfica *Todas as vezes que dissemos adeus*, de autoria do escritor tapuia Kaká Werá Jecupé, senti que a literatura indígena é "traduzir da vermelha 'escrita-pintura' de meu corpo para o branco corpo desta 'pintura-escrita'".[2] A tinta do urucum, vermelha, que tinge os corpos indígenas em manifestações pacíficas nas ruas do país é uma metáfora convocada para dizer que enfim chegou o tempo de escrever e publicar, na página branca do livro, o que conhecemos

1 "Filho de Paricuaru diz xiu xiu/ Filho de Paricuaru diz xiu xiu/ No ninho de capim está o filho de Paricuaru/ No ninho de capim está o filho de Paricuaru." Tradução minha.

2 Kaka Werá Jacupé, *Oré awé roiru'a ma: todas as vezes que dissemos adeus*, 2012, p. 16.

como literatura indígena, que decifra o mundo originário: antigo, científico, mágico, político e criativo.

É traduzindo nossas pátrias que nós, escritores indígenas, comunicamos que o Brasil é um país plurinacional. Eu, Trudruá Dorrico, sou makuxi. O povo Makuxi habita ancestralmente o Circum-Roraima, ou seja, Roraima, Brasil, Guiana e Venezuela, a tríplice fronteira. O tronco linguístico da língua makuxi é o karib, e ela é uma das 274 línguas indígenas ainda vivas no Brasil. Quando escrevo poesia, reflito em língua portuguesa sobre a relação entre as duas línguas, e como posso confrontar a gramática do esquecimento com nomes, vocábulos ou frases da língua makuxi.

De que chuva você está falando?

Os mais velhos dizem que o português é uma língua
emprestada
que nos serve muito pouco.
Criada em um lugar diferente do nosso,
só devemos saber proferi-la para não ser enganados
por eles.
Eles são os que falam a língua portuguesa,
essa *gíria* que falsifica nossas verdades.
Chamando de colonização o que deveria
ser nomeado como genocídio.
Chamando-nos de "índios" ao invés de nossos nomes
de povos originários.
Chamando de integração o que deveria
ser chamado de depopulação.
O Brasil é minha colônia.
Você sabe o que é ser civilizado?
A língua Makuxi, o makusi maimu,
foi criada na nossa terra.

As chuvas que despencam do céu são os antigos o'ma'kon
que subiram para chover, e eles têm nomes.
Maritî, Tamîkan, Pe'pînon, Misussu, Mîri, Tauna,
Iwankan, Kaiwîno'kîmî Piá, Xu'rari.

Quando estamos deitados na cama de mãos entrelaçadas
olhando as lágrimas que choram do céu e você me diz:
— Está chovendo lá fora, amor…
Eu me pergunto de que chuva você está falando.
De que chuva você está falando?

Nesse poema busquei traduzir a angústia de viver em uma língua dominante, como expõe Silvia Rivera Cusicanqui, cujas armadilhas a todo tempo sufocam os sujeitos indígenas, e também propor que é nas línguas indígenas, que chamo de línguas da terra, que estão os conhecimentos científicos deste continente ancestral.

Com esse poema, ainda quero dizer que toda escrita indígena é coletiva porque todo autor indígena tem sua identidade radicada no seu povo, ao lado da cidadania brasileira. Mas é seu povo originário que rege e orienta as formas de se manifestar no mundo. Ter uma identidade coletiva, no entanto, não significa esquecer o direito à individualidade de cada sujeito que compõe uma comunidade, um povo nativo.

Nesse sentido, ler uma escrita indígena significa que o/a leitor/a vai radicalmente se colocar diante de outro paradigma, um de natureza e cultura que são antítese da modernidade ocidental. Embora seja difícil compreender essas diferenças pelo fato de as obras serem publicadas majoritariamente em língua portuguesa, elas têm outros guias de línguas, de filosofias, de lutas.

Quando o indígena fala de si, ele também incontestavelmente é a voz de seu povo, de sua nação, de sua pátria originária.

Eliane Potiguara, em sua obra *Metade cara, metade máscara*, mescla os gêneros epopeia, ensaio, testemunho e relato da vida pessoal. O conjunto da obra é poético, histórico e biográfico, e, ainda, é uma metonímia para falar da migração compulsória dos povos e famílias indígenas no país desde que a colonização europeia transformou radicalmente nossas vidas. Abaixo lemos um trecho:

> A menina então foi criada a sete chaves dentro de um quarto semiescuro e quase nunca saía. Quando via o sol, desmaiava. As necessidades fisiológicas e os banhos eram realizados ali mesmo. A cozinha apertada e fora da casa era cenário das caçarolas expostas; os peixes e as carnes-secas eram penduradas como se fossem roupas no varal ou expostas no telhado para secar e era constante a presença da mandioca, fruta-pão, inhame, banana-da-terra, frutas em geral. Quando conseguiam, comiam caranguejo e o caldo com farinha, fazendo bolinhas com a mão.[3]

A menina do texto é a própria autora que narra sua infância em uma favela do Rio de Janeiro, descrevendo sua condição de indígena e de migrante nordestina (Paraíba) dentro do próprio país, condição de "estrangeira", aliás, sentida por todos os sujeitos e povos indígenas. A escrita do eu é também uma metonímia para o nós coletivo denunciar, pela escrita, as violações seculares perpetradas contra os povos que nunca se divorciaram desta terra.

Também em Daniel Munduruku, na obra *Memórias de índio: uma quase autobiografia*, vemos a escrita de si do autor nos colocando, como os demais autores, diante de sua identidade indígena.

> O fato é que escrevo aqui minhas lembranças, de tempos já vividos. Todas são quase verdadeiras. Outras são quase falsas. Algumas são inventadas para dar mais emoção. Há também as que se misturam, e eu já não sei distinguir se as vivi ou inventei para amenizar meu coração. Isso faz parte de nossa sobrevivência.[4]

Sua escrita (auto)biográfica rememora confrontos que, embora sejam de ordem do individual, são experiências coletivas para sujeitos que já nascem dentro da categoria de "indígena". Mesmo assim, ele confronta

---

3 Eliane Potiguara, *Metade cara, metade máscara*, 2004, p. 25.

4 Daniel Munduruku, *Memórias de índio: uma quase autobiografia*, 2018, p. 10.

a própria escrita, reconhecendo que ela é técnica e uma arte que não é referencial, que age sobre sua memória e criatividade. A diferença é que sua escrita, no campo da literatura, é comprometida com suas origens.

> Quando fui me aproximando do local, um deles apontou o dedo para mim e gritou: "Olha o índio que chegou na nossa escola! Olha o índio!"
>
> Eu fiquei olhando para todas as partes procurando o tal índio! Achei que era um passarinho que eu não conhecia! Quando eles viram que eu não sabia do que falavam, começaram a rir. Só depois que me dei conta de que eles falavam de mim.
>
> Pode parecer estranho, mas aquela palavra "índio" eu não conhecia. Eu não sabia que existia alguém que se chamava índio. Meus pais nunca me chamaram assim; meus irmãos, também não; meus outros parentes, idem. Era uma palavra que não cabia em meu pequeno vocabulário português. Entendi, então, que meus colegas me deram um apelido.[5]

A passagem acima é de ordem pessoal, porém representa todos os sujeitos-corpos das nações originárias que ficaram definitivamente marcados nestes cinco séculos pela identidade forjada pelo colonizador branco europeu. Como lembra Daniel Munduruku, não somos índios, somos Munduruku, Makuxi, Potiguara, Tabajara e mais de trezentas nações que vivem ancestralmente neste país (pluri)nacional. Também é autobiográfica a obra de Auritha Tabajara, *Coração na aldeia, pés no mundo*, de que lemos um trecho a seguir:

> Uma menina saudável,
> Com o nome a definir,
> Vovó a chamou Aurita,
> Mas, quando foi traduzir,
> Uma ancestral lhe contou
> "Aryreu" está a vir.

5 *Ibidem*, p. 21.

Mas, para se registrar,
Seguiu a modernidade
Com o nome de Francisca,
Pois, para a sociedade,
Fêmea tem nome de santa
Padroeira da cidade.
[...]
Auritha tinha um segredo,
Que não podia contar.
Somente para sua vó
Se encorajou a falar.
Não gostava de meninos,
E não sabia lidar.[6]

Nas estrofes acima, vemos a apresentação de Auritha em cordel, que narra em terceira pessoa a própria vida. A escrita autobiográfica expõe a sexualidade indígena em um país que é duro tanto com a identidade indígena quanto com a sexualidade não heteronormativa. O itinerário de Auritha, indígena, mulher e nordestina, narra a migração, a configuração familiar e os conflitos que derivam de um país construído sobre a desorganização social cujas consequências são sofridas pelos povos indígenas que nunca receberam compensação por elas. Em minha obra, *Eu sou macuxi e outras histórias*, faço o percurso de caminhar ao passado para me encontrar no presente:

Eu sou filha de Makunaima, que
criou minha avó:
primeiro de cera (mas ela derreteu!)
e depois de barro: resistindo ao sol e
passando a existir para sempre.

Um dia ela bebeu caxiri
e resolveu brincar

6 Auritha Tabajara, *Coração na aldeia, pés no mundo*, 2019, p. 9, 27.

porque só assim podia
criar minha mãe
e ela criou!
Mas decidiu que a língua de minha mãe seria o inglês,
Assim, minha mãe não se aborreceria e sua vida seria mais fácil.
A língua de minha mãe é diferente da de minha avó,
Minha avó fala a língua de Makunaima.

Um dia minha mãe decidiu me criar mulher.
E criou, lá na década de 1990, bem certinho.
Decidiu, porém, que minha língua não seria nem o macuxi, como de minha ancestral,
nem o inglês dos britânicos,
mas o português.
Eu não quis não.
Então resolvi criar a minha própria.
Como não posso fugir do verbo que me formou,
juntei mais duas línguas para contar uma história:
O inglexi e o macuxês
porque é certo que meu mundo – o mundo – precisa ser criado
todos
os dias.
E é transformando minhas palavras que apresento minha voz nas páginas adiante.[7]

Em primeira pessoa, nessa narrativa poética que introduz o leitor ao livro, situo-me em condição de neta de Makunaima, o grande pajé da nação Makuxi, que configurou o mundo em que vivemos. Ele é criador do povo Makuxi, de minha avó e de todos nós makuxis. Ao colocar-me nessa condição de neta de um espírito da floresta, busquei reafirmar o sentido de que minha primeira origem é nela, a qual também ordena meu mundo, ainda que eu tenha compreendido isso tardiamente, como vou

7 Julie Dorrico, *Eu sou macuxi e outras histórias*, 2019, pp. 17-21.

narrar na obra. Recuperando minha infância – chão da minha memória –, quero dizer que o corpo do sujeito indígena em deslocamento não borra o direito à identidade makuxi.

Das leituras das obras aqui citadas, e que tenho lido assiduamente desde o ano de 2017 até hoje, compreendo que i) a escrita autobiográfica indígena apresenta a identidade coletiva, a identidade indígena junto à cidadania brasileira, representada pelo uso da língua portuguesa; ii) a escrita autobiográfica expõe a coragem de escritores indígenas de partilharem relatos pessoais que são, no entanto, experiências coletivas neste país; iii) a escrita autobiográfica não vem em um único gênero, pode vir num poema, num ensaio, num conto, numa narrativa poética; iv) a escrita autobiográfica é poética e ao mesmo tempo voraz, exemplificando as diversas camadas da história brasileira em que vivem os povos indígenas, seja devorando a língua portuguesa no seu próprio uso, ao denunciar as violências físicas e simbólicas que um corpo indígena enfrenta neste país; seja pelos relatos de vivência nesse tempo-espaço que enfrentam, vencem ou perdem, mas que tensionam os limites do que é ser humano, possuir dupla, tripla identidade, de ter a cidadania brasileira; v) a escrita autobiográfica também é confessional, por isso o livro passou a ser território contestado para que os leitores indígenas e não indígenas possam conhecer as complexas vivências que os sujeitos, enquanto pertencentes às nações originárias, vivem, e, sobretudo persistem no desafio ao Estado moderno por continuar vivendo a devoção à floresta e a filiação ao não humano.

Referências bibliográficas

AURITHA TABAJARA. *Coração na aldeia, pés no mundo*. São Paulo: U'ka Editorial, 2019.

CUSICANQUI, Silvia Rivera. *Ch'ixinakax utxiwa: uma reflexão sobre práticas e discursos descolonizadores*. São Paulo: n-1 edições, 2021.

DANIEL MUNDURUKU. *Memórias de índio: uma quase autobiografia*. São Paulo: U'ka Editorial, 2018.

DORRICO, Julie. *Eu sou macuxi e outras histórias*. Nova Lima: Caos e Letras, 2019.

ELIANE POTIGUARA. *Metade cara, metade máscara*. São Paulo: Editora Global, 2004.

KAKA WERÁ JECUPÉ. *Oré awé roiru'a ma: todas as vezes que dissemos adeus*. São Paulo: Triom, 2012.

O caso Carrère

Mariana Delfini

Uma faixa azul-escura abraça a capa da nova edição francesa de um ensaio antigo de Emmanuel Carrère. "O real é apenas uma opção", alardeiam letras brancas imensas na cinta, embaixo do título do livro: *Uchronie*. Nós, contemporâneos da pós-verdade, estamos acostumados com afirmações desse tipo – tudo são versões, narrativas etc. Estampada num livro de Carrère, no entanto, essa frase assumidamente marqueteira é também a ponta visível de camadas e camadas de reflexões que, por quase cinquenta anos, o autor francês acumulou. A realidade, suas instabilidades e seus pactos, suas representações e fronteiras na literatura são território conhecido de Carrère, e, por isso, uma frase assim soa como senha de entrada para se percorrerem muitas trilhas e caminhos em sua obra.

Publicado desde o fim dos anos 1990 no Brasil, e tendo visitado o país em 2011 como convidado da Festa Literária Internacional de Paraty (Flip), Carrère foi lido mais amplamente por aqui apenas nos últimos anos, com o sucesso editorial de *Ioga*. Talvez por ter sido conhecido pelos leitores apenas por este último livro, o francês tenha sido alocado na caixinha da célebre autoficção. Esse livrinho que de início se pretende "perspicaz e sorridente", e sobre ioga, revela-se bem pouco sorridente ao derivar para o atentado terrorista no jornal *Charlie Hebdo*, uma crise depressiva do autor e sua hospitalização psiquiátrica, uma fuga para uma ilha grega durante a crise dos refugiados. Mas perspicaz ele ainda é, e Carrère confessa algumas manobras de escrita que tornaram ficcionais ao menos duas personagens. "Com isso quero dizer que existe um modelo distante para ela [a personagem Frederica], com quem dei algumas aulas no Pikpa, tive uma bebedeira memorável e escutei a *Polonaise* heroica de Chopin, mas todo o resto eu inventei", escreve.[1]

Sem usar a palavra "autoficção", Carrère diz que foi o que fez: ficcionalizou alguns dados reais sem indicar explicitamente quais, de modo que não se sabe o que aconteceu de fato e o que foi inventado por ele – tomando-se o conceito de maneira generalista, como é entendido no Brasil pelos leitores. No entanto, *Ioga* é uma exceção em sua obra. Como ele e a ex-mulher acabaram por revelar à imprensa francesa, o livro ganhou tal feição devido a um acordo de divórcio que o proibiu de torná-la personagem de obras futuras. Deixando a fofoca de lado, vale voltar para a exata metade do volume para encontrar explícita ali a concepção que teria guiado o autor nos vinte anos anteriores, confirmando a excepcionalidade de *Ioga*: "Tenho uma convicção, apenas uma, sobre a literatura, bom, sobre o tipo de literatura que eu faço: é *o lugar onde não se mente.*" Ele continua: "Não posso dizer deste livro o que com orgulho disse de muitos outros: 'Tudo aqui é verdade.' Ao escrevê-lo, preciso deturpar um pouco, deslocar um pouco, apagar um pouco."[2]

Verdade, autoficção, real: vamos incursionar por tais categorias, que importam menos pela teoria em si e mais por serem ferramentas que, ao menos no caso de Carrère, podem ajudar a ler melhor – e com mais prazer – essa obra que pensa de modo tão inteligente e agudo sobre as histórias que cada um conta sobre sua vida.

O tal lugar de verdade foi alcançado apenas nos anos 2000, mas desde o início, nas décadas de 1980 e 1990, Carrère pensava na realidade e seus limites.[3] *Uchronie*, reeditado em 2025, foi concebido de 1980 em diante,

---

1 Emmanuel Carrère, *Ioga*, 2023, p. 257.

2 *Ibidem*, p. 132.

3 "Durante mais de quinze anos a ficção foi meu horizonte", ele contou em "Encre de Chine" [Nanquim], prefácio do primeiro volume da coleção Quarto que reúne suas obras escolhidas. "Em cinco anos, escrevi cinco romances, e para este volume mantive apenas dois. Os outros três caíram no esquecimento sem nenhum arrependimento" (Emmanuel Carrère, *Vers le réel – Œuvres choisis*, Gallimard, 2023, pp. 13-14. Tradução minha). Dessas obras de juventude, não aparecem aqui os romances rejeitados – *L'Amie du jaguar* (1983), *Bravoure* (1984) e *Hors d'atteinte?* (1988) –; já *O bigode* (1986) e *A colônia de férias* (1995), publicados no Brasil, são mencionados pela relação que guardam com o tema deste ensaio.

na graduação no Instituto de Estudos Políticos de Paris, a Science Po; dissertação gestada na universidade, contempla a análise de meia dúzia de romances, costurada a reflexões teóricas – neste caso, sobre a disciplina de história e suas fronteiras com a ficção.

Ao eleger como tema a ucronia – o território onde os escritores podem reescrever o passado, imaginando narrativas a partir da alteração de algum acontecimento histórico –, Carrère discorre sobre o pensamento determinista na história, causalidade dos fatos, a reescrita do passado por regimes totalitários, a possibilidade de verificar fontes. Tateia mistificações, imposturas e teorias da conspiração:

> Quem nos garante que a história universal, desde os homens da caverna até a última eleição local, não é um imenso *trompe-l'œil*, fruto de uma conspiração milenar urdida por gerações de clérigos [...] com o objetivo perverso de travestir a realidade à medida que ela acontece? [...] Nada nos impede de imaginar que diversos autores entraram num acordo para enganar os historiadores posteriores ou, sob a pressão de algum poder, para guardar um segredo que gostariam de escamotear de gerações futuras.[4]

"Piada epistemológica"; pura retórica, é claro. Ele estica a corda de alguns paradoxos, se alonga em divagações, testa limites entre a ficção e uma escrita comprometida com o que de fato aconteceu, tentando definir o campo da ucronia que naquele momento, segundo ele mesmo, era limitado a poucos títulos.

O ensaio foi publicado em 1986, sob o título de *Le Détroit de Behring* [O estreito de Bering], no momento em que Carrère se consagrava como escritor profissional com o sucesso de *O bigode*. Diferentes em forma e conteúdo, o ensaio e o romance guardam pontos em comum – pode-se até dizer que o enredo do romance é a aplicação prática de uma definição teórica apresentada no ensaio: "Ser ucrônico, ainda que na esfera privada,

4 Emmanuel Carrère, *Uchronie*, 2025, pp. 53-54. Esta citação e as seguintes que tiverem sido extraídas de obras publicadas em francês, sem edição brasileira, aparecem neste texto com tradução minha.

é ver-se sozinho contra todos, é justamente não conseguir conquistar a aprovação dos outros, do senso comum, da memória compartilhada."[5]

Em *O bigode*, também é o passado que se altera; esse, ao menos, é o pesadelo que o protagonista do romance acredita viver. Depois de se escanhoar e ouvir a esposa dizer que não via nenhuma diferença, pois ele nunca tinha usado bigode, o arquiteto não nomeado que é o protagonista assiste a suas certezas serem postas em xeque: Agnès lhe informa que nunca fizeram determinada viagem de que ele se lembra tão bem; depois, que o pai dele, cuja voz ele ouviu na véspera, está morto... e assim por diante. "Não estava louco. Agnès, Jérôme e os demais, tampouco. Apenas a ordem do mundo sofrera uma desestruturação ao mesmo tempo abominável e discreta, que passara despercebida de todos, exceto dele", conclui o personagem.[6]

É uma conclusão temporária, como são todas no romance; o protagonista é carregado por um redemoinho mental, que o envolve na obsessão pelo que não é mais possível verificar. Mais uma vez, essa zona de desconforto de Carrère, que no entanto o atrai. E que não é influência tanto de Kafka, mas sobretudo da ficção científica, ele explicaria posteriormente, no início da biografia de Philip K. Dick que publicou em 1993, *Eu estou vivo e vocês estão mortos*. Carrère inscreve *O bigode* na filiação de narrativas de humor seco, "sobre desgraças, construídas em vista de uma inversão final que borrava os pontos de referência e minava sorrateiramente a ordem das coisas".[7]

A ficção científica é uma paixão de infância que perdura, como se vê em entrevistas e textos biográficos do autor, e é fácil perceber ali o que tanto lhe atrai: ao traçar a biografia de PKD, Carrère se deixa levar pelos devaneios, fantasias e argumentações do escritor estadunidense, lançando a si mesmo e ao leitor num texto vertiginoso que desestabiliza a percepção do que seria(m?), enfim, a(as?) realidade(es?).

---

5 *Ibidem*, pp. 68-69. Quem faz essa observação é Annaëlle Touboul, em "La folie en question(s) dans *La Moustache* d'Emmanuel Carrère" in *Emmanuel Carrère: Le Point de vue de l'adversaire*, 2016, p. 35.

6 Emmanuel Carrère, *O bigode /A colônia de férias*, 2011, p. 49.

7 Emmanuel Carrère, *Eu estou vivo e vocês estão mortos*, 2016, p. 31.

PKD é um grande paranoico. Sacolejado pela morte da irmã gêmea ainda na infância – o que o leva a acreditar que talvez o morto seja ele, Phil, vivendo no limbo do outro lado do espelho –; absorvido pelas próprias histórias que escreve febrilmente; transportado por experiências psicodélicas dos anos 1960; cismado com as espionagens do macartismo estadunidense; afligido por revelações religiosas: PKD não para de argumentar consigo mesmo, consciente de que seria capaz de acreditar que algo é verdade mesmo que não fosse, de que confundia o mundo real com o mundo de seus livros.

No meio dessa areia movediça há dois conceitos, expostos no início do livro, que, se não permitem chegar ao fundo de uma definição de realidade, ao menos esboçam balizas úteis para continuar lendo Carrère. Trata-se do "*idios kosmos*, a visão singular do universo que cada um de nós leva dentro da cabeça, e o *koinos kosmos*, que passa pelo universo objetivo...":

> Enquanto falamos da "realidade", nos referimos por comodidade ao *koinos kosmos*, mas este não existe, propriamente falando: sua percepção resulta de um acordo convencional entre os homens, desconfiados de que suas relações se desenrolam sobre um terreno estável; é uma espécie de ficção diplomática, o menor denominador comum entre o meu *idios kosmos* e o de meus vizinhos – supondo que meus vizinhos existem e que eu não esteja sozinho no mundo, como conviria a um idealismo intransigente.[8]

Ficção diplomática: se um universo objetivo não existe, cria-se ao menos um acordo, uma base comum, um território compartilhado, onde importa menos a definição intransigente do que seria o real e mais a convenção. A estabilidade é gerada quando todos assinam esse acordo, comprometendo-se com ele.

Assim, pode-se afirmar que existe um real – esse território que compartilhamos por meio de um pacto – tanto na experiência do que se vive quanto na narrativização disso. Na obra juvenil de Carrère, nós vemos

8 *Ibidem.*, p. 42.

esse real pelo negativo: no rompimento do acordo pelo homem sem bigode, no soçobrar de PKD, na reescrita da história por ficcionistas; mas "a verdade" está no horizonte do escritor.

Vers le réel: em direção ao real. O título do grosso volume da coleção francesa Quarto, que reúne obras escolhidas de Carrère, reforça o destino de uma caminhada que nunca se deu ingenuamente. Passando por ensaio, romance, biografia – e por reportagens que fazia desde então e segue fazendo, além de críticas de cinema e roteiros para o audiovisual –, Carrère desemboca, com algumas das mesmas preocupações, nas narrativas de não ficção autobiográficas que constituem sua obra da maturidade.

A virada aconteceu oficialmente em 2000, com a publicação de *O Adversário*. Como faria novamente em 2021 – quando publicou *V13* depois de acompanhar o julgamento dos atentados de Paris de 2015 –, em meados dos anos 1990 Carrère se debruçou sobre o caso do falso médico Jean-Claude Romand, que, às vésperas de ter sua impostura descoberta, matou a própria família. Carrère leu o *fait divers* num jornal francês e decidiu escrever sobre o caso; trocou cartas com o réu, esteve presente no julgamento, visitou-o na prisão. Ele conta na primeira página do livro que só ao desistir de escrevê-lo, por não saber se posicionar nessa história, chegou à sua forma final: escolhendo o "eu", a primeira pessoa. "Aquelas primeiras palavras são, eu acho, algumas das melhores que já escrevi, elas marcam a saída da minha adolescência como escritor, afundada em influências e inibições. É a primeira vez que se ouve minha voz adulta", declarou numa entrevista.[9]

Foi uma escolha informada, mais uma vez; ele já tinha lido *A sangue frio* e *O jornalista e o assassino* e deixa claro, nos anos seguintes, seu diálogo (e discordância) com Truman Capote e Janet Malcolm: "O problema é contar a cena sem dizer que está fazendo isso. É se investir do papel de testemunha imparcial e consternada. É não ter consciência de que, ao

9 Susannah Hunnewell, "The Art of Non Fiction n. 5", *The Paris Review 206*, 2013.

contar uma história, você se torna personagem dessa história, tão sujeito a falhas quanto os outros."[10]

Assim, ao contar as histórias de outras pessoas, ele ocupará a posição de observador participante ou testemunha nos livros seguintes: *Um romance russo* (2007), *Outras vidas que não a minha* (2009), *Limonov* (2011), *O Reino* (2014), *Ioga* (2020), *V13* (2022). Alternando-se no foco que pretende dar a cada obra ou ao longo dos capítulos de cada uma delas, Carrère se posiciona ora em primeiro plano, recontando episódios de sua própria vida, ora como narrador quase invisível, apenas costurando narrativas. Com exceção de *Ioga*, como já falamos, todos os outros livros são publicados como narrativas de não ficção.

São textos mais complexos que o jornalismo arroz-com-feijão, é verdade. A escritora Angie David afirmou, num documentário recente, que *O Adversário* foi o primeiro livro na França a instituir a literatura do real como um gênero que depois se tornaria dominante.[11] Literatura do real: não é por ser literatura que é ficção.

Uma formulação já famosa de Philippe Lejeune, o *pacto autobiográfico*, ajuda a destrinchar as especificidades dessa fase do autor. Esboçando rapidamente sua definição, pode-se dizer que dois elementos concorrem para formá-lo. O primeiro é a identidade entre autor e personagem: trazendo para nosso caso, corresponde a dizer que o Emmanuel Carrère que assina os livros é o mesmo que se apresenta como personagem deles. Disso há evidências em todos – *Um romance russo* e *Limonov*, por exemplo, identificam nitidamente a mãe do autor como sendo a conhecida historiadora da Rússia Hélène Carrère d'Encausse.

O segundo elemento é aquilo que o conceito já diz em seu nome: o contrato ou convenção, a responsabilidade que o nome do autor implica,

10 Emmanuel Carrère, "Le journaliste et l'assassin, de Janet Malcolm". *Le Monde des Livres*, jun. 2013. Reproduzido em Emmanuel Carrère, *Il est avantageux d'avoir où aller*, 2016. Para o artigo sobre *A sangue frio*, ver "Capote, Romand et moi". *Télérama*, mar. 2006. Reproduzido na mesma coletânea de 2016.

11 *L'écrivain et l'assassin: "L'adversaire" d'Emmanuel Carrère*. Dir. Camille Juza. 52 minutos, 2024.

isto é, a certeza (ou a crença) de que, ao dizer explicitamente "Tudo aqui é verdade", como Carrère faz na quarta capa de *Outras vidas...*, ele é alguém digno de ser acreditado. "A autobiografia é um gênero fundado sobre a confiança, um gênero 'fiduciário', pode-se dizer", escreveu Lejeune em 1971.[12]

Chamo atenção para o que o crítico diz sobre ser impossível distinguir, apenas pelo texto, o estatuto de ficção e não ficção de uma narrativa; afirma que é preciso avaliar sua relação com o mundo referencial, uma vez que autobiografia e romance se desenvolveram em paralelo no começo da modernidade, influenciando-se mutuamente no que diz respeito às técnicas narrativas.

Vem daí a possibilidade de desfazer uma confusão entre o que é *literário* e o que é *ficcional*, como estuda Françoise Lavocat. Ela sintetiza a questão afirmando, a propósito mesmo de Carrère: "Tal concepção leva a enxergar as narrativas factuais complexas, que apresentam um alto grau de elaboração retórica e estilística [...] como ficções, o que é um exagero, considerando o olhar referencial continuamente afirmado pelo autor."[13]

O que não significa que Carrère não faça omissões: uma comparação simples entre a história do soldado húngaro de *Um romance russo* e a reportagem sobre a mesma personagem realizada antes da escrita do livro – e, de certa forma, ponto de partida dele –, mostra que, no livro, o autor optou por não contá-la até o fim e suspendê-la no ponto em que o soldado infeliz poderia ser comparado ao avô do autor. Trata-se de uma estratégia de construção do livro; ao contar, ao mesmo tempo, a feitura de um documentário na Rússia, um segredo de família da mãe do autor e um romance tumultuado, a narrativa se vale de espelhamentos entre personagens para construir a figura do narrador e personagem Emmanuel Carrère.[14]

12 Philippe Lejeune, *L'Autobiographie en France*, 2010, p. 19.

13 Françoise Lavocat, *Fait et fiction: Pour une frontière*, 2016, p. 71.

14 Desenvolvo esse argumento na minha dissertação de mestrado, que tratou das narrativas de não ficção de Carrère e, mais especificamente, de *Um romance russo*, à luz da teoria em torno da autobiografia e da autoficção. Ver Mariana de Toledo Delfini, *O narrador de* Um romance russo, *de Emmanuel Carrère, e a promessa da autobiografia*, 2016.

Dizer que Carrère escreve não ficção tampouco significa afirmar que ele não flerte com o romanesco – pelo contrário, o romanesco é um horizonte seu. A questão-chave é que, se porventura ele toma como modelo personagens ou dispositivos da ficção, ou se preenche lacunas da narrativa com o que se permite imaginar, esses dispositivos estão sempre declarados, às claras. Se *Ioga* é uma exceção, é porque, apesar da revelação de que personagens foram inventados e fatos, deturpados, o leitor continuou ignorante em relação ao real que estaria por trás desses deslocamentos.

"Romanesco sem romance" é uma fórmula que o crítico Laurent Demanze encontrou para tratar de Carrère. Um romanesco que, em primeiro lugar, estará no olhar do autor para o mundo: convocando seu histórico de leituras, o escritor pontua seu processo de escrita ou elabora episódios biográficos remetendo a dispositivos romanescos. "O romanesco é a experiência de um leitor que compreende o mundo que o rodeia através do espelho de sua biblioteca",[15] escreve Demanze.

A leitura do crítico fica clara se pegarmos, a título de exemplo, os dois livros dedicados à Rússia, país de especial apelo ao autor por sua ascendência materna. De um lado, em *Um romance russo* o próprio título faz menção a narrativas do século XIX, em especial Dostoiévski e Tchékhov, cujas *Memórias do subsolo* e "Enfermaria n. 6", respectivamente, são citadas nominalmente. De outro, em *Limonov*, o biografado Edouard Limonov é a todo momento referido como "herói", e a predileção tanto do biografado quanto do biógrafo pelos *Três mosqueteiros*, de Alexandre Dumas, vai orientar comentários ao longo da narrativa.

Mas são sobretudo as vidas romanescas que interessam a Carrère – segunda observação de Demanze – que interessam também a nós aqui. Limonov é seu exemplo máximo, até o momento. Essa pessoa escapa de tal modo das tentativas de apreensão que, afirma o escritor, "luto para fazer estas imagens convergirem: o escritor marginal que conheci

15 Laurent Demanze, "'Une façon de vivre': Entretien avec Emmanuel Carrère", *Roman 20-50, Revue d'étude du roman du XXe siècle*, 2014, p. 9.

em outros tempos, o guerrilheiro perseguido, o político responsável, o astro a quem as páginas de celebridades das revistas dedicam artigos embevecidos".[16]

O crítico Dominique Rabaté observa que "a ambiguidade de Limonov é justamente a de ter se inventado como um verdadeiro personagem de romance, de ter fabricado na vida real características múltiplas do mais fascinante dos personagens de um romance de aventuras".[17] É essa instabilidade que atrai o escritor: a maneira como uma pessoa real pode reinventar-se a todo momento. Pois, assim como *Limonov*, a narrativa, Limonov, o personagem, é real: "Limonov não é um personagem de ficção. Ele existe. Eu o conheço." Carrère dá sua palavra.

Está aí, nessa volta do parafuso, a força do estatuto de não ficção das narrativas de Emmanuel Carrère: a se acreditar em sua palavra, passamos a conhecer por sua mediação, pelo seu olhar atento às instabilidades da realidade, pessoas *reais* que, na vida compartilhada, se constroem como *personagens*. Ao penetrar na realidade acordada entre nós, a que subscrevemos juntos, temos a possibilidade de admirar, de dentro desse tecido, sua própria instabilidade.

Demanze sintetiza de modo brilhante essa tensão entre duas afirmações difíceis de conciliar, e que Carrère aprofunda:

> Suas narrativas se constroem longe do domínio da ficção, os personagens são reais, o escritor se apresenta como uma testemunha que registra o real escrupulosamente, e, *no entanto*, essas vidas se deparam com o extraordinário, são feitas da mesma matéria que os heróis romanescos, e a narrativa que as conduz recorre à arte e aos recursos do romance. Não se trata apenas de se reivindicar como *non-fiction novel* [romance de não ficção], e sim de aprofundar, na vida de cada pessoa, aquilo que ela tem de sonho e fantasia, de obsessões e derivas imaginárias.[18]

16 Emmanuel Carrère, *Limonov*, 2013, p. 24.

17 Dominique Rabaté, "Un héros de notre temps? Limonov et les pouvoirs de la littérature", *Roman 20-50*, n. 57, 2014, p. 94.

18 Laurent Demanze, "Les vies romanesques d'Emmanuel Carrére". *Roman 20-50, Revue d'étude du roman du XXe siècle*, 2014, p. 5.

Quando, em 1986, o ensaio *Uchronie* ainda se intitulava *Le Détroit de Behring*, o jovem Carrère encerrava o livro afirmando seu desejo de começar uma nova etapa. Ele escreve: "Era isso que eu queria dizer. Que seria preciso nos afastarmos da ucronia, dos universos paralelos, do arrependimento que os persegue, e nos aventurarmos no território do real. É difícil, mas eu gostaria de tentar."[19]

No prefácio da nova edição, 45 anos depois dessa partida em direção ao real, o autor – que em 2025 completa 68 anos – afirma ter se mantido fiel a seu propósito. Num tom melancólico que embala todo o texto, levanta duas hipóteses para o amplo crescimento da ucronia desde os anos 1980. De um lado, propõe que esse gênero é fruto justamente da melancolia, que grassa nas nossas sociedades; de outro, que a ucronia ganha relevo pois gira em torno do momento decisivo em que o virtual se torna real, e está cada vez mais difícil captar quando isso acontece: "Aquilo que concordamos em chamar de real escapa cada vez mais com a proliferação exponencial de suas representações, simulacros, versões alternativas."[20]

Vem daí a afirmação na cinta que abraça o livro. O real é apenas uma opção. É a que Carrère escolhe, ele diz. Se quisermos embarcar com ele, espreitar de quantas sutilezas e de quanta imaginação se compõe um pacto, cabe a nós assinar embaixo.

Referências bibliográficas

CAPOTE, Truman. *A sangue frio*. Tradução de Sergio Flaksman. São Paulo: Companhia das Letras, 2003.

CARRÈRE, Emmanuel. *O Adversário*. Tradução de Marcos de Castro. Rio de Janeiro: Record, 2007.

______. *Outras vidas que não a minha*. Tradução de André Telles. São Paulo: Companhia das Letras, 2010.

______. *O bigode/A colônia de férias*. Tradução de André Telles. Rio de Janeiro: Objetiva, 2011.

19 Emmanuel Carrère, *op. cit.*, 2025, p. 217.
20 *Ibidem*, pp. 9-10.

______. *Limonov*. Tradução de André Telles. Rio de Janeiro: Objetiva, 2013.

______. *Eu estou vivo e vocês estão mortos*. Tradução de Daniel Lühmann. São Paulo: Aleph, 2016.

______. *Il est avantageux d'avoir où aller*. Paris: P.O.L., 2016.

______. *O Reino*. Tradução de André Telles. São Paulo: Companhia das Letras, 2016.

______. *Ioga*. Tradução de Mariana Delfini. Rio de Janeiro: Alfaguara, 2023.

______. *Vers le réel: Œuvres choisies*. Paris: Gallimard, 2023.

______. *Um romance russo*. Tradução de André Telles. 2ª ed. São Paulo: Companhia das Letras, 2024.

______. *V13*. Tradução de Mariana Delfini. São Paulo: Companhia das Letras, 2024.

______. *Uchronie*. Paris: P.O.L., 2025.

DEMANZE, Laurent. "Les vies romanesques d'Emmanuel Carrére". *Roman 20-50, Revue d'étude du roman du XXe siècle*, n. 57. 2014, pp. 5-13. Disponível em: <www.hs.cairn.info/revue-roman2050-2014-1-page-5?lang=fr>

______. "'Une façon de vivre': entretien avec Emmanuel Carrère". *Roman 20-50: Revue d'étude du roman du XXe siècle* n. 57, 2014, pp. 15-22. Disponível em: <www.shs.cairn.info/revue-roman2050-2014-1-page-15?lang=fr&tab=auteurs>.

DELFINI, Mariana de Toledo. *O narrador de* Um romance russo, *de Emmanuel Carrère, e a promessa da autobiografia*. 121 pp. Dissertação (Mestrado em Teoria Literária e Literatura Comparada) – Faculdade de Filosofia, Letras e Ciências Humanas, Universidade de São Paulo, São Paulo, 2016.

HUNNEWELL, Susannah. "The art of nonfiction n. 5". *The Paris Review* n. 206, 2013. Disponível em: <www.theparisreview.org/interviews/6254/the-art-of-nonfiction-no-5-emmanuel-carrere>

JUZA, Camille (Dir.). *L'écrivain et l'assassin: "L'Adversaire" d'Emmanuel Carrère*. [S.l.]: [s.n.], 2024. Vídeo (52 min.). Disponível em: <www.arte.tv/fr/videos/117755-000-A/l-adversaire-d-emmanuel-carrere/>.

LAVOCAT, Françoise. *Fait et fiction: pour une frontière*. Paris: Seuil, 2016.

LEJEUNE, Philippe. *L'Autobiographie en France*. 3ª ed. Paris: Armand Colin, 2010.

MALCOLM, Janet. *O jornalista e o assassino: uma questão de ética*. Tradução de Tomás Rosa Bueno. São Paulo: Companhia das Letras, 2011.

RABATÉ, Dominique. "Un héros de notre temps? *Limonov* et les pouvoirs de la littérature". *Roman 20-50* n. 57, 2014, pp. 93-101 Disponível em: <www.shs.cairn.info/revue-roman2050-2014-1-page-93?lang=fr&tab=auteurs>.

REIG, Christophe; ROMESTAING, Alain; SCHAFFNER, Alain (orgs.). *Emmanuel Carrère: le point de vue de l'adversaire*. Paris: Presses Sorbonne Nouvelle, 2016.

TOUBOUL, Annaëlle. "La folie en question(s) dans *La Moustache* d'Emmanuel Carrère". In: REIG, Christophe; ROMESTAING, Alain; SCHAFFNER, Alain (orgs.). *Emmanuel Carrère: le point de vue de l'adversaire*. Paris: Presses Sorbonne Nouvelle, 2016, pp. 31-50.

Bordar o vivido: a escrita de si de mulheres negras como memória e resistência ao racismo

Bianca Santana

"Como faz pra bordar uma tese?" Anotei essa pergunta no caderno de cabeceira, numa manhã de 2017, depois de um sonho. Nele, eu caminhava por uma favela até encontrar uma mulher negra de branco, sentada em uma pedra, com um livro bordado nas mãos. O livro tinha cheiro de lavanda e guardava folhas secas, pedras e a lua crescente. Acordei maravilhada. O caminho da escrita acadêmica que eu percorria precisava ser mais do que conceitos e referências: precisava de corpo, cheiro, axé.

Não era só uma inquietação estética. Era uma busca por coerência entre forma e conteúdo: como escrever sobre memória sem compromisso com ancestralidade? Como falar de resistência ao racismo sem romper com as formas acadêmicas que o reproduzem? Como pesquisar escrita de mulheres negras sem assumir a circularidade, o cuidado e a ludicidade que atravessam essa escrita?

Este artigo é filho daquela tese, defendida em 2020 na Universidade de São Paulo, reconhecida, que orgulho, pelo Prêmio USP de Teses e Dissertações em 2021. Nele, transformo as muitas páginas da tese em um texto para esta coletânea sobre escritas de si para que possa circular mais livremente, dialogar com escritoras que admiro e pensam a escrita como gesto político e de construção de subjetividade, ferramenta de transformação individual e coletiva.

A hipótese que organizei durante o doutorado é a de que a escrita de si de mulheres negras, entendida como trabalho de memória e formulação estética de sua própria existência, permite a constituição de subjetividades e coletividades que resistem ao racismo. Escrever-se é existir, lembrar, curar, denunciar e propor. A escrita de si, no meu trabalho, é ao mesmo tempo técnica de pesquisa, produção de conhecimento e tecnologia de cuidado e resistência.

A principal referência teórica da pesquisa é Sueli Carneiro,[1] especialmente sua tese de doutorado, em que articula os conceitos foucaultianos de dispositivo e biopoder para pensar o racismo no Brasil. A partir disso, ela propõe o conceito de dispositivo de racialidade – um conjunto de práticas e discursos que opera a gestão diferencial da vida e da morte de pessoas racializadas – e também o de epistemicídio, enquanto mecanismo de apagamento sistemático dos saberes negros.

Concomitante à tese, me dediquei a pesquisar e escrever uma biografia de Sueli Carneiro, publicada em 2021 pela Companhia das Letras sob o título *Continuo preta: a vida de Sueli Carneiro*. Entrevistar Sueli por mais de 160 horas, para a biografia, durante a pesquisa da tese me permitiu atravessar e ser atravessada por, mais do que estudar, essas formulações. Compreender suas experiências como mulher negra, intelectual e ativista foi fundamental para sustentar a tese de que a escrita de si é uma forma de resistir ao dispositivo de racialidade.

Retomando, de forma breve, alguns conceitos. Michel Foucault, que investigou com profundidade as relações entre poder e conhecimento, escreveu em 1983 um ensaio fundamental para pensarmos a escrita de si. Publicado em diversas coletâneas, "A escrita de si" trata dos cadernos, cartas e anotações dos gregos antigos e busca compreender como essas práticas de escrita participavam da construção da subjetividade. Para Foucault, o sujeito se constitui ao escrever sobre si. A escrita de si aparece como uma técnica de si – uma das formas pelas quais nos formamos, nos compreendemos e nos transformamos.

Se há poder, há resistência, também nos ensina o filósofo. O poder, para ele, não é centralizado em uma autoridade específica, mas está presente nos múltiplos aspectos da vida social. O poder se manifesta por meio de dispositivos – leis, normas, discursos, práticas institucionais,

1 Sueli Carneiro, *A construção do outro como não-ser como fundamento do ser*, 2005.

espaços arquitetônicos – que regulam comportamentos e produzem regimes de verdade. Dispositivos de poder são, portanto, conjuntos de práticas, saberes e instituições que operam sobre os corpos e as vidas. A vigilância permanente, os discursos médicos que definem padrões de saúde e doença, os discursos religiosos que normalizam certas sexualidades, a imposição de um padrão de beleza, o "quartinho da empregada" na arquitetura brasileira: tudo isso são expressões concretas do poder que molda e controla.

Como resistir, então, a esses dispositivos? Como resistir ao biopoder, que administra nossos corpos, e à biopolítica, que governa populações definindo quem pode viver e quem deve morrer? Como resistir à necropolítica – essa política da morte dada a ver e aprofundada por Sueli Carneiro?

Foucault encontra nas práticas gregas antigas aquilo que chama de "técnicas de si" ou "artes do viver". A meditação, o jejum, os exercícios físicos e a própria escrita de si aparecem como formas de cuidado de si e do outro. Em seu ensaio, ele afirma: "A escrita de si mesmo [...] atenua os perigos da solidão; o fato de se obrigar a escrever desempenha um papel de um companheiro; que a escrita vai exercer um papel de movimentos interiores da alma [...]."[2] É nesse contexto foucaultiano que a escrita de si não é apenas um exercício de expressão, mas uma forma de resistência. Um modo de se manter viva diante das forças que nos desumanizam.

A historiadora Margareth Rago, professora da Unicamp, também se aproxima dessa perspectiva em seu livro *A aventura de contar-se*. Para ela, a escrita de si é possibilidade de reinvenção: tornar-se sujeito de si mesma, autora do próprio script, mesmo sob o peso do biopoder e da biopolítica. A escrita aparece como forma de se apropriar da própria vida, redesenhando subjetividades.

Outro conceito fundamental que Foucault recupera da tradição grega é a parrésia – a coragem de dizer a verdade. Falar a verdade diante do poder, mesmo que isso custe algo. Escrever com parrésia é escrever com

2 Michel Foucault, *Tecnologias do eu: Michel Foucault, Luther H. Martin, Huck Gutman, Patrick H. Hutton*, 1995, p. 132.

coragem e honestidade, nomeando experiências, dores, contradições e alegrias. É recusar o silenciamento imposto por uma sociedade que vigia, controla e castiga.

Escrever a verdade sobre si torna-se, assim, um ato ético e político. Um gesto de liberdade que se realiza pela linguagem. Quando escrevemos com parrésia, enfrentamos o medo, o julgamento e até mesmo a solidão – mas também criamos brechas de existência. Diante da vigilância, escrever com verdade é resistência. É construir-se, mesmo quando tudo ao redor tenta nos apagar. É afirmar que existimos – e que nossas vidas merecem ser narradas por nós mesmas.

Memória, fragmento e resistência

A escrita de si de mulheres negras se inscreve naquilo que Grada Kilomba descreve como "episódios de resistência" – narrativas que revelam a complexidade da vivência negra cotidiana e a presença ininterrupta do racismo.[3] Para Jenny Sharpe, só é possível narrar histórias perdidas da diáspora por meio de fragmentos.[4] E, como afirma Ecléa Bosi, a memória é esse trabalho sobre o tempo, esse exercício de reorganizar pedaços.[5]

A memória, nessa perspectiva, não é um depósito de lembranças, mas um trabalho ativo de reorganização do vivido. É pelos fragmentos que reconstruímos o passado.

Por isso, a análise que realizei se deu sobre fragmentos de textos, interpretados à luz de sete eixos de resistência:

1. Sobrevivência física e preservação da saúde e da capacidade cognitiva;
2. Elaboração de traumas;
3. Organização de sujeitos coletivos;

3 Grada Kilomba, *Memórias da plantação: episódios de racismo cotidiano*, 2019.

4 Jenny Sharpe, *Ghosts of Slavery: A Literary Archaeology of Black Women's Lives*, 2002.

5 Ecléa Bosi, *Memória e sociedade: lembranças de velhos*, 1994.

4. Crítica às exclusões;
5. Ruptura com a subalternização;
6. Perspectiva própria;
7. Caminhos de emancipação individual e coletiva.

Os 36 fragmentos analisados foram produzidos em oficinas de escrita com mulheres ligadas à Marcha das Mulheres Negras de São Paulo, em julho de 2017. Sentamos em roda, escrevemos com papel e caneta, lemos em voz alta, partilhamos histórias.

As oficinas permitiram a produção de textos que denominei táticos – escritos em contextos específicos, em que mulheres negras foram convidadas a escrever sobre si. A performance da leitura em roda é parte essencial dessa experiência. Como afirma Paul Zumthor, o corpo que lê transforma o texto em obra viva, carregada de energia e afetos.[6]

Os fragmentos anônimos abaixo, coletados na oficina, mostram um pouco das realidades vivenciadas por mulheres negras em diferentes décadas e espaços:

> Quando criança, houve uma fase em que minha mãe não podia trabalhar, viúva e com três filhos pequenos, ela nos fez sobreviver: pegava os restos de feira, tirava as partes ruins e fazia um refogado de legumes. Comíamos feijão com farinha e bolinho de chuva sem ovos no café da manhã. Hoje eu não tenho medo da vida, pois, aconteça o que acontecer, eu sei que eu saberei sobreviver.

> Esses dias, lá em casa, uma das raras vezes que converso com a mãe, perguntei: "mãe, aonde foi que a vó inventou o cubre?" Deixa eu dizer, é uma comida que, que eu saiba, foi criada e só existe na família Sabino, minha família por parte de mãe.
>
> Bom, depois de minha pergunta, eu e minha mãe começamos a pensar e tentar encontrar uma explicação, cheguei até a pensar que minha vó, sendo a mulher que sempre foi, óbvio que inventava coisas só por inventar. Enquanto o famoso cubre estava no fogo, quase que ao mesmo tempo, mãe e eu dizíamos enquanto o óbvio chegava em

6 Paul Zumthor, *Performance, recepção e leitura*, 1997.

> nossas mentes: "Ué, cubre é fácil de fazer, basicamente só o fubá, o ovo, um tiquinho de sal e açúcar, uma massa de panqueca melhorada pelos Sabinos, foi feita mesmo pra encher a barriga dos dez filhos." E dona Maria sempre soube o que inventar, e até mesmo sem gostar de cozinhar, até hoje o cubre aparece nos pratos lá de casa, fazendo a gente de barriga cheia se lembrar da vó, da mãe, da saudade.

> Nos mudamos, casa nova, minha avó logo fez um fogãozinho a lenha no quintal para cozinhar o feijão a fim de economizar o gás, muito caro.
>
> Um dia minha mãe fez uma massa de bolo, quando foi assar no forno do fogão a gás descobriu que havia acabado. Para nossa surpresa, ela pegou uma tampa de panela e cobriu a assadeira de bolo e a mesma colocou no fogão a lenha de minha avó.
>
> O bolo ficou assado como se tivesse forno normal, mas era a sabedoria de minha mãe, sempre nos surpreendendo e nos fazendo feliz com seus sabores de comer.

> Na Bahia, o que mais se comia era farinha, alimento farto na terra onde vim. Todos reservavam um tempo para fazer sua farinha na casa de farinha que ficava no centro da cidade. Para dar sustança e pra fome passar, de noite, às vezes comida não tinha. Então o que se comia era café com farinha. Era o que minha mãe tinha pra me dar. Hoje em dia nem café eu tomo. Acho que gostava daquele café e daquela farinha.[7]

Dos saberes tradicionais, das táticas de existência que nos permitiram chegar até aqui e do olhar amplo que mulheres negras têm, desde a base da pirâmide, para todos os grupos sociais, estão sendo forjadas soluções para os problemas coletivos. As respostas de que precisamos estão nas raízes, enterradas no canto do jongo, em caixas de fotografias, ensinamentos de avós, modos de fazer cotidianos.

> Encontrei minha vó costurando na máquina. Com meu cutucão, ela levantou a cabeça para o meu lado, olhando por cima dos óculos: "Olha o que eu achei!". Ela viu a caixa e as fotos que eu segurava, subiu

7 Bianca Santana, *A escrita de si de mulheres negras: memória e resistência ao racismo*, 2020, p. 157.

o olhar para mim e falou, risonha: "Ô gata curiosa. Cadê as outras?". Chamamos o vô, que cochilava na frente da televisão, e sentamos na mesa da área diante dos álbuns e das fotos. Fiquei tão passada que eu não estava perguntadeira. Passada, não. Acho que o termo é apaixonada, ou emocionada – qualquer coisa assim. Foi naquela tarde, naquela mesa, que eu soube que meu vô comprou a máquina de fotografar tão logo entrou para o Exército; que eu conheci os rostos e nomes da minha bisa, mãe da vó, e dos meus bisos, pais do vô; que eu conheci o rosto e a história da minha tia-avó, irmã do vô, cuja morte precoce traumatizou a família; que eu vi as feições jovens e felizes de tios e tias, primos e primas, amigos e amigas; que eu soube que meu vô passou tempos dividido entre dois noivados, até se decidir pela minha vó – e eu entendi por que ela era tão ciumenta; que eu vi familiares bêbados brincando com armas reais; que eu soube que as crianças pulavam carnaval inalando loló dado pelos adultos; que eu vi família e amigos se amando; que eu tive a visão do interior em que minha família existiu. Foi naquela tarde, naquela mesa, que eu me vi.

[...]

"Vó, me conta alguma coisa da história da bisa?". E ela contou o que ouviu: que seu avô era um preto bem preto, mais preto do que o vô, azul mesmo. E esse vô veio direto da África e foi feito escravo na Bahia. Era homem muito, muito forte e bravo, tão bravo que se recusava a falar português e sempre era castigado por isso. Disse que a bisa também era escravizada, mesmo depois da lei, e que fugiu de lá escondida em um navio com a minha vó no bucho, comendo comida roubada na espreita, ou não comendo por vários dias, até desembarcar no litoral de São Paulo e caminhar muitíssimos quilômetros interior adentro, onde minha vó nasceu; que a bisa era uma mulher difícil e da vida, que sabia de muitas coisas que não se usa mais saber.[8]

Esta é a herança que recebi da minha bisavó. Pode ser que a gente tenha que atravessar o oceano ou os rios para plantar as raízes que aterram nossa memória na materialidade da vida.[9]

---

8 Sandra Silva, "Magia negra" in *Inovação ancestral de mulheres negras: táticas e políticas do cotidiano*, 2019, p. 151-156.

9 Miriam Nobre, "Costuras, comidas e coisas concretas da minha vida" in *Inovação ancestral de mulheres negras: táticas e políticas do cotidiano*, 2019, p. 144.

> Acredito que, a partir do surgimento histórico dessa mulher negra que tem seu olhar situado nas periferias e que compreende a linguagem de programação, é possível que novas visões de futuro sejam delineadas para toda a sociedade, porque a tecnologia desenvolvida por essa mulher importa para o desenvolvimento de ciências e tecnologias melhores para todos.[10]

Esses textos, que chamei de táticos, foram produzidos em oficinas de escrita ou a partir de um pedido meu às autoras. Eles foram publicados em *Inovação ancestral de mulheres negras: táticas e políticas do cotidiano* e compuseram o corpus da pesquisa ao lado dos chamados escritos clássicos – textos de autoras negras produzidos entre os séculos XVIII e XXI, reunidos na coletânea *Vozes insurgentes de mulheres negras*, ambas publicadas em 2019.[11]

A escrita de si de mulheres negras desafia a linearidade acadêmica e propõe diferentes temporalidades. Como ensinam as cosmologias banto e nagô, o tempo é circular.[12] Passado, presente e futuro se entrelaçam. A ancestralidade orienta o agora e projeta o devir. Como diz o aforismo de Exu, ele mata um pássaro ontem com a pedra que arremessa hoje.

Essa circularidade atravessa também a estrutura da pesquisa. Em vez de uma narrativa linear, optei por uma escrita rizomática, com retornos, repetições, sobreposições. Um bordado. Uma costura com palavras e silêncios. Uma tese que se pretende afrocentrada, em diálogo com os dez valores civilizatórios afro-brasileiros sistematizados por Azoilda Trindade:[13] ancestralidade, oralidade, corporeidade, ludicidade, musicalidade, circularidade, cooperativismo, religiosidade, dialogicidade e axé.

---

10 Ariane Cor, "Hospitalidade radical para futuros feministas" in *Inovação ancestral de mulheres negras: táticas e políticas do cotidiano*, 2019, p. 29.

11 Bianca Santana, *Vozes insurgentes de mulheres negras*, 2019.

12 Kimbwandende Kia Bunseki Fu-Kiau, *Self-healing Power and Therapy*, 2015; Muniz Sodré, *Pensar nagô: uma filosofia africana no Brasil*, 2017.

13 Azoilda L. Trindade, *Educação das relações étnico-raciais: caminhos para a implementação da lei 10.639/03*, 2010.

A escrita de si de mulheres negras desafia as normas do status quo. Ela é encarnada, situada, afetada. Ela é saber que pulsa no corpo, na memória, no tambor, no gesto. Ao escrever-se as autoras afirmam mais possibilidades de existência para suas comunidades.

Não à toa, muitas das autoras que analisei escrevem não apenas sobre si, mas sobre suas mães, avós, filhas. Primeira pessoa do singular que é primeira pessoa do plural, como ensina Conceição Evaristo sobre a escrevivência. A escrita se torna um elo entre gerações, um fio que costura passados e futuros. Um ato de justiça ancestral. Um modo de lembrar para não morrer.

Como escreveu Mukasonga para a mãe assassinada no genocídio de Ruanda:[14]

> Mãezinha, eu não estava lá para cobrir o seu corpo, e tenho apenas palavras – palavras de uma língua que você não entendia – para realizar aquilo que você me pediu. E estou sozinha com minhas pobres palavras e com minhas frases, na página do caderno, tecendo e retecendo a mortalha do seu corpo ausente.

Em março de 2018, Marielle Franco foi assassinada. Eu havia acabado de entregar o relatório de qualificação da tese e passei semanas sem conseguir escrever. A dor e a raiva me paralisaram. Mas a pergunta de Jurema Werneck em um seminário na Universidade do Estado do Rio de Janeiro (Uerj) em 2016, quando conheci Marielle, ecoava: "Para que vocês estão na academia?" Para lembrar, para bordar, para buscar justiça com palavras. Retomei a tese.

A escrita de si de mulheres negras, então, é justiça poética, política e ancestral. É narrativa que cura. É voz que atravessa o tempo. É corpo que resiste. É epistemologia negra em movimento.

Este artigo, como a tese que o gerou, é um bordado. Um entrelaçamento de vivências e leituras, pelas palavras.

14 Scholastique Mukasonga, *A mulher de pés descalços*, 2017, p. 7.

A escrita de si de mulheres negras é resistência ao racismo e ao epistemicídio. É produção de memória, de conhecimento. É prática de liberdade e afirmação de vida.

Referências bibliográficas

BENJAMIN, Walter. *Magia e técnica, arte e política: ensaios sobre literatura e história da cultura*. São Paulo: Brasiliense, 1987.

BOSI, Ecléa. *Memória e sociedade: lembranças de velhos*. São Paulo: Companhia das Letras, 1994.

CARNEIRO, Sueli. *A construção do outro como não-ser como fundamento do ser*. Tese (Doutorado em Filosofia da Educação) – Faculdade de Educação, Universidade de São Paulo. São Paulo, 2005.

DE CERTEAU, Michel. *A invenção do cotidiano*. Petrópolis: Vozes, 1994.

FOUCAULT, Michel. *Tecnologias do eu: Michel Foucault, Luther H. Martin, Huck Gutman, Patrick H. Hutton*. Tradução de Ana Maria Lopes *et al.* São Paulo: Martins Fontes, 1995.

FU-KIAU, Kimbwandende Kia. *Self-healing Power and Therapy*. Baltimore: Black Classic Press, 2015.

KILOMBA, Grada. *Memórias da plantação: episódios de racismo cotidiano*. Rio de Janeiro: Cobogó, 2019.

MBEMBE, Achille. *Necropolítica*. São Paulo: n-1 edições, 2018.

MUKASONGA, Scholastique. *A mulher de pés descalços*. São Paulo: Nós, 2017.

RAGO, Luzia Margareth. *A aventura de contar-se: feminismos, escrita de si e invenções da subjetividade*. Campinas: Editora da Unicamp, 2013.

ROSA, Allan da. *Pedagoginga, autobiografia e macumbaria*. São Paulo: Nós, 2019.

SANTANA, Bianca. *Inovação ancestral de mulheres negras: táticas e políticas do cotidiano*. São Paulo: Oralituras, 2019.

______ (org.). *Vozes insurgentes de mulheres negras: do século XVIII à primeira década do século XXI*. Belo Horizonte: Mazza Edições; Fundação Rosa Luxemburgo, 2019.

______. *A escrita de si de mulheres negras: memória e resistência ao racismo*. Tese (Doutorado em Ciência da Informação) – Escola de Comunicação e Artes, Universidade de São Paulo. São Paulo, 2020.

______. *Continuo preta: a vida de Sueli Carneiro*. São Paulo: Companhia das Letras, 2021.

SHARPE, Jenny. *Ghosts of Slavery: A Literary Archaeology of Black Women's Lives*. Minneapolis: University of Minnesota Press, 2002.

SODRÉ, Muniz. *Pensar nagô: uma filosofia africana no Brasil*. Petrópolis: Vozes, 2017.

TRINDADE, Azoilda L. *Educação das relações étnico-raciais: caminhos para a implementação da lei 10.639/03*. Brasília: MEC/Secad, 2010.

ZUMTHOR, Paul. *Performance, recepção e leitura*. São Paulo: Educ, 1997.

As redes sociais, as escritas de si e a ficção

Luciene Azevedo

Neste ensaio, gostaria de comentar sobre a circulação do termo autoficção na esfera literária e suas implicações para as transformações na forma de exposição de si e na fatura das obras, considerando, em especial, o modo como as redes sociais afetam essas transformações. A premissa de fundo é benjaminiana: a reprodutibilidade técnica levada à extrema potência pela internet altera o modo como a recepção lida com elementos fundamentais do campo literário contemporâneo. No final do século passado, a crítica brasileira Flora Süssekind,[1] tomando a produção brasileira entre o final do século XIX e o início do XX, analisou o modo como as importantes invenções técnicas do período afetaram a produção literária, considerando desde a mera incorporação temática pela menção às máquinas de escrever, à fotografia e ao cinematógrafo, até mudanças mais fundamentais na forma de narrar. Sem a presunção de repetir o empreendimento de Süssekind, este ensaio pretende de forma mais modesta utilizar pressupostos semelhantes para comentar algumas percepções sobre as produções de Natalia Timerman e Benjamin Labatut, explorando o modo como o valor e o entendimento sobre as escritas de si vão sendo modulados pelo modo como as obras incorporam uma postura reflexiva e mesmo metarreflexiva sobre o funcionamento e os efeitos das redes sociais.

* * *

1 Flora Süssekind, *Cinematógrafo de letras: literatura, técnica e modernização no Brasil*, 1987.

O termo autoficção, que surge experimentalmente na literatura, é reconhecido hoje em muitas outras artes. É possível até mesmo afirmar que se expandiu para além de um registro especializado. E, apesar de sua circulação ampla, o termo é controverso desde seu surgimento. Embora a formação do neologismo facilite seu entendimento articulando algo da ordem do autobiográfico à invenção de uma vida, tudo fica mais complicado quando pensamos nas transformações dos valores e das formas narrativas autobiográficas, mas também na maneira como lidamos com as ficções hoje.

As primeiras investigações sobre o termo chegaram a um acordo quanto ao modo ambivalente de uma relação entre o vivido e o inventado que a autoficção evoca. Além de teóricos franceses importantes (Philippe Lejeune, Gerard Genette, Jacques Lecarme, Philippe Gasparini, entre tantos outros), Manuel Alberca dedicou um livro ao tema e confirma o consenso, nesse primeiro momento, de que é a ambiguidade a característica mais importante do termo:

> A proposta da prática autoficcional [...] se fundamenta de maneira mais ou menos consciente na confusão entre pessoa e personagem ou em fazer da própria pessoa um personagem, insinuando, de maneira confusa e contraditória, que esse personagem é e não é o autor.[2]

Embora tenha surgido como um experimento de outro autor francês, Serge Doubrovsky, em 1977, as duas primeiras décadas do século XXI fizeram a fama da autoficção. Muitos autores não só investem nessa ambiguidade como tornou-se comum enxertar dentro dessas narrativas uma reflexão sobre o próprio modo como lidam com ela. É o que acontece com outro espanhol, o escritor Javier Cercas em *A velocidade da luz*:

> Expliquei que ia publicar um livro com um nome diferente do meu, com um pseudônimo. Expliquei que antes de publicá-lo o escreveria todo. Mudarei os nomes, os lugares, as datas, expliquei. Mentirei

2 Manuel Alberca, *El pacto ambiguo: de la novela autobiográfica a la autoficción*, 2007, p. 32.

sobre tudo, expliquei, para melhor dizer a verdade. Expliquei: será um romance apócrifo, como minha vida clandestina e invisível, um romance falso, mas mais verdadeiro do que se fosse verdade.[3]

O exemplo, entre tantos outros que poderia mencionar, diz respeito ao fato de que é a aposta no jogo entre o biográfico e o ficcional que vai garantir, inicialmente, certa estabilidade de compreensão do termo.

Embora a exploração do biográfico junto à ficção não seja novidade, é inegável que, a partir dos anos 2000, o número de obras que exploram a investigação de si, seja através do resgate da dicção memorialística seja através das formas autobiográficas (como diários, por exemplo), é enorme. Há também quem defenda que essa produção ilimitada é uma espécie de retorno do recalcado, já que a rejeição à exploração da primeira pessoa nos textos – principalmente quando aproximada ao nome do autor, na capa do livro – durante a modernidade foi um interdito calcado na superioridade da ficção sobre os gêneros autobiográficos, como afirma a escritora e teórica Marie Darrieussecq.[4]

É essa posição que leva muitos autores, embora reconhecendo a importância de acontecimentos autobiográficos em seus livros, a defender com unhas e dentes o caráter ficcional de suas narrativas, como, por exemplo, Cristóvão Tezza com *O filho eterno* (2007) e Tiago Ferro com *O pai da menina morta* (2018). Esses exemplos são ilustrativos do modo como a recepção (especializada ou não) lida com dificuldade com a análise da ambivalência que a autoficção propõe. A meu ver, essa dificuldade é fundamental para pensar o termo, seu surgimento e a diversidade dos modos de explorá-lo, pois mais que um mero termo técnico ou marca mercadológica, a importância da autoficção hoje está relacionada aos modos como lidamos não apenas com nossas subjetividades, mas

3 Javier Cercas *apud* Manuel Alberca, *ibidem*, p. 203.

4 "Para garantir seu lugar no campo literário, sob todo o rigor genérico aristotélico, a autobiografia não tem saída a não ser através da autoficção. Como a autobiografia está sujeita à caução e à condição, e como a autoficção é literatura, deixamos entrar a autobiografia no campo da ficção: golpe de força ontológico que assegura por essência um lugar a meu livro na literatura." Marie Darrieussecq *apud* Philippe Gasparini, *Autofiction: une aventure du language*, 2008, p. 117.

principalmente com o modo como refletimos as tensões contemporâneas sobre o verossímil e o verdadeiro, não apenas em relação à ficção, à literatura, mas porque convivemos diariamente com a pós-verdade, as fake news e os fatos alternativos.

A partir de agora, então, eu gostaria de investir na relação entre esse retorno ao autobiográfico e a presença das redes sociais em nosso cotidiano.

A relação entre a espetacularização do sujeito e as novas tecnologias foi explorada a fundo por Paula Sibilia com seu *O show do eu*. Embora estivesse lidando em 2008 com uma faceta da internet já (ou quase) extinta como Orkut e blogs, a crítica argentina escrutina não só "novas formas de expressão e comunicação", mas principalmente o "deslocamento de uma subjetividade interiorizada em direção a novas formas de autoconstrução"[5] como efeito de nossas relações com a tecnologia. Assim, o estudo reconhece e discute o modo como a internet transforma também a atuação dos autores, que encontram na rede "ferramentas de autoconstrução e de autoexposição".[6] Embora seja notável o modo como o regime de visibilidade da internet tenha alterado a performance pública do escritor, a relação com os leitores e os modos de divulgação de autores e obras, não me interessa acompanhar Sibilia em certa atitude reprobatória ao "culto à personalidade". Nem tampouco me dedicar a analisar os modos como muitos escritores usam as redes para revelar uma subjetividade que agrega valor a suas produções.

Essa tríade – subjetividade-internet-ficção – me interessa, porque a associação entre seus elementos conduz a conclusões que estão em nosso espírito do tempo e que sugerem uma ameaça à literatura. Analisando a circulação mistificadora de verdades fictícias nas redes, o crítico Luiz Costa Lima afirma que as redes sociais implicam uma restrição a mais para a circulação da ficção literária.[7]

5 Paula Sibilia, *O show do eu: a intimidade como espetáculo*, 2008, p. 23.

6 *Ibidem*, p. 172.

7 Luiz Costa Lima, "Fios do tempo. A afirmação do falso: ficção externa nas plataformas digitais", *Ateliê de Humanidades*, 2022.

Sem me aprofundar muito nas sofisticadas premissas do teórico, quero capturá-la de um outro ponto de vista, evocando o insight e a simpatia de Walter Benjamin às relações entre a técnica e as artes. É célebre a relação feita pelo alemão entre a criação da fotografia e a crise vivida pela arte mimética. A resistência dos artistas do final do século XIX a aparatos técnicos – que privilegiavam a mediação da máquina e prometiam a instantaneidade e a visibilidade total – é, segundo Benjamin, responsável pelo que chama de uma "teologia negativa da arte", que por sua vez inventa novas formas e cria novas sensibilidades para a arte moderna: "Na literatura, o exemplo é Mallarmé."[8]

Minha interrogação então diz respeito à possibilidade de pensar uma reconfiguração da economia literária estreitamente relacionada às redes sociais no que diz respeito não apenas ao tratamento temático, mas também com relação à forma como algumas produções literárias lidam com a consciência dessa relação.

Interessada nas relações entre literatura e técnica, Flora Süssekind identifica, nas produções do final do século XIX e início do XX, um "processo embrionário de profissionalização do escritor e uma revisão da ideia de literatura".[9] Süssekind percorre um corpus extenso perseguindo "rastros na técnica literária"[10] dos autores da linguagem jornalística, profissão que garantia o ganha-pão de muitos deles, da assimilação ou recusa em suas obras dos efeitos criados pela invenção e popularização das máquinas de escrever, da fotografia e da propaganda. A autora constata que era como "se as inovações técnicas impusessem a própria tematização",[11] mas interessa à crítica pensar no "estreitamento de contato" entre as inovações técnicas e a produção literária do período, no modo como "enformam a técnica", na maneira como alguns escritores reelaboram "criticamente esse influxo técnico".[12]

8 Walter Benjamin, "A obra de arte na era de sua reprodutibilidade técnica", in *Magia e técnica, arte e política: ensaios sobre literatura e história da cultura*, 2012, p. 171.

9 Flora Süssekind, *op. cit.*, p. 15.

10 *Ibidem*, p. 23.

11 *Ibidem*.

12 *Ibidem*, p. 87.

Minha reflexão quer aproveitar esse pressuposto para pensar a relação entre as redes sociais, a presença da primeira pessoa em muitas narrativas do presente e a maneira como muitos textos escritos hoje nos levam a pensar em uma alteração das formas que associamos à literatura de ficção.

Recentemente, coordenei uma pesquisa de iniciação científica sobre a presença dos autores nas redes sociais. Luana Rodrigues, minha orientanda, acompanhou a presença de Natalia Timerman nas redes, leu suas obras, ouviu os podcasts que entrevistaram a autora, leu as colunas semanais que publicava num site. No minucioso trabalho feito por Rodrigues, chama a atenção a intensa consciência de Timerman em relação ao trânsito que há entre a presença dos autores nas redes sociais que mantêm e sua obra. Essa relação não se resume apenas à divulgação de lançamentos, participações em eventos literários, entrevistas ou resenhas sobre suas publicações, mas está presente também no diálogo entre a postura pessoal da autora e sua produção ficcional.

O primeiro livro de Natalia Timerman é de não ficção. A autora explora sua experiência como médica psiquiatra em uma unidade hospitalar do sistema penitenciário de São Paulo. A recepção ao livro vai bem até que surge uma denúncia à direção do hospital feita pelas enfermeiras que acusam Timerman de representar a atuação delas na unidade de saúde de maneira equivocada. Todos os desdobramentos e a reflexão de Timerman estão publicados em um ensaio pessoal publicado na revista *Revera* (2018). Nele, a autora reconhece, no bilhete escrito como pedido de desculpas reproduzido no ensaio, a parcialidade de seu ponto de vista sobre o modo como narra o episódio descrito que envolve o relacionamento sexual de uma enfermeira com um paciente internado. Mas o que me interessa é a reflexão que Timerman faz sobre sua iniciativa de registrar não ficcionalmente uma experiência como médica psiquiátrica ao se dar conta de que aquilo que pretende relatar é um "real que se torna um problema não porque existiu, mas porque foi transformado em narrativa".[13]

13 Natalia Timerman, "Quem dera fosse farsa: desafios de se publicar um livro de não ficção no Brasil", *Revera*, 2018, p. 121.

A afirmativa sugere uma diferença entre o que aconteceu e o que poderia ter acontecido, para falar nos termos de Aristóteles. A autoridade da narradora que viveu a experiência é problematizada pelas experiências, também vividas pelos demais envolvidos no episódio. O curioso é que a reflexão culmina em um posicionamento sobre a não ficção que caberia perfeitamente à autoficção:

> A autoria da não ficção exige que se coloque e distancie ao mesmo tempo, algo a princípio impossível, e então a escrita se torna justamente a busca desse equilíbrio ao qual nunca se chega. O movimento de dizer o outro exige um deslocamento que nunca será completo, e a distância que sempre resta é, afinal, a matéria que se pode, então, narrar.[14]

O que a afirmação sugere é que a primeira pessoa em um relato declaradamente não ficcional também apresenta nuances, não sabe bem o território em que pisa, todo o real é frágil, a linguagem é a responsável por construir a realidade da experiência. E fica fácil reconhecer o território das lições pós-estruturalistas e seguramente evocar as lições de Jacques Lacan.

Mas será que em um mundo no qual a própria validade da verdade está em xeque, ameaçada pelo ataque à objetividade pela extrema direita, como diz Claire Bishop,[15] não vale a pena repensar a crítica pós-estruturalista, não para retomar uma verdade universal, mas para escrutinar melhor as relações entre as verdades e as ficções?

Me parece que é o que faz Timerman quando começa a escrever romances. Em *Copo vazio* (2021), há um mergulho no sofrimento de uma mulher, Mirela, que não consegue superar um *ghosting*. O termo faz parte do glossário das redes e diz respeito ao desaparecimento repentino de alguém, um sumiço sem explicação, em meio a um relacionamento. Nada na narrativa sugere uma ambivalência com a biografia da própria Timerman, mas surpreendentemente nas redes sociais da autora, os leitores querem mais detalhes, colam à imagem de Mirela a de Natalia,

14 *Ibidem*, p. 123.

15 Claire Bishop, *Desordered Attention: Wow We Look at Art and Performance Today*, 2024.

querem saber o que aconteceu depois que a narrativa se encerrou. É fácil para quem ensina literatura rir dessa confusão, mas a brincadeira começa a ficar mais séria, mais interessante para o investigador, se notamos que a própria Timerman vai cedendo à demanda pelo desvendamento do que os leitores supõem como dimensão autobiográfica da narrativa. Em um podcast[16] de 2022, Timerman reconhece que o livro nasce de uma experiência pessoal vivida em 2013. Mas há também outra dimensão pessoal envolvida. No consultório, recebe pacientes mulheres tão bem-sucedidas quanto Mirela, mas que demonstram uma fragilidade emocional e uma enorme dependência psíquica da aceitação do outro (seja ele um namorado ou não).

Segundo Timerman, o romance quer investigar essa dinâmica, relacionando-a ao modo como somos dependentes das redes sociais. Tematicamente, Timerman é uma autora que explora bastante os mecanismos da internet: conversas de WhatsApp, a reflexão sobre a urgência e a exaustão com as redes sociais e a ambivalência dos comportamentos aparecem não apenas em seus romances, mas também nos contos publicados e nos textos da coluna para o canal *Universa* da Uol.

A mesma ambivalência em relação à gramática que vamos aprendendo nas redes está presente na reflexão que faz "entre ter seguidores no Instagram e ser levada a sério, quero os dois", coluna publicada em 2023. Timerman quer desmontar a relação inversamente proporcional entre popularidade do autor na rede e qualidade narrativa, que a autora atribui a um pressuposto válido para uma certa crítica que ataca a pessoa do autor e não seu trabalho. Timerman reconhece o caráter aditivo de sua presença no universo virtual, "renunciar às redes é como renunciar a uma droga de abuso".[17] É admirável o modo como a autora não se furta a expor os impasses que experimenta para avançar na reflexão sobre a imbricação entre o autobiográfico e o ficcional: "é do que sei menos que escrevo melhor: é das minhas dores mais inconfessáveis, das minhas

16 Natalia Timerman, "O que é responsabilidade afetiva", *Prazer, Renata*, 2 out. 2022.

17 Natalia Timerman, "Entre ter seguidores no Instagram e ser levada a sério, quero os dois", *Universa* Uol, 21 maio 2023.

questões menos elaboradas, das minhas piores fraquezas e dos meus buracos mais fundos que sairá minha melhor literatura".[18]

No epílogo a *As pequenas chances* (2023), o leitor é informado de que nenhuma viagem do livro realmente aconteceu, que tudo está baseado em outras vidas e em outra experiência narrativa: a de Thaís Bilenky.[19] E foi essa leitura que fez Timerman "inventar o que eu queria ter sentido de fato".[20] Em entrevista, Timerman disse que o epílogo tenta "inscrever o meu livro dentro de uma discussão literária, sobre escrita de si e a própria ficção".[21]

E o que será que essa discussão suscita? Pensando na maneira como venho expondo até aqui os impasses sobre a autoficção e em especial na maneira como Timerman reflete sobre a não ficção ao escrever o ensaio pessoal sobre a repercussão de *Desterros* (2017), me parece que o epílogo funciona também como uma declaração de como a autora entende a ficção e sua relação com o autobiográfico. O livro é, sim, a narrativa da morte de seu pai, do luto vivido pela perda, da aproximação com uma identidade judaica encarada com relativa desimportância ao longo da vida pela própria autora, mas sua experiência escrita, a narrativização de sua experiência, é suficiente para transformá-la em ficção, em uma vida e dor inventadas e é aí, não na evocação aos dados biográficos, que reside o valor de seu empreendimento e por isso deve ser avaliado.

A cada livro publicado é admirável o modo como Timerman mostra consciência dos embates que a construção de sua voz autoral enfrenta. Para recuperar a lógica investigativa de Süssekind, eu diria que sua produção é uma prova do quanto a associação entre a literatura e a ficção deixou de ser uma evidência e minha aposta é de que as redes sociais têm algo a ver com isso.

Anos depois de escrever um estudo pioneiro sobre a autoficção na Espanha, Manuel Alberca volta ao tema arrependido por haver acusado

18 *Ibidem*.

19 Thais Bilenky, "Viagem à fronteira da memória", *Piauí*, 22 mar. 2022.

20 Natalia Timerman, *As pequenas chances*, 2023, p. 200.

21 Natalia Timerman em entrevista a Maura Martins: "Natalia Timerman: 'Meu livro dá um corpo ficcional para um coração autobiográfico'", *Escotilha*, 2023.

a autoficção de ser uma mera desculpa para o revival de uma ilusão biográfica. Ao contrário do entusiasmo teórico com o termo, Alberca defende a antificção, narrativas que, ao apostarem na recuperação biográfica do sujeito que escreve, mergulham fundo no escrutínio do que o próprio sujeito desconhece de si, sem propor qualquer jogo ficcional, sem negar a exposição pessoal do vivido. O crítico espanhol afirma que não apenas os gêneros autobiográficos se transformaram, mas que o romance, atingido por "certo colapso criativo", renova-se com a autoficção que se desloca de sua associação inicial com o jogo entre o inventado e o biográfico para transformar também as maneiras de narrar a primeira pessoa implicada na especulação sobre o vivido. Daí a preferência declarada de Alberca "por autores que contam suas vidas sem inventar nada, sem preencher os vazios nem as lacunas de sua trama real com elementos fictícios".[22]

"Da autoficção à antificção", esse é o título do ensaio de Alberca. Considerando o percurso insinuado pelo crítico espanhol, depois de ter comentado brevemente as implicações do autobiográfico na obra de Natalia Timerman, gostaria, para encerrar este ensaio, de discutir o que poderia servir como exemplo do que Alberca chama de antificção. Trata-se de *A pedra da loucura*, de Benjamin Labatut, de 2022.

Assim como posso aceitar que *As pequenas chances* de Natalia Timerman seja autoficção, reconheço o caráter de não ficção dos dois ensaios publicados no livro de Labatut. Mas como me interessa problematizar essas classificações, gostaria de testar chamá-lo de antificção. Não porque Labatut recuse com veemência a ficção, mas porque adota o ensaio como forma de colocar no centro do episódio a lógica tateante da especulação (o livro anterior do autor, que o alça ao sucesso, *Quando deixamos de entender o mundo*, já é uma aposta na inespecificidade de seu gênero).

Explorando um *fait divers* pessoal, um e-mail de uma autora que pede ajuda a Labatut dizendo-se vítima de um golpe de hackers que roubam suas obras, o escritor espanhol faz do texto "A cura da loucura" uma espécie de exemplo concreto dos argumentos do ensaio que abre o pequeno

22 Manuel Alberca, "De la autoficción a la antificción: una reflexión sobre la autobiografía española actual", 2014, p. 160.

livro. Em "A extração da pedra da loucura" reflete sobre "uma crise da imaginação": "Este pode ser um momento em que todas as velhas histórias que deram sentido ao mundo estejam entrando em colapso."[23] Podemos encontrar aí um panorama desolador de nossos tempos: não temos utopias nas quais apostar, vivemos em uma era de ansiedade e otimização do tempo a qualquer custo, nunca fomos tão livres, mas não sabemos o que fazer com essa liberdade, estamos mergulhados no caos e na irracionalidade.

Mas, apesar desse cenário apocalíptico, Labatut parece disposto a mergulhar nos "sintomas mórbidos mais variados", como sugere a epígrafe de Gramsci. A meu ver, os dois ensaios da obra encaram esses sintomas por meio da narração de uma experiência anômala para colocá-la em questão, escrutinar seu significado em um momento no qual "o valor da verdade está se transformando".[24] Antificção, então, significa entrar no terreno da não ficção, revirar o episódio que aponta para uma instabilidade das fronteiras entre o verossímil e o verdadeiro, conjecturar sobre o redimensionamento do valor da verdade, tematizando "esse enorme cansaço que sentimos diante da absoluta incoerência do mundo".[25]

Labatut dedica-se a contar com minúcias suas reações ao e-mail recebido e que é reproduzido na íntegra: "A princípio, achei a mensagem hilária, mas depois fui ficando cada vez mais obcecado por aquela mulher."[26] Com a ajuda das redes sociais, pôde assistir a vídeos, ler seu blog, consultar um link que expõe o que se passa na cabeça dela.

O argumento principal do e-mail é que obras de sucesso são romances criados com "programas de inteligência artificial que obtêm sua matéria-prima do conteúdo que absorvem da internet".[27] A observação mais curiosa é que ao autor as próprias mensagens recebidas pela mulher pareciam ter sido criadas desta maneira: "tudo soava artificial e simulado".[28]

23 Benjamin Labatut, *A pedra da loucura*, 2022, p. 31.

24 Claire Bishop, *op. cit.*

25 Benjamin Labatut, *op. cit.*, p. 44.

26 *Ibidem*, p. 49.

27 *Ibidem*, p. 50.

28 *Ibidem*, p. 51.

Labatut é minucioso, explora com uma análise cerrada as mensagens e o conteúdo sobre a mulher que encontra na internet. Reproduz seus argumentos, considera sua "cuidadosa análise estatística" sobre o plágio que denuncia, mas é taxativo: "as coincidências são muito gerais e poderiam se referir a uma infinidade de obras".[29]

Aos poucos vamos nos dando conta de que o episódio é ilustrativo de uma lógica comum no ambiente virtual: teorias da conspiração do tipo QAnon. Labatut afirma que o mais simples seria que a mulher admitisse que não houve plágio e que ninguém a leu em vez de acusar o autor de comprar seu livro no mercado paralelo da internet para impressionar seus pais ou sua namorada. E chega a propor uma explicação: "ela não consegue lidar com as contradições em seu pensamento e segue em frente, sempre encontrando novos inimigos e novas formas de manter seus delírios".[30]

O próprio Labatut retrocede, parece reconhecer que a explicação não explica nada, e amplia seu escopo de análise para considerar "uma verdade maior que consegue ser transmitida e que é muito perturbadora".[31] O escritor toma, então, o episódio como uma metáfora da crise da verdade em tempos de pós-verdade. "A crise consiste precisamente no fato de que o velho está morrendo e o novo não pode nascer", como sugere a epígrafe do livro? Labatut não oferece respostas e, retomando o quadro de Bosch com cuja análise minuciosa começa o ensaio, afirma que estamos sempre envolvidos em uma "vã tentativa de domar as quimeras da paranoia, as fantasias dos doidos e a bestial imaginação"[32] e que essa é a contraparte da ciência, da razão e do controle, sua função é lembrar-nos de que somos humanos, complexos e contraditórios.

Mas quando o leitor se imagina confortado pela clareza com que se desvenda a insensatez da conduta da mulher, a narrativa ganha um *plot twist*. O autor conta que casualmente, quando já havia decidido se esquecer do episódio, encontra nas redes sociais a publicação de uma matéria sobre *phishing*, disponível também para a consulta de qualquer

---

29 *Ibidem*, p. 54.

30 *Ibidem*, p. 60.

31 *Ibidem*, p. 61.

32 *Ibidem*, p. 65.

leitor. A matéria publicada originalmente no *The New York Times* em 2021 afirma que muitos autores haviam apresentado denúncias sobre o recebimento de e-mails falsos enviados por seus supostos editores que solicitavam seus manuscritos inéditos. A reportagem chama a atenção para o fato de que nenhum criminoso foi identificado e que tampouco se sabe o que foi feito dos manuscritos, cuja circulação não tinha sido encontrada nas redes.[33]

Agora, então, podemos apostar em uma explicação para a forma antificcional escolhida por Labatut para expor o episódio. Se as fronteiras entre o verossímil ficcional e o verdadeiro parecem nubladas, talvez valha a pena adentrar o terreno da disputa pela verdade que cada vez mais se aproxima de um inverossímil nada crível, mas ainda assim espantosamente real. É por isso que leio o episódio como uma sugestão de Labatut para levarmos a sério a "loucura" da mulher, que nada tem de anedótica e ganha ares quase trágicos. Sem tematizar explicitamente as conexões entre "as transformações do valor da verdade" e as redes sociais, a conclusão do texto faz o leitor pensar que qualquer novo sentido que possa estar nascendo deve ser retirado do caos e da irracionalidade, já que "nossas vidas ultraconectadas est[ão] nos conduzindo a um novo tipo de transtorno, uma forma de loucura contagiosa que está se infiltrando pouco a pouco no mundo, erodindo a fina barreira que separa a realidade da fantasia, a ficção da não ficção."[34]

A pergunta mais difícil é sobre os modos como a intrusão da lógica digital "afeta nossas ideias comuns sobre representação, sentido e crítica", como afirma Hal Foster.[35] Talvez uma maneira de começar a formular uma resposta seja refletindo sobre o deslizamento da ficção na direção do não ficcional, que começa, assim entendo, com a instabilidade proposta

---

33 Em 2022, Filippo Bernardini, que trabalhava para o campo editorial italiano, foi preso sob a acusação de roubar manuscritos de livros e acusado de realizar *phishing*. Ver reportagem de Elizabeth A. Harris e Alexandra Alter, "The End of a Book World Mystery: A Suspect in Manuscript Thefts to Plead Guilty". *The New York Times*, 3 jan. 2023; traduzida por Renato Prelourentzou, "Mercado editorial: por que alguém roubaria manuscritos não publicados?", *Estadão*, 20 mar. 2023.

34 Benjamin Labatut, *op. cit.*, p. 67.

35 Hal Foster, *O que vem depois da farsa? Arte e crítica em tempos de debacle*, 2021, p. 157.

pela autoficção. A antificção pode ser também uma reação exploratória das práticas literárias à redefinição das fronteiras do verossímil e do verdadeiro, tão volúvel nas redes sociais.

Referências bibliográficas

ALBERCA, Manuel. *El pacto ambiguo: de la novela autobiográfica a la autoficción*. Madrid: Biblioteca Nueva, 2007.

______. "De la autoficción a la antificción: una reflexión sobre la autobiografía española actual." In: JANICES, Ana Casas (org.). *El yo fabulado: nuevas aproximaciones críticas a la autoficción*. Madri: Iberoamericana Vervuert, 2014.

BENJAMIN, Walter. "A obra de arte na era de sua reprodutibilidade técnica". In: ______. *Magia e técnica, arte e política: ensaios sobre literatura e história da cultura*. São Paulo. Brasiliense, 2012.

BILENKY, Thais. "Viagem à fronteira da memória". *Piauí*, 22 mar. 2022. Disponível em: <www.piaui.folha.uol.com.br/viagem-fronteira-da-memoria/#:~:text=Viagem%20%C3%A0%20fronteira%20da%20mem%C3%B3ria>.

BISHOP, Claire. *Desordered Attention: How We Look at Art and Performance Today*. Londres/Nova York: Verso, 2024.

CERCAS, Javier. *A velocidade da luz*. Tradução de Sérgio Molina. 2ª ed. São Paulo: Globo, 2018.

COSTA LIMA, Luiz. "Fios do tempo. A afirmação do falso: ficção externa nas plataformas digitais". *Ateliê de Humanidades*. abr. 2022. Disponível em: <www.ateliedehumanidades.com/2022/05/31/fios-do-tempo-a-afirmacao-do-falso-ficcao-externa-nas-plataformas-digitais-por-luiz-costa-lima/>. Acesso em: 19 abr. 2025.

FERRO, Tiago. *O pai da menina morta*. São Paulo: Todavia, 2018.

FOSTER, Hal. *O que vem depois da farsa? Arte e crítica em tempos de debacle*. Tradução de Célia Euvaldo, com a colaboração de Humberto do Amaral. São Paulo: Ubu, 2021.

GASPARINI, Philippe. *Autofiction: une aventue du language*. Paris: Éditions du Seuil, 2008.

HARRIS, Elizabeth. "Why on Earth Is Someone Stealing Unpublished Book." *New York Times*, 12 dez. 2021. Disponível em: <www.nytimes.com/2020/12/21/books/publishing-manuscripts-phishing-scam.html>.

LABATUT, Benjamin. *A pedra da loucura*. Tradução de Mariana Sanchez. São Paulo: Todavia, 2022.

LÍSIAS, Ricardo. *Divórcio*. Rio de Janeiro: Objetiva, 2013.

MARTINS, Maura. "Natalia Timerman: 'Meu livro dá um corpo ficcional para um coração autobiográfico'". *Escotilha*, 18 set. 2023. Disponível em: <www.escotilha.com.br/literatura/entrevista-natalia-timerman-pequenas-chances-editora-todavia/>. Acesso em: 19 abr. 2025.

RODRIGUES, Luana. "A presença do autor na cena literária contemporânea: Natalia Timerman, dentro e fora do texto". *Cadernos Acadêmicos: conexões literárias*, n. 5, 20 dez. 2024. Disponível em: <www.lbxxi.org.br/ojs/index.php/cadernos-academicos/issue/view/5/8>. Acesso em: 19 abr. 2025.

SIBILIA, Paula. *O show do eu: a intimidade como espetáculo*. Rio de Janeiro: Nova Fronteira, 2008.

SÜSSEKIND, Flora. *Cinematógrafo de letras: literatura, técnica e modernização no Brasil*. São Paulo: Companhia das Letras, 1987.

TIMERMAN, Natalia. *Desterros: histórias de um hospital-prisão*. São Paulo: Editora Elefante, 2017.

______. "Quem dera fosse farsa: desafios de se publicar um livro de não ficção no Brasil." *Revera*, v. 3, 2018. Disponível em: <www.site.veracruz.edu. br:8087/instituto/revera/index.php/revera/article/view/78>. Acesso em: 19 abr. 2025.

______. *Copo vazio*. São Paulo. Todavia, 2021.

______. "Cartas". *Jornal de psicanálise*, v. 55, n. 102.1, 5 mar. 2022. Disponível em: <https://pepsic.bvsalud.org/pdf/jp/v55n102/v55n102a13.pdf>. Acesso em: 19 abr. 2025.

______. "O que é responsabilidade afetiva". Podcast "*Prazer, Renata*", publicado em 2 out. 2022. Disponível em: <www.omny.fm/shows/prazer-renata/ o-que-responsabilidade-afetiva-com-a-psiquiatra-na>. Acesso em: 19 abr. 2025.

______. "Entre ter seguidores no Instagram e ser levada a sério, quero os dois". *Universa*/Uol, 20 maio 2023. Disponível em: <www.uol.com.br/universa/colunas/natalia-timerman/2023/05/21/renunciar-as-redes-sociais-e-como-renunciar-a-uma-droga-de-abuso.htm>. Acesso em: 19 abr. 2025.

______. *As pequenas chances*. São Paulo. Todavia, 2023.

VIART, Dominique. *Fictions en procès*. In: *Le Roman français au tournant du XXIe siècle*. Paris: Presses Sorbonne Nouvelle, 2004, pp. 289-303. Disponível em: <www.books.openedition.org/psn/1673>.

De volta à luta

Camilo Gomide

Depois de digerir por um bom tempo as mais de três mil páginas da série Minha Luta, de Karl Ove Knausgård, e de revisitar os romances com alguma frequência nos últimos dez anos, foi natural (e saudável) passar um tempo sem abrir nenhum dos seis livros da série. Não sei exatamente quão longa foi essa pausa, mas foi o suficiente para criar a distância necessária para enxergar a obra com um olhar mais crítico e menos apaixonado e, ao mesmo tempo, poder redescobrir o prazer do texto, o que pode parecer um pouco paradoxal, mas não é. Se afastar para ter uma visão menos ingênua sobre alguma coisa e para poder se apaixonar de novo por ela. Talvez essa seja uma boa definição do amor.

O reencontro se deu quase que por acaso. Numa noite de tédio, cliquei em uma das muitas abas que mantenho abertas no navegador do celular na esperança inútil de um dia acessá-las. Era um ensaio de Knausgård publicado no *Klassekampen*, um jornal norueguês de esquerda, sobre a importância do romance. Knausgård começa o texto citando Rainer Maria Rilke, que dizia que a música era capaz de elevá-lo, de transportá-lo para um outro lugar. Afirmação com a qual o escritor norueguês se identifica, porque sente o mesmo tanto com a música quanto com a literatura.

Não há nada de notável no parágrafo inicial do ensaio, mas aquelas poucas linhas foram suficientes para despertar em mim a memória afetiva da experiência de ler Knausgård. Porque naquelas palavras estava a forma da escrita do autor, o modo prosaico de narrar, a presença da banalidade do cotidiano, a sensação de estar ouvindo um amigo falar sobre o livro que leu enquanto o esperamos, sentados à mesa da cozinha, preparar um café. Enfim, assim como Knausgård e Rilke, de repente, me vi imerso em outro mundo, na realidade paralela criada pela literatura.

Se você já leu Minha Luta (e gostou), imagino que saiba do que estou falando. Desde o lançamento na Noruega, em 2009, a série autobiográfica costuma provocar reações exaltadas onde é publicada, tanto positivas quanto negativas. Os motivos costumam variar. De acordo com o colega Henrik Kayser Pedersen, pesquisador da obra de Knausgård, da Universidade de Oslo, responsável por um levantamento bibliográfico criterioso e abrangente do autor, há pelo menos cem anos não se via um debate tão amplo e fervoroso sobre uma obra literária em solo norueguês. Talvez, desde Ibsen. Henrik me disse que mesmo na Escandinávia a série foi recebida de formas bem variadas. Na Noruega, por motivos compreensíveis, discutiram-se mais questões éticas e morais relativas à exposição de pessoas reais nos romances. Na Suécia, país em que o autor morava à época, o debate girou em torno de questões de gênero. Já na Dinamarca, a análise se deteve principalmente sobre aspectos literários, o que explicaria o número significativo de teses e artigos acadêmicos sobre Knausgård escritos por pesquisadores dinamarqueses.

No mercado de língua inglesa (Estados Unidos e Reino Unido), conhecido por ser pouco interessado em obras estrangeiras, o sucesso da série foi considerável. Muito se falou e se escreveu sobre Knausgård, que virou um colaborador recorrente do *The New York Times*. Além do sucesso de público e de crítica, Minha Luta contou com uma recepção muito entusiasmada dos escritores estadunidenses e britânicos. Por exemplo, Zadie Smith, autora de *Dentes brancos*, chegou a declarar que esperava pelos livros da série como um adicto ansiava por crack. Para Jeffrey Eugenides – autor de *As virgens suicidas* e vencedor do Pulitzer –, Knausgård, em Minha Luta, "quebrou a barreira do som do romance autobiográfico". O exagero na declaração de ambos dá a medida exata da *Knausgårdmania*.

Esses comentários são meu ponto de partida para tentar elucidar aspectos importantes da obra do norueguês que, mais do que explicar o sucesso do livro, nos ajudam a entender o que a obra diz sobre o nosso tempo. Começo pelo último, pela hipótese de que Knausgård tenha quebrado paradigmas do gênero do romance autobiográfico.

Mais rápido que o som

Quando penso na metáfora de Eugenides, sem refletir muito, tendo a concordar imediatamente. Minha impressão ao ler a série pela primeira vez foi a de estar diante de algo novo, de uma forma de expressão inédita e autêntica. Mais importante do que isso foi o sentimento de identificação profunda que a obra despertou em mim. Apesar da distância atlântica que nos diferencia, as questões daquele narrador eram as minhas questões – nossas personalidades introspectivas eram parecidas. Assim como Knausgård, eu me preocupava em viver uma vida autêntica, em ser honesto comigo mesmo e com os outros, em viver o presente com atenção, em ser um homem bom.

Essa leitura altamente identificada me levou a discussões apaixonadas com amigos e amigas, mas me colocou em um impasse acadêmico. Na teoria literária e na crítica, aprendemos muito rápido que a identificação com a obra não é uma postura desejável. É preciso estabelecer uma distância em relação ao texto, tentar enxergar nele o que não está evidente, ir contra a interpretação dominante, evitando os caminhos óbvios. Além disso, outras questões se impunham. Uma delas diz respeito à posição do autor. Um dos entendimentos vigentes na teoria literária aponta para a não existência do autor. Teóricos como Roland Barthes e Michel Foucault demonstraram, de diferentes maneiras, o caráter fantasmático da autoria. Segundo essa corrente, a tendência de supervalorização do autor, que começava a enfraquecer na segunda metade do século XX, era uma invenção moderna, consequência do positivismo e da lógica capitalista da propriedade privada. Para Foucault, Barthes, Benveniste, entre outros, é impossível determinar quem é o eu que se enuncia dentro de um texto. Os discursos e os textos, a literatura, são construções complexas cuja origem é irrastreável. Dentro desse paradigma, a ideia de autoria não faz sentido. Tudo que um autor pode fazer é jogar com esse código que é a linguagem, organizá-lo de diferentes maneiras. Quando escrevemos, estamos, de forma inconsciente, tecendo uma série de associações, citações, referências e modos de enunciar que não nos pertencem, que são muito anteriores à nossa existência. A literatura, portanto, inevitavelmente, sempre se refere à própria literatura, a outros textos e discursos, nunca a uma pessoa.

Contudo, no meio do caminho, estavam autores que reivindicavam a legitimidade da própria experiência. Se na década de 1960 o sujeito esteve ausente na literatura, nas décadas seguintes ele voltou a aparecer em obras autobiográficas que se encaixariam no que foi batizado por Serge Doubrovsky como autoficção. A crítica, naturalmente, acompanhou essa tendência de perto. Beatriz Sarlo identificou nesse período uma "guinada subjetiva": o sujeito que havia sido substituído pela estrutura na década de 1960 buscava retomar seu lugar nos anos 1970. Uma consequência direta de transformações nos campos da sociologia e dos estudos culturais, que, debruçados sobre os relatos históricos de experiências de violência e extermínio coletivos, como o holocausto e as ditaduras latino-americanas, perceberam a importância e a legitimidade dos relatos em primeira pessoa.

Esse retorno do autor, no entanto, não significava o abandono total das teses formalistas e estruturalistas. A partir dos anos 1970, o que foi formado era uma noção de sujeito fluido, fragmentado, conduzido pelo inconsciente, estranho para si mesmo; o oposto ao modelo imaginado pelos positivistas, centrado e senhor de si – na segunda metade do século XX, o sujeito era uma síntese dos conceitos psicanalíticos desenvolvidos por Freud, de ideias da filosofia e da linguística. Sarlo, por exemplo, em *Tempo passado: cultura da memória e guinada subjetiva*, afirma que tudo o que uma primeira pessoa em uma autobiografia pode fazer é mostrar "a estrutura especular em que alguém, que se diz chamar eu, toma-se como objeto". O que significa que "esse eu textual põe em cena um eu ausente, e cobre seu rosto com essa máscara."[1]

Nesse contexto, o conceito de autoficção surge como uma representação muito adequada desse novo modelo de sujeito. Desde a publicação do romance *Fils*, do francês Serge Doubrovsky, em 1977, no qual o termo aparece pela primeira vez, a autoficção alude para o caráter instável e ficcional do eu. Em sua primeira formulação, Doubrovsky define a prática

1 Beatriz Sarlo, *Tempo passado: cultura da memória e guinada subjetiva*, 2007, p. 31.

como "ficção, de fatos e acontecimentos estritamente reais"[2] – definição que ele ratificaria quase quarenta anos depois. Para o autor, que escreveu romances autobiográficos ao longo de toda a carreira, não existe oposição entre autobiografia e romance. Isso aconteceria por dois motivos. O primeiro é que a autobiografia, como a conhecemos desde o século XVIII, com Rosseau, se utiliza da forma dos romances em primeira pessoa. O segundo é a inconfiabilidade da memória, demonstrada inicialmente por Freud e confirmada depois pela neurociência. Nossas lembranças são narrativas sujeitas a distorções de memórias encobridoras, falsas memórias, e a uma série de processos inconscientes e neurológicos complexos. Portanto, toda escrita de si, "qualquer que seja sua 'sinceridade', seu desejo de 'veracidade', comporta sua parte de ficção".[3]

Embora o termo tenha sido cunhado no fim da década de 1970, a autoficção não é uma prática que só existe a partir daí. Existe muito dissenso em relação a ela. Não há sequer consenso para afirmar se estamos diante de um novo gênero ou não. Tampouco existem parâmetros unânimes para definir o que é e o que não é autoficção. Há teóricos com critérios tão elásticos que, se formos segui-los, encontraremos autoficção em tudo quanto é livro. Mas parece relativamente seguro afirmar que a autoescrita no romance não nasce com Doubrovsky. É o que Jacques Lecarme argumenta quando faz sua distinção entre autoficção restrita e generalizada – sem cair na tentação da tipologia expansionista de Vincent Colonna, que criou definições tão abrangentes para a autoficção que até mesmo *Dom Quixote* se adequava ao termo. Mas isso é assunto para outro texto.

O que nos importa aqui é o princípio de que temos, de forma ampla, dois tipos de autoficção: uma diretamente identificada com a figura ambígua do autor, e outra em que essa identificação não é explícita. De modo geral, as autoficções também se diferenciam entre aquelas que reivindicam a veracidade do relato e aquelas em que ou isto não é uma questão ou a verdade é de outra natureza e se inscreve pela via da ficção, como uma verdade poética. É nestes termos que sugiro pensarmos Minha Luta.

2 Serge Doubrovsky, *Fils*, 1977.

3 Serge Doubrovsky, "O último eu" in *Ensaios sobre a autoficção*, 2014, p. 122.

O tempo todo, seja nos romances, nas entrevistas ou em ensaios, Knausgård defendeu a veracidade do que narrou. No último volume da série, ele admite ter feito algumas modificações em nomes de personagens (para evitar problemas judiciais) e em algumas situações (porque funcionavam melhor literariamente). Os casos mais emblemáticos foram a mudança do nome do tio (irmão do pai) no romance e uma alteração na cena da visita ao corpo do pai no necrotério. Isso diminui alguma coisa no pacto de confiabilidade dos livros? Isso afeta o sentimento de que estamos diante de uma obra que traz um sentimento de verdade, de legitimidade e de sinceridade? A resposta dos leitores sugere que não.

Falar de conceitos como verdade, legitimidade e sinceridade na literatura é outro grande problema acadêmico. O que significa dizer que uma obra é honesta? A princípio, sinceridade é a correspondência exata entre o que pensamos, dizemos e fazemos, mas como verificar essa relação num romance? Uma autoficção que tem como objetivo inventar deliberadamente seria menos honesta do que uma que se dedica ao máximo a ser factual? Saber se um romance autobiográfico é fiel à realidade ou não, no fim das contas, importa mesmo? Não tenho respostas prontas e fáceis para essas questões, mas acredito que, no caso de Minha Luta, sim, elas importam. E a resposta literária do autor a esses temas está diretamente relacionada à sensação de ultrapassagem da barreira do som do gênero.

Aqui, parto da premissa de Lecarme,[4] para quem, por mais que corramos o risco de parecermos simplórios, quando um romance se afirma verdadeiro, a postura mais interessante a se assumir é acreditar nele. E por mais que se possa verificar os fatos, não faz sentido tomar o autor ou a autora por mentirosos quando eles não correspondem ao averiguado, já que aquela é a versão deles da história. Mais produtivo é tentar compreender a obra.

Em Minha Luta, o ponto de partida manifesto na série é o incômodo do autor com a ideia de ficcionalizar a história da relação dele com o pai. A forma que ele encontrou para contar essa história foi se implicar nela, assumir-se como o personagem, e falar sobre o pai real (e o internalizado).

---

4 Jacques Lecarme, "Autoficção: um mau gênero?" in *Ensaios sobre a autoficção*, 2014, p. 84.

Daí vem o desejo de verdade, de concretude e de realidade do romance. E dentro dessa relação, a chave de leitura que me parece trazer mais respostas é a da crítica literária norueguesa Toril Moi, que propõe que o romance seja entendido através da dinâmica dialética entre vergonha x abertura.[5]

Moi, também uma leitora identificada com o autor e a narrativa, defende que os modelos clássicos da teoria e da crítica literária não são suficientes para explicar Minha Luta, e que é preciso criar novos paradigmas para entender o livro. Isso porque, para entendê-lo, é preciso aceitar a premissa de que o romance é de fato escrito por Karl Ove Knausgård, que é sobre ele, ao mesmo tempo que é sobre o que significa para Karl Ove Knausgård escrever Minha Luta.[6] Ou seja, é uma obra cuja presença do autor é incontornável.

O romance de Knausgård, Moi argumenta, é um projeto existencial e literário. Ao longo da série, falando sobre o próprio livro, Knausgård menciona, reiteradas vezes, o desejo de escrever um romance comprometido com a realidade, cuja linguagem seja capaz de "capturar a realidade e torná-la visível."[7] A preocupação com a verdade, por outro lado, aparece com o anseio existencial de viver uma vida autêntica, de não se esconder dos outros e de si mesmo. Ou seja, o objetivo de Knausgård é criar uma obra autêntica e tornar-se autêntico ao mesmo tempo. Para tanto, é preciso romper com as amarras que o impedem de ser verdadeiro. É por isso, segundo Moi, que o grande tema (latente) da série é a vergonha.

A vergonha, a autora explica, é um sentimento de alteridade. Quando sentimos vergonha de alguma coisa, estamos nos vendo pelos olhos de outra pessoa. Dito de outra maneira, a vergonha é um sentimento resultante de como somos vistos pelo outro. Para ilustrar o conceito, Moi evoca um exemplo de Sartre, de um homem espiando uma mulher nua. Enquanto está anônimo, o homem não reflete sobre o que está fazendo. A partir do momento em que é pego, pensa pela primeira vez sobre o ato – ao entender que, do ponto de vista de quem o flagrou, o que está

---

5 Toril Moi, "Shame and Openness", *Salmagundi*, 2013, pp. 205-210.

6 *Ibidem*.

7 *Ibidem*, p. 207.

fazendo é moralmente reprovável. O olhar do outro pode ser paralisante, pode definir o que somos. O pai do autor é uma sombra enorme que paira sobre Knausgård da infância à vida adulta. O primeiro livro, de certa forma, é sobre isso. É sobre a luta de Knausgård para tentar se livrar desse olhar paterno. Para se libertar da visão que aprisiona, é preciso suplantar o olhar do outro com o próprio olhar sobre si, contar a própria história, revelar-se, abrir-se.[8] Vem daí a intensidade confessional de Minha Luta, a obstinação obsessiva de Knausgård em se mostrar a qualquer custo. Vem daí também o fascínio do público com esse sincericídio narrado de modo exaustivo, a sensação de estar diante de alguém rompendo limites. Mas há ainda outras coisas.

Uma das grandes forças de Minha Luta é a construção de um tempo e de um espaço muito singulares e profundos. Uma experiência comum da leitura da série é ser capturado por esse tempo narrativo e ter a sensação de que o que é narrado tem o ritmo da própria vida. Acredito que isso aconteça pela forma como Knausgård costura os diálogos com as situações do dia a dia e suas reflexões internas. Uma cena que para mim exemplifica bem isso: Knausgård na fila de uma lanchonete conversando com alguém começa a pensar sobre o assunto e vai longe, entra numa longa digressão que se arrasta por páginas e páginas e que subitamente é interrompida pela balconista que anuncia que o lanche está pronto. Há inúmeros exemplos como este.

O espaço, por sua vez, não menos importante, é constituído não apenas pelas descrições cuidadosas e precisas do entorno, mas por um modo de olhar e de estar presente no mundo. Paisagens banais, como campos cobertos por neve e banhados pelo sol poente, vistos de dentro da janela de um trem, de uma hora para outra se enchem de significado, como se o mundo desse "um passo à frente e se mostrasse por um breve instante, antes de retroceder e tudo voltar a ser como era...".[9]

Talvez o grande apelo de Minha Luta seja o contraponto oferecido pelo autor ao mundo hiperacelerado, hipervirtualizado e marcado por

8 *Ibidem*.

9 Knausgård, *A morte do meu pai*, 2013, p. 259.

um narcisismo performativo típico do mundo digital no capitalismo tardio — bem distante do conceito psicanalítico formulado por Freud. E o desejo sincero de pintar uma imagem honesta de si mesmo, por mais impossível que a tarefa seja. Pode parecer um paradoxo que uma proposta tão autocentrada seja apontada aqui como uma empreitada não narcisista – e é um pouco mesmo. Mas o retrato que Knausgård oferece de si é complexo, cheio de contradições, pouco lisonjeiro e muitas vezes triste. O oposto do que vemos nas redes sociais.

Ao revisitar a série, foi inevitável recordar a viagem que fiz em 2023, junto a uma amiga querida, à Noruega. Visitamos alguns dos lugares em que Knausgård morou e que são cenários dos livros. Conhecemos pessoas que o conheceram, como os adoráveis Prestbakmo. Curiosamente, o tempo todo, por mais próximos que estivéssemos do objeto de Minha Luta, mais distantes dele nos sentíamos. Ainda que Ola Jan Prestbakmo – pai de Geir, melhor amigo de Karl Ove na infância – nos confirmasse o retrato que Knausgård fez do pai. Ainda que as rochas sobressalentes no jardim da casa em que o autor morou na infância, que aparecem na cena inicial do primeiro livro, estivessem ali, como um indício concreto do real. Porque o romance também é aquilo que acontece na minha e na sua leitura. E voltar para Minha Luta é sempre um retorno para si mesmo.

Referências bibliográficas

BARTHES, Roland. *O rumor da língua*. Tradução de Mario Laranjeira. 2ª. ed. São Paulo: Martins Fontes, 2004.

BENVENISTE, Émile. *Problemas de linguística geral II*. Campinas: Editora Pontes, 1989.

COLONNA, Vincent. "Tipologia da autoficção". In: NORONHA, Jovita Maria Gerheim (org.). *Ensaios sobre a autoficção*. Tradução de Jovita Maria Gerheim Noronha e Maria Inês Coimbra Guedes. Belo Horizonte: Editora UFMG, 2014.

DOUBROVSKY, Serge. *Fils*. Paris: Éditions Galilee, 1977.

______. "O último eu". In: NORONHA, Jovita Maria Gerheim (org.). *Ensaios sobre a autoficção*. Tradução de Jovita Maria Gerheim Noronha e Maria Inês Coimbra Guedes. Belo Horizonte: Editora UFMG, 2014.

EUGENIDES, Jeffrey. *As virgens suicidas*. Tradução de Daniel Pellizzari. São Paulo: Companhia das Letras, 2013.

FOUCAULT, Michel. *Ética, sexualidade e política*. Tradução de Manoel Barros da Mota. Rio de Janeiro: Forense Universitária, 2004. (Ditos & Escritos)

______. *Estética: literatura e pintura, música e cinema*. In: DA MOTA, Manoel Barros (org.). Tradução de Inês Autran Dourado Barbosa. 2ª ed. Rio de Janeiro: Forense Universitária, 2009. (Ditos & Escritos, III)

HUGHES, Evan. "Karl Ove Knausgaard Became a Literary Sensation by Exposing His Every Secret". *The New Republic*. 7 abr. 2014. Disponível em: <www.newrepublic.com/article/117245/karl-ove-knausgaard-interview-literary-star-struggles-regret>. Acesso em: 13 mar. 2025.

KNAUSGÅRD, Karl Ove. *A morte do pai*. Vol. 1. Tradução de Leonardo Pinto Silva. São Paulo: Companhia das Letras, 2013. (Minha Luta)

______. "Inn i den Norske Idioten". *Klassekampen*. 19 nov. 2022. Disponível em: <www.klassekampen.no/artikkel/2022-11-19/inn-i-den-norske-idioten3>. Acesso em: 22 fev. 2025.

LECARME, Jacques. "Autoficção: um mau gênero?" In: NORONHA, Jovita Maria Gerheim (org.). *Ensaios sobre a autoficção*. Tradução de Jovita Maria Gerheim Noronha e Maria Inês Coimbra Guedes. Belo Horizonte: Editora UFMG, 2014.

MOI, Toril. "Shame and Openness". *Salmagundi*, n. 177, 2013. p. 205-210. Disponível em: <www.jstor.org/stable/43941971>.

SARLO, Beatriz. *Tempo passado: cultura da memória e guinada subjetiva*. Tradução de Rosa Freire d'Aguiar. São Paulo: Companhia das Letras; Belo Horizonte: Editora UFMG, 2007.

SMITH, Zadie. *Dentes brancos*. Tradução de José Antonio Arantes. São Paulo: Companhia das Letras, 2003.

PARTE 2. EU DISPUTA

Conceitos em debate

Dentro do eterno ventre: notas sobre escrevivência

Yasmin Santos

Reza a lenda que dei meu primeiro sorriso à minha avó. Nos braços da obstetra rumo ao berçário, encontrei minha avó no corredor do hospital. Ela estava sozinha no andar, mas chegara lá acompanhada de meu pai e um vizinho. No momento em que nossos olhos se cruzaram, minha boca desdentada se abriu, dessa vez sem muxoxos e gritos. Parecia mesmo um sorriso, daqueles que são identificados não só pela boca, mas pelo olhar. E minha avó sorriu de volta.

Depois de uma gravidez complicada, era esperado que o parto fosse guiado por uma médica de confiança. Minha mãe era uma das poucas pessoas da família a ter amigos médicos, por trabalhar há mais de uma década num pequeno posto de saúde. Recorreu à colega Márcia, ginecologista e obstetra, que também estava grávida e passou a acompanhá-la. Essa amizade selou meu destino junto às águas: para nascer, precisaria atravessar a Baía de Guanabara.

A cesárea foi agendada para 10 de março de 1998 no Hospital Estadual Azevedo Lima, em Niterói, a cerca de 70 quilômetros de nossa casa em Paciência, subúrbio do Rio. Não nasci em Nova Iguaçu, na Baixada Fluminense – como minha mãe e meus tios maternos – nem nos arredores de nosso bairro – como meu irmão, meu pai e tios paternos. Nasci do outro lado da ponte. Nasci onde nunca morei, num lugar sem qualquer vínculo de identificação, sem memórias, sem intimidade.

Não fui a primeira neta de minha avó, tampouco seria a última, mas havia algo naquele périplo em família que simbolizava o nosso laço. Ou talvez a resposta esteja nos poucos meses que separam a morte da vida:

fui a primeira a nascer após a passagem de meu avô. Talvez uma das primeiras alegrias na viuvez de minha avó.

Sinto mesmo como se me lembrasse desse encontro. Ouvi-a contando tantas vezes que a imagem ficou gravada em minha memória. Sinto a textura das paredes, como se elas me envolvessem. Vejo os passos lentos de minha avó, seu vestido estampado pouco abaixo dos joelhos, seus cabelos grisalhos. Ouço seu pigarro. Com exceção de vovó, tudo que vejo é azul: as paredes, o uniforme da médica, o pano que me envolve, os bancos de madeira. Era um quarto cheio d'água, o eterno ventre. A grande mãe me aninhava.

Talvez esse sorriso seja um dos lugares de nascimento de minha escrita. Não, preciso me corrigir. Talvez esse seja um dos lugares de nascimento da escrita de minha avó em mim. É verdade que vovó não sabia escrever. Mas escrever é fácil perto do que ela fazia. As palavras, soltas ao seu redor, ganhavam novos significados, eram subvertidas, reinventadas. Como se não fosse nada, vovó inaugurava em mim um novo mundo.

Sentada no sofá, ela aninhava meu corpo com seus calcanhares e me balançava. Na gangorra de seus pés atravessava a linha do espaço-tempo, como se entrasse em transe. Era onde apreendia seu silêncio, inalcançável às palavras. Contava-me muito, segredava-me ainda mais. Passava as manhãs observando o movimento da rua e à tarde, sob a sombra de um pé de jabuticaba, acompanhava a correria na rua de baixo: queimada, pique-esconde, pique-bandeira, pique-pega. Para ela, as crianças deveriam crescer assim, livres. Enquanto mamãe me disciplinava – devia estudar, limpar os móveis, torcer e estender as roupas –, vovó era barato total. Todo tempo passado ao seu lado era um exercício de ficção: nada era proibido no reino de vovó; todo sonho era possível de ser gestado.

Quando chegava da escola, vovó repartia a minha juba em busca de piolhos e lêndeas. Seus movimentos eram meticulosos, assim como a forma com que deixava alvas as roupas que lavava para fora. Meus cabelos lembravam os cachinhos crespos de sua avó. E assim ultrapassávamos a fronteira temporal até expormos ao mundo nossos líquidos lembradiços. Quando retornávamos ao presente, o pente já estava na minha mão. Eu era cada dia menos menina. Colocava a cadeira de plástico no box e banhava o corpo cansado de vovó. Massageava a raiz de seus lisos fios, cada dia mais grisalhos. Na beira da cama, vovó se sentava para que eu penteasse seus cabelos. Seu olhar voltava-se para um pequeno altar repleto de santinhos de sua devoção. No ponto mais alto, o olhar severo de Santa Anastácia, a Negra Bantu, com a mordaça na boca, nos observava.

Penso no quanto minha avó deve ter se esforçado para superar o próprio cansaço e para que pudesse constituir em nossa família a ideia de lar – para bell hooks, "uma pequena realidade privada, ainda que precária, na qual mulheres e homens negros podem renovar os ânimos e se recuperar."[1] As concepções contemporâneas de parentalidade prescindem desse gesto, mas não é nada trivial para alguém que nasceu poucas décadas após a assinatura da Lei Áurea e trabalhou desde a infância em regimes análogos à escravidão. Muitas vezes vovó deve ter se sentido cansada demais, abatida demais para pôr tal gesto em prática – lembro vividamente das muitas vezes em que vi o cansaço, a raiva, o medo nos olhos de mamãe; era difícil não me sentir contaminada por sentimentos tão fortes. No entanto, mamãe e vovó optavam pelo afeto, e sempre buscavam romper, cada uma à sua maneira, com as violências que sofriam.

Num dos ensaios mais tocantes sobre a gênese de sua escrita, Conceição Evaristo afirma ter crescido rodeada de palavras, não de livros. Não à toa a ideia tornou-se célebre: todas nós que enveredamos pelo caminho da escrita em algum momento nos encantamos pela literatura, o que não quer dizer que viemos de uma classe social que nos permitia ter uma estante de livros em casa, tampouco que o sumo de nossa escrita viria apenas de nossas leituras. Antes que a materialidade dos livros passasse a compor a paisagem de nossos lares, lá estava a oralidade: a contação de

1 bell hooks, *Anseios: raça, gênero e políticas culturais*, 2019, p. 113.

causos e histórias, a forma com que as mais velhas cantarolavam canções enquanto lavavam roupas e costuravam colchas de retalho, as benzeduras e unguentos. Estava nos pequenos ritos da vida cotidiana. Do berço, trazemos apenas "a propensão, o gosto para ouvir e contar histórias".[2] A fala e a escuta entre mulheres – e até mesmo a fofoca – foram muitas vezes o nosso único instrumento de defesa.

Entre sorrisos e histórias encantadas, havia relatos que nos sufocavam. Muitas das histórias que ouvimos tiraram o nosso sono, alimentaram nossa raiva, provocaram tantas angústias que nos marcaram profundamente. Por vezes, até as histórias que embalavam nosso sonho nos ensinavam, ainda que com ludicidade, a viver em alerta.

Na casa-grande, as histórias de ninar eram contadas pela Mãe Preta,[3] figura tornada estereótipo que persegue mulheres negras cuidadoras até hoje. Essa mulher escravizada tinha como função cuidar da prole da família colonizadora. Muitas vezes impedida de exercer a maternidade com sua própria cria, a Mãe Preta deveria ser mais que uma babá: competia a ela amamentar o sinhozinho e sinhazinha do próprio leite, ensiná-los a andar e a falar as primeiras palavras, preparar os alimentos, mantê-los bem-vestidos e suas roupas, asseadas. Também era parte do seu trabalho forçado ninar, com histórias e cantigas, o sono dos futuros senhores e senhoras, que nunca abririam mão de suas heranças e de seus poderes de mando sobre ela e sua descendência. Diante de tamanha crueldade, era preciso calar, silenciar, a raiva e a angústia.

Um trauma racial, passado de descendência em descendência, que chegou aos sentidos atentos de Conceição Evaristo. É a partir dessa imagem da Mãe Preta que a escritora concebe a escrevivência: a escrita de mulheres negras que pretende borrar, desfazer uma imagem do passado em que as suas vozes estavam sob o controle dos escravocratas.

---

2 Conceição Evaristo, "Da grafia-desenho de minha mãe, um dos lugares de nascimento de minha escrita" in *Escrevivência: a escrita de nós. Reflexões sobre a obra de Conceição Evaristo*, 2020.

3 Ver Stuart Hall, "O espetáculo do 'outro'" in *Cultura e representação*, 2016.

É criada não "para adormecer os da casa-grande, e sim acordá-los de seus sonos injustos".[4]

Um conceito que encontra eco na escrita de diversas autoras da diáspora africana: está no pioneirismo de Maria Firmina dos Reis; na esperança incansável de Sojourner Truth; na audácia de Carolina Maria de Jesus; no renascimento de Zora Neale Hurston; no tempo de Mãe Stella de Oxóssi; nos poemas sanguíneos de Noémia de Sousa; nas encruzilhadas de Mãe Beata de Yemonjá; na insubmissão de Toni Morrison; no pretuguês de Lélia Gonzalez; na reivindicação da poesia e do erótico de Audre Lorde; no olhar de Beatriz Nascimento para os quilombos; na busca de Alice Walker pelos jardins de nossas mães; nas vicissitudes de Neusa Santos Souza; no feminismo abolicionista de Angela Davis; na luta de Sueli Carneiro contra o epistemicídio; na educação transgressora de bell hooks; no tempo espiralar de Leda Maria Martins; no mapa para a porta do não retorno de Dionne Brand; na água de barrela de Eliana Alves Cruz; em Paulina Chiziane e sua reconfiguração da memória social; no épico transatlântico de Ana Maria Gonçalves; na fabulação crítica de Saidiya Hartman; na subjetividade reflexiva de Fabiana Moraes. Mas, principalmente, na intelectualidade daquelas que pouco ou nada escreveram: nos cadernos de Joana Josefina, mãe de Conceição, e nas memórias ditadas de minha avó.

Ao evidenciar esse elo, não pretendo afirmar que a escrevivência é uma cópia de conceitos cunhados por escritoras negras anteriores ou contemporâneas à Conceição, tampouco pretendo descaracterizar – ao unir autoras de ficção e não ficção – a criação artística e intelectual que está ancorada na experiência real e parte de métodos e conceitos próprios, por vezes divergentes entre si. Meu ponto é outro. É a confluência de suas ideias. É situar a concepção evaristiana como um fenômeno da diáspora africana e que, por primazia, dialoga, direta ou indiretamente, com as proles dessa diáspora: sujeitos de nacionalidade hifenizada.

---

4 Conceição Evaristo, "A escrevivência e seus subtextos" in *Escrevivência: a escrita de nós. reflexões sobre a obra de Conceição Evaristo*. 2020, p. 30.

No contexto global, a escrevivência também estabelece diálogo com conceitos como autoficção, escrita de si, ego-história e escrita memorialística. Contudo, enquanto esses campos da escrita focalizam um sujeito individualizado, a escrevivência, já na sua gênese, evoca uma escrita perpassada pela coletividade. Pensada por e para mulheres negras de origem pobre, é uma prática literária que se cumplicia com a narração ou com o que está sendo narrado. Não há, portanto, escrevivência sem o seu sentido político, sem a subversão da lógica racista e cis-hetero-patriarcal.

Outra característica fundamental que a distingue é não prescindir do uso da primeira pessoa – o que permite que a literatura da própria Conceição explore diferentes pontos de vista que não o seu pessoal. Dessa forma, todas as histórias que Conceição escreve são – no sentido coletivo – sobre ela, ao passo que – no sentido pessoal – habitam o espaço da ficção. O espelho da escrevivência reflete o rosto de quem escreve, mas vai além: reconstrói o retrato de um povo.

Não é, pois, um processo narcísico. Não voltemos somente à Grécia Antiga e à lagoa de Eco para tratar do que é afro-brasileiro. Um pouco de mitologia africana não é nada mau.[5]

O culto a Oxum remete ao antigo reino de Ijexá, na Nigéria. Às margens do rio Oxum, ainda hoje devotos a cultuam como uma força ancestral que articula dimensões religiosas, filosóficas, socioculturais e políticas. Filha de Iemanjá e Orunmilá, é a fértil rainha das águas doces, deusa do ouro, da beleza, da riqueza e da vaidade. Traz consigo um *abebé*, termo em iorubá para abano de mão, mas que assumiu o significado de "espelho" em muitas das mitologias afro-brasileiras e afro-cubanas. A fertilidade de Oxum se manifesta de forma física e metafórica: é ela quem multiplica a raça humana, a prosperidade, o bem-estar, a alegria, o amor.[6]

5 Ver Wole Soyinka, *Mito, literatura e o mundo africano*, 2024; e Edimilson de Almeida Pereira, *Entre Orfe(x)u e Exunouveau: análise de uma estética de base afrodiaspórica na literatura brasileira*, 2022.

6 Ver Yasmin Santos, "Águas correntezas" in *Conceição Evaristo: voz insubmissa*, 2024.

Por cultuar a beleza e o feminino, Oxum é muitas vezes lida como uma divindade narcísica. Eis uma armadilha muito comum à branquitude: tomar a própria cultura como lente universal.[7] Narciso foi um herói da mitologia grega conhecido por sua grande beleza. Todos os olhares se voltavam a ele, mas eram poucos os que podiam se aproximar dele. Menosprezados, muitos de seus admiradores rogaram vingança aos deuses gregos. Assim, Nêmesis, com aspecto de Afrodite, condenou Narciso a se apaixonar pelo próprio reflexo na lagoa de Eco, uma das ninfas que estavam apaixonadas pelo rapaz. Obcecado pelo próprio reflexo, Narciso mergulhou na lagoa e lá permaneceu até definhar. Narciso é uma representação da colonialidade, da cultura greco-romana e europeia; é uma insígnia de mesquinhez e infertilidade.

Oxum, por outro lado, é símbolo de generosidade e fertilidade.[8] Oxum usa seu *abebé* para contemplar as suas joias e a própria beleza, mas sobretudo para enxergar o que está atrás de si. Oxum, regente dos partos, guarda a comunicação entre a ancestralidade e o nascimento, pois cabe a ela o potencial da renovação das gerações. Para a poeta tatiana nascimento, o *abebé* é "fonte de autoconhecimento e reconhecimento, onde uma se mira para mais se compreender".[9] É o olhar para trás de si traçando o elo entre o depois e o agora.

Neste texto, estou usando a memória – minha, de minha família e de nosso povo – para iluminar e transformar o presente. É por isso que você está diante de uma escrevivência. Não apenas pelo uso da primeira pessoa, pela minha identidade gênero-racial e minha origem, mas pelo sentido político que essa escrita evoca. Quem escreve sou eu, quem dita é vovó.

* * *

7 Ver Stuart Hall, "Que 'negro' é esse na cultura negra?" in *Da diáspora: identidades e mediações culturais*, 2018.

8 Ver Oluwa Seyi Salles Bento, *Orixá e literatura brasileira: a estetização da deusa afro-brasileira Oxum em narrativas de Conceição Evaristo*, 2021.

9 tatiana nascimento, *Letramento e tradução no espelho de Oxum: teoria lésbica negra em auto/re/conhecimentos*, 2014, p. 15.

Como se previsse a própria morte, vovó recrutou filhos, noras, genros e netos para sua última viagem a Castelo, no Espírito Santo. Desta vez, a atração não seriam os tapetes de sal de Corpus Christi como nos anos anteriores. Subimos numa caçamba como boias-frias rumo à Fazenda das Flores, onde ela havia trabalhado desde a infância. Minha avó não esperava que pudéssemos entrar, o que de fato não ocorreu. Apoiada na cerca da propriedade, ela nos apresentou ao terreno. Aquele pedaço de chão que guarda parte de sua história, que a constitui, mas que não lhe diz respeito. Tudo parecia indiferente à nossa presença. Tantas décadas se passaram e tudo permanecia no mesmo lugar, inclusive a senzala. Penso que vovó retornou não só para se libertar daquela senzala, mas para recuperar sua herança: lá estava assentada a ancestralidade de sua avó, traficada de África ao Brasil. Agora, havia recuperado todas as memórias. Seu passado finalmente lhe pertencia, e seguia com a tranquilidade de quem sabe que havia transmitido ao mundo tudo que havia aprendido. Posamos para a foto, diante da cerca, com a fazenda ao fundo. Retornar à fazenda, acompanhada de sua prole, era sua vingança. Havia conseguido agarrar tudo, o passado-presente-e-o-que-há-de-vir.

Como Ponciá Vicêncio, vó Alayde, "elo e herança de uma memória reencontrada pelos seus, não haveria de se perder jamais, se guardaria nas águas do rio".[10]

Referências bibliográficas

BENTO, Oluwa Seyi Salles. *Orixá e literatura brasileira: a estetização da deusa afro-brasileira Oxum em narrativas de Conceição Evaristo*. 205 pp. Dissertação (Mestrado em Estudos Comparados de Literaturas de Língua Portuguesa) – Faculdade de Filosofia, Letras e Ciências Humanas da Universidade de São Paulo.

BRAND, Dionne. *Um mapa para a porta do não retorno: notas sobre pertencimento*. Tradução de Jess Oliveira e floresta. Rio de Janeiro: A Bolha Editora, 2022.

10 Conceição Evaristo, *Ponciá Vicêncio*, 2017, p. 111.

BRITO, Maria da Conceição Evaristo de. *Poemas malungos – cânticos irmãos*. 172 pp. Tese (Doutorado em Letras) – Instituto de Letras, Universidade Federal Fluminense. Niterói, 2011.

CARNEIRO, Sueli. *Dispositivo de racialidade: a construção do outro como não ser como fundamento do ser*. Rio de Janeiro: Zahar, 2023.

______. *Lélia Gonzalez: um retrato*. Rio de Janeiro: Zahar, 2024.

CHIZIANE, Paulina. *Niketche: uma história de poligamia*. São Paulo: Companhia das Letras, 2022.

CRUZ, Eliana Alves. *Água de barrela*. Rio de Janeiro: Malê, 2018.

DAVIS, Angela Y. *Abolição: políticas, práticas, promessas*. Tradução de Bruna Barros. São Paulo: Companhia das Letras, 2025.

DUARTE, Constância Lima; NUNES, Isabella Rosado (orgs.). *Escrevivência: a escrita de nós. Reflexões sobre a obra de Conceição Evaristo*. Rio de Janeiro: Mina Comunicação e Arte, 2020.

EVARISTO, Conceição. *Olhos d'água*. Rio de Janeiro: Pallas; Fundação Biblioteca Nacional, 2014.

______. *Histórias de leves enganos e parecenças*. Rio de Janeiro: Malê, 2016.

______. *Insubmissas lágrimas de mulheres*. Rio de Janeiro: Malê, 2016.

______. *Becos da memória*. Rio de Janeiro: Pallas, 2017.

______. *Poemas da recordação e outros movimentos*. Rio de Janeiro: Malê, 2017.

______. *Ponciá Vicêncio*. Rio de Janeiro: Pallas, 2017.

______. *Canção para ninar menino grande*. Rio de Janeiro: Pallas, 2022.

______. *Macabéa: flor de mulungu*. Rio de Janeiro: Oficina Raquel, 2023.

GONÇALVES, Ana Maria. *Um defeito de cor*. Rio de Janeiro: Record, 2006.

GONZALEZ, Lélia. *Por um feminismo afro-latino-americano e caribenho: ensaios, intervenções e diálogos*. Organização de Flavia Rios e Márcia Lima. Rio de Janeiro: Zahar, 2020.

HALL, Stuart. *Da diáspora: identidades e mediações culturais*. Organização de Liv Sovik. Tradução de Adelaine La Guardia Resende *et al*. Belo Horizonte: Editora UFMG, 2013.

______. *Cultura e representação*. Organização de Arthur Ituassu. Tradução de Daniel Miranda e William Oliveira. Rio de Janeiro: Editora PUC-Rio: Apicuri, 2016.

JESUS, Carolina Maria de. *Quarto de despejo: diário de uma favelada*. 10ª ed. São Paulo: Ática, 2015.

______. *Casa de alvenaria*. Vol. 1: Osasco. São Paulo: Companhia das Letras, 2021.

______. *Casa de alvenaria*. Vol. 2: Santana. São Paulo: Companhia das Letras, 2021.

HARTMAN, Saidiya. *Perder a mãe: uma jornada pela rota atlântica da escravidão*. Tradução de José Luiz Pereira da Costa. Rio de Janeiro: Bazar do Tempo, 2021.

______. *Vidas rebeldes, belos experimentos: histórias íntimas de meninas negras desordeiras, mulheres encrenqueiras e queers radicais*. Tradução de floresta. São Paulo: Fósforo, 2022.

HOOKS, bell. *Ensinando a transgredir: a educação como prática de liberdade*. Tradução de Marcelo Brandão Cipolla. São Paulo: WMF Martins Fontes, 2017.

______. *Anseios: raça, gênero e políticas culturais*. Tradução de Jamille Pinheiro Dias. São Paulo: Elefante, 2019.

______. *E eu não sou uma mulher? Mulheres negras e feminismo*. Tradução de Bhuvi Libanio. Rio de Janeiro: Rosa dos Tempos, 2019.

HURSTON, Zora Neale. *Seus olhos viam Deus*. Tradução de Marcio Santarrita. Rio de Janeiro: Record, 2021.

LORDE, Audre. *Irmã outsider: ensaios e conferências*. Tradução de Stephanie Borges. Belo Horizonte: Autêntica, 2019.

MARTINS, Leda Maria. *Performances do tempo espiralar: poéticas do corpo-tela*. Rio de Janeiro: Cobogó, 2012.

MORAES, Fabiana. *A pauta é uma arma de combate: subjetividade, prática reflexiva e posicionamento para superar um jornalismo que desumaniza*. Porto Alegre: Arquipélago, 2022.

MORRISON, Toni. *A origem dos outros: seis ensaios sobre racismo e literatura*. Tradução de Fernanda Abreu. São Paulo: Companhia das Letras, 2019.

______. *A fonte da autoestima: ensaios, discursos e reflexões*. Tradução de Odorico Leal. São Paulo: Companhia das Letras, 2020.

NASCIMENTO, Beatriz. *Uma história feita por mãos negras*. Rio de Janeiro: Zahar, 2021.

NASCIMENTO, tatiana. *Letramento e tradução no espelho de Oxum: teoria lésbica negra em auto/re/conhecimentos*. 2014. 185 pp. Tese (Doutorado em Estudos de Tradução) – Centro de Comunicação e Expressão, Universidade Federal de Santa Catarina. Florianópolis, 2014.

PEREIRA, Edimilson de Almeida. *Entre Orfe(x)u e Exunouveau: análise de uma estética de base afrodiaspórica na literatura brasileira*. São Paulo: Fósforo, 2022.

PRANDI, Reginaldo. *Mitologia dos orixás*. São Paulo: Companhia das Letras, 2000.

REIS, Maria Firmina dos. *Úrsula*. São Paulo: Penguin Classics, Companhia das Letras, 2018.

SANTANA, Bianca. *Continuo preta: a vida de Sueli Carneiro*. São Paulo: Companhia das Letras, 2021.

SANTOS, Maria Stella de Azevedo. *Meu tempo é agora*. Salvador: Assembleia Legislativa do Estado da Bahia, 2010.

SOYINKA, Wole. *Mito, literatura e o mundo africano*. Tradução de Karen de Andrade. Rio de Janeiro: Zahar; São Paulo: Edições Sesc São Paulo, 2024.

SOUZA, Neusa Santos. *Tornar-se negro ou As vicissitudes da identidade do negro brasileiro em ascensão social*. Rio de Janeiro: Zahar, 2021.

SOUZA, Noémia. *Sangue negro*. São Paulo: Kapulana, 2018.

WALKER, Alice. *Em busca dos jardins de nossas mães: prosa mulherista*. Tradução de Stephanie Borges. Rio de Janeiro: Bazar do Tempo, 2021.

YEMONJÁ, Mãe Beata de. *Caroço de dendê: A sabedoria dos terreiros*. Rio de Janeiro: Pallas, 2023.

A autoficção: um fenômeno contemporâneo

Diana Klinger

Entre os cadernos achados após a morte de Proust, em 1922, se encontrava o manuscrito intitulado *Contre Sainte-Beuve*, escrito entre 1895 e 1900 (e publicado somente em 1954). O manuscrito reunia dois tipos de textos diferentes: por um lado, ensaios sobre literatura e, por outro, algumas narrativas, que são uma espécie de rascunho do primeiro volume de *À La Recherche du temps perdu*. Nos ensaios, Proust refuta o método crítico de Charles Augustin Sainte-Beuve (1804-1869), que via os textos como inseparáveis da pessoa biográfica que os escreveu. Já nas páginas narrativas, Proust discorre sobre memórias de infância que vieram a ser, como sabemos, a substância de todo o seu imenso romance. Um romance de "autoficção" *avant la lettre*? Deixo essa pergunta em suspenso por enquanto, pois essa ambiguidade de Proust – que escreve seu romance a partir da própria biografia e nega, como leitor, a relação entre a biografia e obra – nos coloca diante de uma pergunta inevitável para definir o que entendemos por autoficção: trata-se de uma relação do conteúdo da obra com a vida do autor ou de um modo de leitura dessa obra? Em outras palavras, é possível ler uma narrativa de autoficção sem associá-la com a vida real do autor, como argumentava Proust? Mesmo que tudo no romance esteja inspirado na vida real do autor, e inclusive se o personagem tem o mesmo nome dele (uma vez, ao longo das centenas de páginas da *À La Recherche*…, o protagonista se refere a si mesmo como Marcel), podemos *não* ler o texto a partir da biografia do autor? Até que ponto a escrita determina sua leitura?

Recorrer à biografia de Proust para ler *À La Recherche...* não parece, de fato, acrescentar muito à nossa leitura do romance. Penso que justamente aí reside a especificidade da autoficção como um fenômeno contemporâneo (e repare que falo em "fenômeno" contemporâneo, não em "gênero"). O que parece distinguir as autoficções contemporâneas das outras narrativas autobiográficas (em que se inclui a própria obra de Proust) é que as primeiras parecem produzir seu próprio "horizonte de expectativas" de leitura, elas demandam que o leitor reconheça *o autor* no texto, que não se adentre na leitura como num mundo autônomo e autossuficiente. Os protagonistas das autoficções contemporâneas – fantasiados de ser o próprio autor – com frequência mencionam outros livros que o autor tenha publicado, ou artigos de jornal ou postagens em mídias sociais, ou quaisquer outros fragmentos de discursividade que já seja pública e que o leitor possa checar e satisfazer sua curiosidade *voyeurística*. A narrativa de autoficção nos remete a um fora dela, a um campo discursivo exterior a ela, se recusando a ser lida no espaço da sua autonomia.

Mas é verdade que "autoficção" é uma categoria muito ampla, que tem sido usada para se referir a um grande leque de textos. No limite, se ampliássemos demais a categoria, não precisaríamos mais dela. Ou, pelo contrário, poderíamos restringir a categoria a um conjunto menor de textos, comprovando que de fato se trata de um fenômeno contemporâneo, e aí a categoria voltaria a ser relevante, mas... serviria apenas para dar conta de um conjunto bastante restrito de textos. O debate, nas últimas décadas, tem sido intenso, especialmente na França, mas também no Brasil e na América hispânica. Este ensaio se constrói em cima desse debate, e o pressupõe. As definições de "autoficção" proliferam no âmbito da crítica literária e, enquanto isso, muitos autores rejeitam essa categoria. De maneira um pouco hipócrita, ou então irônica, ou então provocadora, muitos autores dizem que o conteúdo de suas (auto)ficções é "pura ficção" enquanto dão ao protagonista o próprio nome e enchem a narrativa de referências reconhecíveis da sua vida já tornada pública.

Outros, no entanto (de forma mais honesta, mas também provocativa), rejeitam o termo pelo motivo contrário. Annie Ernaux, por exemplo, disse que se interessa pela "verdade da experiência", e que não há nada de ficcional nos seus romances. Catherine Cusset argumenta que "a única ficção [nos seus romances] é o trabalho com a linguagem. Os fatos são reais, e a proposta é chegar numa certa verdade".[1] Há, nessa rejeição da autoficção (de um e outro lado), também um certo incômodo *natural* em ser colocado dentro de uma categoria. No entanto, o simples fato de os autores terem tanto a dizer sobre a leitura de seus próprios textos já é um sintoma de uma "cultura literária", ou um "circuito" contemporâneo, que tem se centrado muito em torno da figura do autor. Isso é próprio da cultura atual por uma série de razões: esse fenômeno se desenvolve *em* e é típico *da* sociedade do espetáculo,[2] da era da "cultura do narcisismo"[3] e da "encenação da realidade".[4] Muitas autoficções respondem criticamente a este quadro, mesmo se inserindo dentro dele, mostrando que há certo poder da literatura que ainda resiste à cultura, como apontava lucidamente Adorno. É um fenômeno contemporâneo também porque, para além do narcisismo e do voyeurismo midiático, a pergunta em torno da própria identidade é característica deste momento, o de uma globalização cultural inédita. Ao mesmo tempo, assistimos à decadência das "grandes máquinas" produtoras de identidade – o Estado, a religião, a família, a pátria, a classe social – e ao auge do que o crítico espanhol José Luis Brea chamou, em 2003, de "capitalismo identitário", em que a identidade mesma se torna uma commodity, uma mercadoria. Nessa fase do capitalismo, a economia se aproxima da cultura, assumindo as prerrogativas desta, especialmente seu poder de "investir identidad (producir sujeción, efectos de reconocimiento, socialidad, diferenciación etc.)".[5] Por outro lado, e quase

1 Lauren Elkin, "Bad Genre: Annie Ernaux, Autofiction, and Finding a Voice", *The Paris Review*, 26 out. 2018. Tradução minha.

2 Guy Debord, *A sociedade do espetáculo*, 2007 [1968].

3 Christopher Lash, *A cultura do narcisismo: uma era de expectativas decrescentes*, 2023.

4 Nick Couldry, "Reality TV, or the secret theater of neoliberalism", *Review of Education, Pedagogy, and Cultural Studies*, 2008.

5 José Luis Brea, *El tercer umbral. Estatuto de las prácticas* artísticas *en la era del capitalismo cultural*, 2003, p. 13.

paradoxalmente, as demandas identitárias estão sendo entendidas como as formas contemporâneas que assumem a luta política, no contexto do luto em relação a um campo democrático que falhou aleivosamente em seu pacto inclusivo,[6] ou como o enfraquecimento do campo da política, ou – uma terceira leitura – como a força gravitacional de um novo sistema de valores, em que a diferença mesma é um valor, um valor que pode inclusive ser monetário.[7]

Passo rapidamente, então, por uma série de questões, em torno da definição, relacionadas à ambivalência do "pacto ficcional" e ao caráter performático da escrita autoficcional.[8] Minha intenção neste momento não é tanto chegar numa definição (que ora será ampla demais ora restrita demais como já explicado, não tem jeito, ambas as alternativas são problemáticas), mas sim traçar um breve panorama atual da autoficção no âmbito da literatura brasileira e hispano-americana, focando nas últimas décadas, isto é, depois da publicação da primeira edição do meu livro *Escritas de si, escritas do outro* (publicado originalmente em 2007). No livro, que ano passado recebeu sua quarta edição (atestando o interesse que o tema desperta, para além da aceitação ou não por parte dos escritores), procurei, como disse, a definição de uma particularidade da autoficção, algo que a diferenciasse como um gênero contemporâneo: chamei essa literatura de performática, uma vez que o conceito de performance deixaria ver o caráter teatralizado da construção da imagem de autor. Dessa perspectiva, não haveria um sujeito pleno, originário (aquele a que se referia Saint-Beuve), que o texto reflete ou mascara. Pelo contrário, tanto os textos ficcionais quanto a atuação (a vida pública) do autor são faces complementares da mesma produção de uma subjetividade, instâncias de atuação do eu que se tensionam ou se reforçam, mas que, em todo caso, já não podem ser pensadas isoladamente. Hoje, procurando ampliar o

6 Ana Kiffer, "O ódio e o desafio da relação: escritas dos corpos e afecções políticas" in *Ódios políticos e política do ódio*, 2019.

7 Jota Mombaça, *A plantação cognitiva*, 2020.

8 Em relação a definições de autoficção, ver: Diana Klinger, *Escritas de si, escritas do outro*, 7Letras, 2033; Luciene Azevedo, "Autoficção e literatura contemporânea", *Revista Brasileira de Literatura*, 2008; Anna Faedrich, *Teorias da autoficção*, EdUerj, 2022.

alcance da autoficção, diria que não necessariamente há um caráter performático, mas que um texto de autoficção não poderia ser lido como um texto independente, ignorando outros textos e fatos contextuais da vida do autor – uma leitura que negaria a negação de Proust, sem por isso ser uma leitura no modo de Saint-Beuve, porque agora o autor já não é mais o "autor biográfico", e sim uma figura performática, que atua um personagem de si mesmo. O que quero dizer com "não poderia" ser lido como texto independente é que as condições de legibilidade do texto se encontram fora dele.

O eu transpessoal

Abandono, então, da autonomia do literário. Annie Ernaux define sua escrita como "algo entre literatura, sociologia e história". No caso da primeira pessoa, ela diz, se trata de um "eu transpessoal".[9] Essa vertente da autoficção concentra-se na transmissão da história familiar entre gerações, muitas vezes conectando experiências individuais a contextos históricos mais amplos. O passado familiar se torna um elemento essencial para a compreensão não somente da identidade do autor, mas também de alguns aspectos mais amplos, que dizem respeito a questões geracionais, muitas vezes relacionadas à imigração. O romance de estreia de Tatiana Salem Levy, *A chave de casa*, por exemplo, relata ao mesmo tempo o luto vivido após a morte da mãe, a busca pelas raízes familiares de seus avós sefarditas imigrantes da Turquia e o próprio nascimento da autora em Lisboa, enquanto seus pais se encontravam no exílio na época da ditadura militar no Brasil. O fato de a mãe da autora ter sido uma conhecida jornalista que, como judia, se ocupou de promover a causa palestina e o antissionismo acrescenta uma camada importante de sentido na leitura do romance. Algo semelhante ocorre no romance *As pequenas chances*, de Natalia Timerman, em que a autora relata suas lembranças após a morte do pai, um importante médico infectologista,

9 Lauren Elkin, *op. cit.*

ao mesmo tempo em que vai em busca do passado familiar na Ucrânia, de onde os avôs judeus emigraram. Assim, nos dois romances, a narrativa, íntima, pessoal, se refere também a experiências que são históricas e geracionais. O mesmo ocorre com a maioria dos romances e contos do guatemalteco Eduardo Halfon, que entrelaça as memórias familiares, especialmente as relacionadas ao avô judeu polonês e aos traumas do holocausto. Esses e outros autores, em geral netos de imigrantes na América Latina, frequentemente procuram reconstruir uma história familiar que por diversos motivos tinha sido apagada na geração intermediária. É o caso de *Volverse Palestina*, da chilena Lina Meruane, e de *La tierra empezaba a arder: último regreso a Siria*, da argentina Cynthia Edul. Ambas são uma mistura de romance, ensaio e crônica de viagem. *Volverse Palestina*, inicia quando a autora decide "retornar" à terra em que nunca esteve, e à qual seus avós, imigrantes, também nunca voltaram. A narradora busca se identificar com esse passado familiar, e na viagem se confronta com o drama dos que hoje habitam os territórios ocupados por Israel. Por sua vez, Cynthia Edul relata uma viagem, junto à mãe, para a Síria, lugar de origem da família, cuja história se tece num ir e vir de Damasco a Buenos Aires. Ao mesmo tempo que indaga a história da família, ela testemunha as transformações de uma sociedade à beira da desintegração devido aos conflitos políticos e sociais e, posteriormente, à guerra. As duas autoras trabalham com um arquivo pessoal, composto de textos, testemunhos, documentos e fotografias, e as duas viagens resultam num movimento ambivalente, ao mesmo tempo de identificação e de estranhamento com relação à cultura de origem. Assim como Levy e Timerman, longe de encontrar nas raízes um senso de pertencimento que apazigue as fraturas da própria identidade, se defrontam com tensões e ambiguidades que a colocam em questão. Diante da impossibilidade de encontrar uma origem e uma identificação plena, o "retorno" pretendido se mostra impossível e a fissura da identidade já imposta pela imigração vira incontornável.

Alguns outros textos autoficcionais falam também de deslocamentos e crises de identidade, como no caso de *Algum lugar* e *Ensaio de voo,* de Paloma Vidal, e neles, mesmo que não necessariamente referidos a uma história do passado familiar, há uma marca "transpessoal" de geração. No primeiro, a mudança do Rio de Janeiro para Los Angeles, em razão de uma pesquisa acadêmica, enfrenta a narradora com o vazio e a solidão, ao mesmo tempo que se coloca o estranhamento das línguas e da cultura, para uma persona-personagem, filha de exilados argentinos no Brasil, que já cresceu num entrelugar linguístico e cultural. No segundo, escrito durante uma viagem de avião para visitar a irmã que imigrara para a França, e inspirado por sua vez na leitura de outras autoficções, a viagem abre uma série de questionamentos sobre o pertencimento.

A importância da memória coletiva e individual e da ancestralidade também é aspecto central da assim chamada "escrevivência",[10] termo cunhado por Conceição Evaristo, em que narrar a própria experiência, incluindo a herança ancestral, transcende o biográfico através da reconfiguração literária, se transmutando num legado coletivo da diáspora. Conceição Evaristo, assim como muitas outras escritoras contemporâneas, resgata histórias familiares e ancestrais para refletir sobre violência, racismo e resistência. No caso de mulheres negras, "nascidas e criadas em ambientes não letrados", escrever, como aponta Evaristo, implica "uma autoafirmação" e "adquire um sentido de insubordinação".[11] No caso de romances como *Becos da memória*, a protagonista não leva o mesmo nome da autora, mas sabemos que foi escrito a partir de traços, rastros "fornecidos por aqueles três elementos formadores da escrevivência: corpo, condição e experiência".[12] Sem se colocar performaticamente na narrativa, Evaristo constrói seu romance a partir de uma série de índices da memória biográfica, atravessada pela experiência étnica, de classe e de gênero. Mesmo não se encaixando totalmente na categoria de autoficção, o conceito de escrevivência compartilha traços com ela, sendo um dos

10 Evaristo define o conceito de escrevivência como "escrita de um corpo, de uma condição, de uma experiência negra no Brasil", ver "Da grafia-desenho de minha mãe, um dos lugares de nascimento de minha escrita" in Marcos Antônio Alexandre (org.), *Representações performáticas brasileiras: teorias, práticas e suas interfaces*, 2007.

11 *Ibidem*, p. 20.

12 Luiz Henrique Silva de Oliveira, "O romance afro-brasileiro de corte autoficcional: 'escrevivências' em Becos da memória" in *Escrevivências: identidade, gênero e violência na obra de Conceição Evaristo*, 2016, p. 74.

aspectos centrais o de transcender a individualidade e a autorreferência direta num movimento em direção a uma experiência coletiva.

O escândalo familiar

A modo de parêntese, incluo uma breve menção a uma série de narrativas autoficcionais que se estruturam em torno de conflitos familiares, frequentemente explorando tensões, abusos e relações disfuncionais. O caráter escandaloso dessas narrativas reside na exposição pública de conflitos privados, desafiando convenções sociais e morais. Um exemplo notável na literatura brasileira é *Divórcio*, em que o autor, Ricardo Lísias, narra as minúcias da crise do seu casamento com uma conhecida jornalista, que por sua vez nega a versão do ex-marido e entra na justiça contra ele. Lísias inclui a intimação judicial dentro do próprio livro, que continua chamando de romance, o que implicaria um álibi jurídico, ou pelo menos faria a ex entrar num beco sem saída em que dar queixa do relatado seria admitir sua veracidade. Esse tipo de narrativa-bomba é também o caso da francesa Christine Angot, que, em *L'Inceste*, narra ter sofrido abuso de seu próprio pai, e recentemente volta a essa história num documentário (*Une Famille*, de 2024) em que ela mesma aparece, após a morte do pai, procurando a madrasta, que se nega a falar sobre esse assunto. Assim, através da imagem documental, a autora pareceria pôr fim a qualquer dúvida em torno da veracidade do narrado, mas as negativas da viúva de seu pai, usadas no filme como evidência do silenciamento que sofrera, acabam dando mais uma volta de parafuso na ambiguidade. Nos dois casos, terceiras pessoas são expostas, e a "literatura" acaba na justiça.

O trauma histórico

Assim como no caso das narrativas "transpessoais" sobre o passado familiar, outras autoficções contemporâneas na América Latina estão relacionadas ao passado próximo das ditaduras. Aqui a autoficção funciona como um espaço próximo ao testemunho, em que os autores com frequência partem de experiências pessoais ou familiares que denunciam a violência do Estado. Há pelo menos duas gerações claramente identificáveis: a daqueles que vivenciaram as ditaduras de forma direta e a dos filhos dessa geração. Quer dizer, ao lado dos testemunhos de quem sofreu diretamente as consequências (que raramente se enquadram no conceito de autoficção) estão os relatos dos filhos, muitos deles filhos de "desaparecidos" (eufemismo para se referir aos assassinados pelas ditaduras) que procuram reconstruir as histórias dos pais ou até entender a própria identidade diante de uma série de vazios. Nesse sentido, Leonor Arfuch, em *A vida narrada*, afirma que

> é possível pensar que a emergência talvez excessiva desses "eus" se dá precisamente na própria figura da desaparição, no silêncio dos destinos, esse vazio dos corpos, essa penúria dos documentos – escamoteados, ocultos, destruídos –, essas identidades apropriadas, que são uma fratura irreparável da própria ideia de comunidade.[13]

Destaco, entre esse enorme conjunto de textos, *Aparecida*, da jornalista argentina Marta Dillon, uma mistura de autobiografia, crônica, testemunho, diário íntimo e romance, que começa quando a equipe argentina de antropologia forense lhe dá a notícia de que alguns ossos encontrados numa vala comum pertencem à sua mãe, desaparecida em 1976 pela ditadura militar, quando ela tinha pouco mais de 10 anos e três irmãos mais novos. O que aparece são os restos dos restos, apenas alguns fragmentos do corpo da mãe. Essa narrativa resulta paradigmática pelo modo como a narradora tenta compor uma história de si mesma a partir da reunião dos fragmentos dispersos compostos de lembranças próprias, falas alheias e dados obtidos nas pesquisas, fragmentos estes dos quais as partes do corpo "aparecido" da mãe se tornam quase uma alegoria, pois na própria impossibilidade de reconstruí-lo em sua totalidade se revela também o que há, no "eu", de incompleto, de fragmentário e de impessoal. Existem muitos outros relatos, como *La casa de los conejos*, de Laura Alcoba, em

13 Leonor Arfuch, *A vida narrada*, 2023, p. 90.

que a protagonista narra sua infância na clandestinidade junto com a mãe; ou *Diário de uma princesa motonera*, de Mariana Eva Perez, em que a filha dos militantes montoneros desaparecidos conta sua história e sua busca pelo irmão nascido no cativeiro e apropriado pelos militares. Os contos de Félix Bruzzone, publicados na coletânea *76*, são também imprescindíveis nesse conjunto. Neles, o alter ego do autor, filho de pais desaparecidos, busca entender seu lugar no mundo, nas relações amorosas, na militância política na organização de filhos de desaparecidos da ditadura. Nos contos, o passado aparece sutilmente de maneira lateral: "no hay estridencias ni certezas en la enunciación de los cuentos; no se impone una voz militante que reivindica la lucha política de sus padres".[14]

No Brasil, para além de muitos livros publicados durante a ditadura, houve nas últimas décadas um auge de narrativas retrospectivas, como *K. Relato de uma busca*, de Bernardo Kucinski, que narra a história de um pai em busca da filha desaparecida pela ditadura, e o livro de Marcelo Rubens Paiva, *Ainda estou aqui*, em que se baseou o filme, de mesmo nome, de Walter Salles, de 2024. Trata-se das memórias do escritor sobre seu pai, desaparecido, e a luta da mãe para levar adiante uma família, criar seus cinco filhos e se tornar uma notável advogada que tanto lutou pelos direitos humanos no Brasil. Existe algum grau de ficcionalização nessas narrativas de Bernardo Kucinski e de Marcelo Rubens Paiva? Difícil saber. Mas o que *não* há, certamente, é um *jogo* relativo à autoria e ao "real", que parece ser o traço que subsiste, mesmo numa definição mais ampla de autoficção, enquanto nesses casos estaríamos mais próximos do testemunho. Porém, para além de fronteiras e caixinhas onde coloquemos os textos, todos fazem parte desse universo da "vida narrada", das vidas sendo atravessadas pela literatura, tanto quanto a literatura pela vida.

Pensando na quantidade de livros que ficaram de fora deste breve panorama, parece-me mais do que evidente a vitalidade e atualidade desse fenômeno, polêmico e multifacetado, que continua gerando um grande fascínio em nós, leitores, interessados – mais do que na vida alheia – nas

14 Silvina Freira, "Reeditaron 76, un libro clave sobre la vida en la última dictadura", *Página 12*, 25 mar. 2022.

interrogações postas em torno da identidade. Sendo a identidade e a criação da subjetividade uma questão crucial neste momento histórico, a literatura, e especificamente a autoficção, parece ter muito a oferecer na autocompreensão do nosso presente.

Referências bibliográficas

ALCOBA, Laura. *La casa de los conejos*. Barcelona: EDHASA, 2008.

ALEXANDRE, Marcos Antônio (org.). *Representações performáticas brasileiras: teorias, práticas e suas interfaces*. Belo Horizonte: Mazza, 2007.

ANGOT, Christine. *L'Inceste*. Paris: Editions Stock, 1999.

______. *Une Famille*. Documentário, 82'. França, 2023.

ARFUCH, Leonor. *A vida narrada*. Tradução de Diana Klinger e Paloma Vidal. Rio de Janeiro: UFRJ, 2023.

AZEVEDO, Luciene. "Autoficção e literatura contemporânea". *Revista Brasileira de Literatura Comparada*, n. 12, 2008, pp. 31-49.

BREA, José Luis. *El tercer umbral. Estatuto de las prácticas artísticas en la era del capitalismo cultural*. Murcia: CENDEAC, 2003.

BRUZZONE, Félix. *76*. Berlim: Berenberg Verlag, 2010.

CASAS, Ana. "Memorias del desastre: la autoficción en la literatura de los hijos (y los nietos)". In: ÁLVAREZ, José Manual González (org.). *La impronta autoficcional: (re)fracciones del yo en la narrativa argentina contemporánea*. Madri: Iberoamericana Editorial Vervuert, 2018.

COULDRY, Nick. "Reality TV, or the secret theater of neoliberalism". *Review of education, pedagogy, and cultural studies*, n. 30, 2008, pp. 3-13. Disponível em: <www.doi.org/10.1080/10714410701821255>. Acesso em: 30 abr. 2025.

DILLON, Marta. *Aparecida*. Buenos Aires: Sudamericana, 2015.

DEBORD, Guy. *A sociedade do espetáculo*. Tradução de Estela dos Santos Abreu. Rio de Janeiro: Contraponto, 2007 [1968].

EDUL, Cynthia. *La tierra empezada a arder: último regreso a Siria*. Buenos Aires: Lumen, 2019.

ELKIN, Lauren. "Bad Genre: Annie Ernaux, Autofiction, and Finding a Voice". *The Paris Review*, 26 out. 2018. Disponível em: <https://www.theparisreview.org/blog/2018/10/26/bad-genre-annie-ernaux-autofiction-and-finding-a-voice>.

EVARISTO, Conceição. *Becos da memória*. Rio de Janeiro: Pallas, 2017.

FAEDRICH, Anna. *Teorias da autoficção*. Rio de Janeiro: EdUerj, 2022.

FERNANDES DE MIRANDA, Gabriel. *A arte contemporânea e as formas do passado: o comum e o próprio nas ditaduras do Cone Sul*. Cotia: Margem da palavra, 2024.

FIGUEIREDO, Eurídice. *A literatura como arquivo da ditadura brasileira*. Rio de Janeiro: 7Letras, 2017.

FREIRA, Silvina. "Reeditaron 76, un libro clave sobre la vida en la última dictadura". *Página 12*, 25 mar. 2022. Disponível em: www.pagina12.com.ar/410492-reeditaron-76-un-libro-clave-sobre-la-vida-en-la-ultima-dict.

KIFFER, Ana. "O ódio e o desafio da relação: escritas dos corpos e afecções políticas". In: ______; GIORGI, Gabriel. *Ódios políticos e política do ódio*. Rio de Janeiro: Bazar do Tempo, 2019.

KUCINSKI, Bernardo. *K. Relato de uma busca*. São Paulo: Cosac & Naify, 2014.

KLINGER, Diana. *Escritas de si, escritas do outro*: o retorno do autor e a virada etnográfica. 4ª ed. Rio de Janeiro: 7Letras, 2023.

LASH, Christopher. *A cultura do narcisismo: uma era de expectativas decrescentes*. São Paulo: Fósforo Editora, 2023.

LEVY, Tatiana Salem. *A chave de casa*. Rio de Janeiro: Record, 2007.

LÍSIAS, Ricardo. *Divórcio*. São Paulo: Alfaguara, 2013.

MERUANE, Lina. *Volverser Palestina*. Cidade do México: Literal Publishing, 2013. [Ed. bras.: *Tornar-se palestina*. Tradução de Mariana Sanchez. Belo Horizonte: Relicário Edições, 2019.]

MOMBAÇA, Jota. *A plantação cognitiva*. São Paulo: Masp, 2020.

PAIVA, Marcelo Rubens. *Ainda estou aqui*. São Paulo: Alfaguara, 2015.

PEREZ, Mariana Eva. *Diario de una princesa montonera: 110% verdad*. Buenos Aires: Planeta, 2021.

PREMAT, Julio. "Bruzzone y el deseo de literatura". In: *HeLix* n. 10, 2017, S. 214-233.

PROUST, Marcel. *Contre Sainte-Beuve*. Paris: Gallimard, 1954. [Ed. bras.: *Contra Saint-Beuve*. Tradução de Luciana Persice Nogueira. Belo Horizonte: Âyné, 2017.]

______. *À La Recherche du temps perdu*. Paris: Gallimard, 2024 [1913-1927]. [Ed. bras.: *À procura do tempo perdido*. Tradução de Mario Sergio Conti. São Paulo: Companhia das Letras, 2022.]

SILVA DE OLIVEIRA, Luiz Henrique. "O romance afro-brasileiro de corte autoficcional: 'escrevivências' em *Becos da memória*". In: LIMA DUARTE, Constancia;

CORTÊS, Cristiane; PEREIRA, Maria do Rosário A. (orgs.). *Escrevivências: identidade, gênero e violência na obra de Conceição Evaristo.* Belo Horizonte: Ed. Ideia, 2016.

TIMERMAN, Natalia. *As pequenas chances*. São Paulo: Todavia, 2023.

VIDAL, Paloma. *Ensaio de voo*. São Paulo: Quelônio, 2017.

______. *Algum lugar*. 2ª ed. Rio de Janeiro: 7Letras, 2019.

O que é autoficção: do retorno do autor à contemporaneidade

Anna Faedrich

Há pessoas que continuam a não gostar da autoficção, é direito delas.
Serge Doubrovsky

A autoficção emerge como proposta literária que tensiona os limites entre autobiografia e ficção, desafiando a oposição clássica entre "real" e "inventado". O termo, cunhado por Serge Doubrovsky, responde a uma necessidade contemporânea de repensar a autoria e os limites das narrativas do eu. "Mesmo desprezado pelos puristas", escreve o autor, "correspondia a uma expectativa do público, vinha preencher uma lacuna ao lado das memórias, da autobiografia e das escritas íntimas".[1]

A importância da nomeação é inegável. Ainda que a proliferação do termo tenha gerado imprecisões conceituais, ele possibilitou nomear obras até então inclassificáveis e consolidar práticas híbridas já em curso na literatura. Philippe Gasparini adverte que reduzir a autoficção a um modismo é um equívoco: "Se ele 'pegou', se entrou em uso, é sinal de que era preciso um termo para qualificar as criações que manifestam uma nova concepção do eu e de sua expressão."[2]

Mais que um fenômeno literário, sua ascensão acompanha uma transformação cultural ampla, impulsionada pela proliferação de blogs, redes sociais e plataformas digitais. A prática de narrar a própria experiência

1 Serge Doubrovsky, "O último eu" in *Ensaios sobre a autoficção*, 2014, p. 113.

2 Philippe Gasparini, "Autoficção é nome de quê?" in *Ensaios sobre a autoficção*, 2014, p. 214.

ganhou força, tensionando ainda mais os limites entre o real e o ficcional. Luciene Azevedo[3] lê a autoficção como resposta à espetacularização do eu, operando tanto em sintonia com a lógica da exposição quanto como crítica a ela. Para a autora, a escrita de si em ambientes digitais torna-se prática autoficcional ao performar subjetividades e redefinir o lugar do autor na literatura.

A primeira definição de *autofiction* foi apresentada por Doubrovsky na quarta capa de *Fils* (1977):

> Ficção, de acontecimentos e fatos estritamente reais; se se quiser, autoficção, por ter confiado a linguagem de uma aventura à aventura da linguagem, fora da sabedoria e fora da sintaxe do romance, tradicional ou novo. Encontro, fios de palavras, aliterações, assonâncias, dissonâncias, escrita de antes ou de depois da literatura, concreta, como se diz em música.[4]

Mais tarde, o autor reformula sua definição: "Uma variante pós-moderna da autobiografia, na medida em que ela não acredita mais numa verdade literal, numa referência indubitável, num discurso histórico coerente, e se sabe reconstrução arbitrária e literária de fragmentos esparsos de memória."[5] Essa concepção tem sido amplamente acolhida nos estudos literários.

Apesar de seu impacto, o uso indiscriminado do termo gerou controvérsias. Sua banalização levou a dois extremos: de um lado, a rejeição por escritores, críticos e editores; de outro, a aplicação automática a qualquer narrativa em primeira pessoa. Questionamentos como o de Ruy Castro expressam essa confusão: "Mas, além do significado de 'autoficção', o que me pergunto é o que ela tem de novidade. Sempre achei que, em maior

3 Luciene Azevedo, "Autoficção e literatura contemporânea", *Revista Brasileira de Literatura Comparada*, 2008.

4 O termo, contudo, já aparecia na primeira versão de *Le Monstre* – um conjunto de textos anteriores a *Fils*, escritos entre 1970 e 1977, totalizando cerca de três mil páginas –, material que Doubrovsky disponibilizou em 2002 para a pesquisa genética da equipe do Institut des Textes et Manuscrits Modernes (ITEM). Graças ao trabalho de Isabelle Grell, o texto original de *Le Monstre* foi publicado em 2014 pela Editora Grasset.

5 Philippe Vilain, *Défense de Narcisse*, 2005, p. 212.

ou menor escala, todo ficcionista se coloca nas histórias que inventa."[6] A provocação conduz a duas questões que requerem aprofundamento: (1) toda ficção contém traços autobiográficos? e (2) o que há, afinal, de novo na autoficção?

Tudo é autobiográfico, tudo é ficção

Duas afirmações recorrentes – "tudo é ficção" e "tudo é autobiográfico" – merecem revisão crítica. A primeira sustenta que toda narrativa, seja romance, autobiografia, diário ou testemunho, é inevitavelmente uma construção ficcional. A segunda defende que todo texto literário carrega traços da subjetividade de seu autor. Ambas têm fundamento, mas, levadas ao extremo, obscurecem os critérios que distinguem diferentes formas de escrita.

Françoise Lavocat, em *Fait et fiction: pour une frontière*, argumenta que as fronteiras entre fato e ficção são não apenas inevitáveis, mas cognitivamente, conceitualmente e politicamente necessárias. Abolir tais fronteiras, afirma, comprometeria o prazer da travessia entre mundos. A ficção seria, nesse sentido, um "espaço de negociação constante", buscando equilibrar "a proteção da vida privada e a liberdade de expressão".[7]

As escritas do eu enfrentam desafios próprios: a falibilidade da memória, a parcialidade do discurso e a interferência do inconsciente. Questionar a veracidade de um relato autobiográfico, no entanto, não equivale a considerá-lo uma ficção arbitrária. A distância entre o vivido e o narrado pode abrir espaço para esquecimentos, lacunas e reconstruções imaginativas – mas isso não significa que o testemunho, por exemplo, se iguala em estatuto ao romance ou à autoficção.

Do mesmo modo, afirmar que "tudo é autobiográfico" desconsidera a potência da invenção e os pactos de leitura. A presença da subjetividade, por si só, não basta para definir um texto como autobiográfico. Generalizações desse tipo tendem a nivelar a diversidade de vozes, formas e intenções que compõem a literatura.

6 Ruy Castro, "Escreviver uma autoficção", *Folha de S.Paulo*, 26 out. 2024.

7 Françoise Lavocat, *Fait et fiction: pour une frontière*, 2016, p. 276.

O que há, afinal, de novo na autoficção?

A utilização da própria vida como matéria literária é prática antiga. Como lembra Evando Nascimento,[8] a tentativa de compreender minimamente a experiência vivida é um impulso humano fundamental. O que distingue a autoficção das formas autobiográficas tradicionais é sua elaboração estética específica: uma construção formal que potencializa – em vez de suavizar – a tensão entre o real e o ficcional.

Há relativo consenso sobre as características centrais da autoficção: (1) é um romance que se autodeclara ficcional (nos paratextos – capa, ficha catalográfica, orelha, dedicatória, epígrafe – ou no próprio texto); (2) é narrado em primeira pessoa, integrando o campo das escritas do eu; (3) estabelece uma homonímia, explícita ou implícita, entre autor, narrador e protagonista; (4) opera com um pacto de leitura ambíguo, oscilando entre referencialidade e invenção; e (5) busca inovação formal.

Essa proposta reinventa não apenas o protocolo de escrita, mas também o de leitura. A presença de elementos reais da vida do autor confere ao texto um efeito de autenticidade, constantemente tensionado pela ficcionalização. A oscilação indecidível entre o biográfico e o ficcional constitui a experiência de leitura da autoficção – uma de suas marcas mais distintivas.

Embora a inovação formal da autoficção tenha sido, por vezes, contestada – sobretudo por escritores que já haviam explorado o hibridismo e a fragmentação –, críticos como Gasparini reconhecem a originalidade de seu gesto, ao afirmar que a autoficção reinventa a escrita autobiográfica ao lhe conferir novas camadas de complexidade: "texto autobiográfico e literário com muitas características de oralidade, inovação formal, complexidade narrativa, fragmentação, alteridade, disparidade e autocomentário que tendem a problematizar a relação entre escrita e experiência".[9]

Nesse contexto, para Doubrovsky, a fragmentação não é apenas um recurso formal: ela espelha uma subjetividade instável e descontínua.

8 Evando Nascimento, "Entrevista" in *Teorias da autoficção*, 2022.

9 Philippe Gasparini, *Autofiction: une aventure du langage*, 2008, p. 311.

Em sua fala no Colóquio de Cerisy, afirma: "Não percebo, de modo algum, minha vida como um todo, mas como fragmentos esparsos, níveis de existência partidos, frases soltas, não coincidências sucessivas, ou até simultâneas [...]."[10] Essa fragmentação opera em três níveis: no sujeito pós-moderno – dilacerado e múltiplo –; no conteúdo – centrado em episódios específicos, frequentemente marcados por traumas –; e na forma – frases entrecortadas, sintaxe desfeita e estrutura não linear.

A escrita autoficcional, nesse sentido, não busca totalizar a experiência, mas dar forma à sua impossibilidade. Nos livros de Doubrovsky, a fragmentação se traduz também visualmente. Em *Un homme de passage*, a disposição gráfica da página imita o fluxo da consciência. Letras do nome do autor são separadas, representando tanto o não pertencimento do sujeito quanto seu despedaçamento identitário:

> [...] essas letras debulhadas separadamente representam o não pertencimento do sujeito à sociedade em que vive e na qual seu nome é difícil de se pronunciar e memorizar. As letras despedaçadas ilustram também o despedaçamento irremediável do referido sujeito literalmente in-coerente (despedaçamento, fragmento, lacuna, vazio, esquizo, cissiparidade etc. estão presentes em todos os meus livros para caracterizar seu modo de ser).[11]

A temática está vinculada à forma: espaçamento entre as palavras, capítulos curtos, ausência de linearidade, narrativa oscilante, frases soltas, escrita automática. A própria forma denuncia a impossibilidade de organizar a experiência: "esta ficção é confirmada pela própria *escrita* que se inventa como mimese, na qual a abolição de toda e qualquer sintaxe substitui, por fragmentos de frases, entrecortadas de vazios, a ordem da narração autobiográfica".[12]

Doubrovsky define esse gesto como "autofricção": uma escrita que fricciona linguagem e experiência, que tensiona forma e vida. O título *Fils*

---

10 Serge Doubrovsky, *op. cit.*, p. 123.
11 *Ibidem*, pp. 117-118.
12 *Ibidem*, p. 116.

– que significa ao mesmo tempo "filho" e "fios" – sugere essa costura entre sujeito e linguagem, rompendo com as convenções do romance tradicional.

Por fim, destaca-se a dimensão lírica da autoficção, que se aproxima da tradição da poesia por meio da oralidade, do ritmo e da cadência. Diferentemente da autobiografia convencional, ancorada na rememoração do passado, a autoficção tende a fundir enunciação e enunciado, como observa Serge Doubrovsky: "o vivido se conta vivendo sob a forma de um fluxo de consciência naturalmente impossível de se transcrever no fluxo do vivido-escrito, se desenrolando página após página".[13]

Essa preocupação com a musicalidade da linguagem é visível, por exemplo, na obra de Julián Fuks. Em entrevista ao jornal *Rascunho*, em 2019, o autor comenta a importância do ritmo e da sonoridade das frases em seu processo de escrita:

> Talvez em *Procura do romance*, a intenção de escrever o melhor livro que poderia escrever, o mais meticuloso, com maior controle sobre aquilo que eu estava criando, isso me fez ter uma preocupação constante com a escolha de cada palavra. Não saía da frase enquanto não estivesse plenamente satisfeito com ela. E isso foi criando uma preocupação com música, ritmo, que não necessariamente é visto quando se lê, mas que sei que está lá.[14]

O retorno do autor

A emergência da autoficção pode ser compreendida como uma resposta ao prolongado debate em torno da figura do autor na literatura. A célebre proclamação da "morte do autor", formulada por Roland Barthes,[15]

---

13 *Ibidem*.

14 Julián Fuks em entrevista a Victor Simião, "Ocupar e resistir: a realidade tem sido o elemento mais importante para a ficção de Julián Fuks", *Rascunho*, 2 maio 2017.

15 Sérgio Luiz Prado Bellei, em "A Morte do Autor: um retorno à cena do crime", *Criação & Crítica*, 2014, observa que, embora diversos teóricos tenham problematizado a figura autoral, foi Barthes quem sistematizou sua "morte" como categoria crítica – ainda que sua aplicação ao campo literário continue em debate.

deslocou o foco da crítica do sujeito que escreve para o texto e seu leitor. Ao afirmar que "o nascimento do leitor deve pagar-se com a morte do autor",[16] Barthes deslegitima o autor como fonte privilegiada de sentido da obra.

Enquanto Barthes propunha a retirada do poder autoral em favor da autonomia do texto, Michel Foucault aprofundava essa crítica ao tratar da "função autor" como construção histórica. Em "O filósofo mascarado", propõe inclusive a publicação anônima de livros como forma de romper com a mediação identitária que ancora a leitura na figura do autor. Para ele, a noção de "autor" está ligada ao regime de propriedade e ao capitalismo, sendo reforçada pelo Romantismo, que o consagrou como gênio criador e expressão de uma interioridade singular.

Embora alguns críticos argumentem que tanto a "morte" quanto o "retorno" do autor digam respeito à recepção – e não à produção literária –, é importante reconhecer que a própria história da literatura registra movimentos concretos de despersonalização na escrita. Barthes menciona autores como Mallarmé e Valéry, que, no próprio ato criativo, buscaram enfraquecer a centralidade do autor em favor da linguagem. Mallarmé, por exemplo, "viu e previu em toda a sua amplitude a necessidade de colocar a própria linguagem no lugar daquele que era até então considerado seu proprietário".[17]

Apesar da influência duradoura das teorias pós-estruturalistas, a autoria permanece central nos estudos sobre as escritas do eu. Como observa Eurídice Figueiredo,[18] aplicar à autobiografia a noção de "morte do autor" revela-se uma aporia, já que esse tipo de narrativa depende justamente da visibilidade e da assinatura do sujeito que narra. É nesse cenário de revisão crítica que se insere a contribuição de Philippe Lejeune à chamada "guinada subjetiva"[19] na literatura. Nos anos 1970, Lejeune propõe uma abordagem afirmativa da autobiografia, então marginalizada nos estudos

16 Roland Barthes, *O rumor da língua*, 2004, p. 64.

17 *Ibidem*, p. 59.

18 Eurídice Figueiredo, *Mulheres ao espelho: autobiografia, ficção, autoficção*, 2013.

19 Termo utilizado por Beatriz Sarlo em *Tempo passado: cultura da memória e guinada subjetiva*, 2007.

literários. Ao formular o conceito de "pacto autobiográfico", ele restitui ao autor um lugar de destaque – não como essência, mas como função textual estabelecida na relação com o leitor.

A autoficção, por sua vez, reintroduz o autor no centro da narrativa, não como figura estável ou transparente, mas como sujeito fragmentado, de identidade instável, múltipla e em permanente tensão – expressão de uma das contradições essenciais da contemporaneidade: o anseio por autenticidade confrontado com a irredutível impossibilidade de representar plenamente o eu.

Fruto desse deslocamento, a autoficção se constrói no entrecruzamento de discursos que simultaneamente afirmam e problematizam a presença autoral. Ao dissolver as fronteiras entre vida e literatura, memória e invenção, realidade e fabulação, consolida-se como uma das expressões mais instigantes da literatura contemporânea, desafiando continuamente as expectativas do leitor. Para que seu valor heurístico não se dilua na imprecisão conceitual, é fundamental distingui-la de outras modalidades de escrita de si.

Nem toda autoficção é umbiguista

A crítica de que toda autoficção seria um exercício narcísico, voltado para a contemplação do próprio umbigo, revela uma compreensão limitada do potencial desse gesto literário. Embora parta da experiência pessoal, a autoficção frequentemente ultrapassa os limites do individual para tocar dores partilhadas – luto, perda, maternidade, separações, traumas coletivos. Em muitos casos, o que está em jogo não é a autopromoção do autor, mas a tentativa de elaborar experiências que reverberam no outro. Nem toda autoficção é umbiguista – muitas são, na verdade, fragmentos de memória nos quais se refletem as múltiplas faces do humano.

Autores brasileiros como João Anzanello Carrascoza, Julián Fuks e Paloma Vidal demonstram que a autoficção pode se afastar do narcisismo e da autoexposição gratuita. Como observa Leyla Perrone-Moisés, a boa autoficção exige imaginação, autocrítica e invenção; sem esses elementos, "são apenas auto, e não ficções".[20] A preocupação estética, aliás, é uma marca recorrente nas melhores autoficções. Ao analisar Minha Luta, de Knausgård, Perrone-Moisés propõe uma distinção crucial: há obras que se limitam à exposição do eu e outras que operam como verdadeiros trabalhos de linguagem. Gasparini reforça essa ideia ao destacar que a autoficção dramatiza e roteiriza a experiência, promovendo uma identificação entre leitor e narrador.[21] Assim, textos que antes seriam vistos como dispersos ou inclassificáveis passam a compor um movimento literário afinado com os dilemas da subjetividade contemporânea.

A condição literária da autoficção exige uma elaboração consciente da linguagem. Essa marcação, muitas vezes estratégica, insere a obra no campo literário e a distingue de outras formas de escrita do eu, como o diário íntimo. Em "Écrire sa vie",[22] Lejeune define o diário como uma prática privada, sem pretensões estéticas, que acompanha a vida e não visa à publicação. Segundo ele, é uma "maneira de viver", e não de fazer literatura: quando há estilo, resulta da repetição, não de um projeto estético deliberado. A autoficção, ao contrário, nasce já orientada para ser lida como literatura.

Autoficção à brasileira

No Brasil, a autoficção se consolidou a partir dos anos 2000.[23] Autores como Silviano Santiago, Evando Nascimento, Felipe Charbel, Jacques Fux, Julián Fuks, Natalia Timerman, Paloma Vidal, tatiana nascimento e Tatiana Salem Levy – entre outros – exploram essa forma híbrida, cada qual com estratégias narrativas e poéticas singulares.

20 Leyla Perrone-Moisés, *Mutações da literatura no século XXI*, 2016, p. 218.

21 Philippe Gasparini, *op. cit.*, 2014.

22 Conferência disponibilizada pela Bibliothèque Francophone Multimédia de Limoges..

23 Duas traduções foram fundamentais para a recepção da autoficção no Brasil – *O pacto autobiográfico: de Rousseau à internet*, de Philippe Lejeune, e *Ensaios sobre a autoficção*, ambos traduzidos por Jovita Maria Gerheim Noronha e Maria Inês Coimbra Guedes, em 2008 e 2014, respectivamente.

Evando Nascimento[24] relata seu primeiro contato com o termo em 1997, durante uma palestra de Régine Robin na Universidade Federal Fluminense (UFF), organizada por Eurídice Figueiredo. Fascinado, aprofundou-se no tema e passou a desenvolver uma obra de caráter autoficcional, como *Retrato desnatural (diários – 2004 a 2007)*, publicado em 2008.

Silviano Santiago figura entre os precursores da prática autoficcional no Brasil e foi um dos primeiros a empregar o termo no contexto nacional. Em entrevista, reconhece o valor da "etiqueta" criada por Doubrovsky para conceituar uma tendência já presente na literatura modernista e contemporânea: "Quero dizer que Doubrovsky criou vocábulo e conceito a fim de normatizar importante filão da literatura modernista e contemporânea (independente de nacionalidade). Parabéns a ele."[25]

Santiago afirma ter adotado o termo apenas após publicar obras como *O falso mentiroso*, de 2004. Desde os anos 1980, reflete sobre os cruzamentos entre autobiografia e ficção na literatura brasileira, apontando como a ficção modernista frequentemente se alimenta da experiência pessoal – como em José Lins do Rego, que revisita *Menino de engenho* em *Meus verdes anos*, ou em Oswald de Andrade, cuja obra transita entre o ficcional e o autobiográfico. Em sua própria escrita, Santiago explora os contrastes entre verdade e invenção, identidade e fragmentação, autorreferência e metaficção. Para ele, "a discussão-teórica-sobre-o-romance dentro do romance-que-se-escreve é uma prática comum da pós-modernidade".[26]

A autorreflexividade também se manifesta em *A resistência*, de Julián Fuks. No capítulo 46, o narrador descreve a leitura do livro por seus pais, que se veem transformados em personagens. A tensão entre memória e invenção, identidade e representação, emerge nas reações familiares – entre reconhecimento, incômodo e estranhamento. Nesse contexto, a autoficção revela sua dimensão ética, ao expor os limites da escrita de si

24 Evando Nascimento, *op. cit.*, p. 255.

25 Silviano Santiago, "Entrevista" in *Teorias da autoficção*, 2022, pp. 275.

26 *Ibidem*, pp. 276-277.

diante da intimidade do outro: "Que devassa você promove agora, que invasão do que temos de mais íntimo?"[27]

Ainda que Fuks sinalize a delicada questão ética da exposição do outro, sua obra – assim como a de João Anzanello Carrascoza – se distancia dos modelos espetaculares adotados por alguns autores franceses.[28] Em *Meu avô espanhol*, Carrascoza embaralha realidade e ficção ao narrar, em tom infantojuvenil, a busca de um protagonista homônimo por suas raízes familiares, compondo uma narrativa marcada pelo lirismo. Sua trajetória exemplifica o que Anna Caballé[29] denomina "carreira autoficcional": um percurso em que o escritor constrói, ao longo de toda a obra, uma narrativa de si, como faz Enrique Vila-Matas.

Outro exemplo expressivo é a obra de Tatiana Salem Levy. Em *A chave de casa*, a protagonista busca suas origens judaicas, entrelaçando deslocamento, dor e pertencimento em uma narrativa construída com cartas, memórias e diários. Cíntia Moscovich caracteriza a obra como autoficcional, destacando o "jorro da memória" transfigurado em literatura. Nos romances seguintes, Levy amplia o projeto autoficcional, abordando em *Vista Chinesa* a experiência de estupro vivida por uma amiga, em forma de alterficção, e, em *Melhor não contar*, o assédio sofrido por parte do padrasto, sempre mesclando experiência pessoal, elaboração literária e reflexão ética sobre a escrita de si e do outro.

O tema do luto também atravessa as autoficções brasileiras, surgindo com força em *As pequenas chances*, de Natalia Timerman:[30]

27 Julián Fuks, *A resistência*, 2015, p. 137.

28 A escritora francesa Christine Angot e seu editor, Flammarion, foram condenados a pagar 40 mil euros por violação da vida privada de Mme Bidoit, ex-mulher de seu companheiro, retratada na autoficção *Les Petits* (2011). Camille Laurens também foi processada pelo ex-marido após publicar *L'Amour, roman* (2003), no qual manteve seu nome verdadeiro, Yves Mézières, ao narrar o divórcio do casal. Já Marcela Iacub e a Editora Stock tiveram de indenizar Dominique Strauss-Kahn em 50 mil euros por danos morais causados pela autoficção *Belle et Bête* (2013). Em outro caso extremo, a ex-mulher de Serge Doubrovsky morreu após ouvir, por telefone, o próprio autor ler trechos de *Livre brisé* (1989), que expunham seu alcoolismo. Aprofundo esse tema em "O perigo da autoficção" in *Teorias da autoficção*, 2022.

29 Anotações do workshop *Autoficciones*, ministrado na PUCRS, em 2013.

30 Natalia Timerman, *As pequenas chances*, 2023, p. 29.

> Ainda não consigo conceber o mundo sem meu pai. O mundo continuou, claro, eu continuei vivendo depois da morte dele, mas até hoje, passados quatro anos, a dor de vez em quando me estrangula, ainda me assusto de repente com que ele já não esteja entre nós. Como assim, meu pai morreu?

Ao acompanhar o adoecimento do pai, vítima de câncer, a narradora vivencia a impotência diante da fragilidade do corpo – não como médica, mas como filha. O romance se constrói em fragmentos, entre cenas de hospital, lembranças diversas, reflexões sobre maternidade, herança judaica, vida e morte: "O luto não é lógico, pelo menos nem sempre: uma situação banal pode disparar dores aparentemente desproporcionais."[31] A linguagem reflete o esforço de capturar as brechas de sentido diante do inevitável – chances de cura, reconciliação, compreensão –, ainda que se saiba de antemão sua insuficiência.

Essas obras, entre muitas outras, exemplificam uma autoficção brasileira marcada pela elaboração formal, autorreflexividade, intertextualidade e tensão ética entre exposição e invenção. Não se restringem à mera confissão íntima: constroem, com sofisticação estética, novas formas de narrar o eu. O retorno do autor não é mero resgate da interioridade, mas gesto crítico e criativo.

Nesse cenário, destaca-se o protagonismo crescente das escritoras na consolidação da autoficção contemporânea no Brasil. Se a autobiografia foi, historicamente, um território predominantemente masculino – ancorado na ideia de um sujeito universal e autorizado a narrar sua trajetória –, a autoficção abriu espaço para outras vozes, formas e corpos. Muitas autoras têm recorrido a essa linguagem para elaborar, literariamente, experiências de trauma, luto, maternidade, abuso e adoecimento, deslocando os paradigmas tradicionais do relato de si. Trata-se de uma transformação decisiva – tanto em termos de representação quanto de reconhecimento crítico.

---

31 *Ibidem*, p. 64.

Referências bibliográficas

AZEVEDO, Luciene. "Autoficção e literatura contemporânea". *Revista Brasileira de Literatura Comparada*, v. 10, n. 12, 2008, pp. 31-49. Disponível em: <www.revista.abralic.org.br/index.php/revista/article/view/179/182>. Acesso em: 26 jan. 2018.

BARTHES, Roland. *O rumor da língua*. Tradução de Mario Laranjeira. 2ª ed. São Paulo: Martins Fontes, 2004.

BELLEI, Sérgio Luiz Prado. "A morte do autor: um retorno à cena do crime". *Criação & Crítica*, São Paulo, n. 12, 2014, pp. 161-171. Disponível em: <www.revistas.usp.br/criacaoecritica/article/view/69866>. Acesso em: 10 dez. 2014.

CASTRO, Ruy. "Escreviver uma autoficção". *Folha de S.Paulo*, 26 out. 2024.

CARRASCOZA, João Anzanello. *Meu avô espanhol*. São Paulo: Panda Books, 2009.

DOUBROVSKY, Serge. *Fils*. Paris: Éditions Galilée, 1977.

______. *Un Homme de passage*. Paris: Grasset, 2011.

______. "O último eu". In: NORONHA, Jovita Maria Gerheim (org.). *Ensaios sobre a autoficção*. Belo Horizonte: Editora UFMG, 2014.

______. *Le Monstre*. Paris: Grasset, 2014.

FAEDRICH, Anna. *Teorias da autoficção*. Rio de Janeiro: EdUerj, 2022.

FIGUEIREDO, Eurídice. *Mulheres ao espelho: autobiografia, ficção, autoficção*. Rio de Janeiro: EdUerj, 2013.

FOUCAULT, Michel. "O filósofo mascarado". In: *Le Monde*, n. 10945, de 6 de abril de 1980: Le Monde-Dimanche, pp. I e XVII. "Le Philosophe masqué". Tradução: Selvino José Assman. Disponível em: <www.alfredo-braga.pro.br/discussoes/filosofomascarado.html>. Acesso em: 19 abr. 2011.

______. *O que é um autor?* Tradução de António Fernando Cascais, Eduardo Cordeiro. 6ª ed. Lisboa: Vega, 1992.

FUKS, Julián. *A resistência*. São Paulo: Companhia das Letras, 2015.

______. *A ocupação*. São Paulo: Companhia das Letras, 2019.

GASPARINI, Philippe. *Autofiction: une aventure du langage*. Paris: Seuil, 2008.

______. "Autoficção é nome de quê?". In: NORONHA, Jovita Maria Gerheim (org.). *Ensaios sobre a autoficção*. Belo Horizonte: Editora UFMG, 2014.

KNAUSGÅRD, Karl Ove. *A morte do pai*. Vol. 1. Tradução de Leonardo Pinto Silva. São Paulo: Companhia das Letras, 2013. (Minha Luta)

LAVOCAT, Françoise. *Fait et fiction: pour une frontière*. Paris: Éditions du Seuil, 2016.

LEJEUNE, Philippe. “Écrire sa vie”. Conferência, 39’40”. Disponibilizada pela Bibliothèque Francophone Multimédia de Limoges: <www.dailymotion.com/video/x44op6y>.

______. *O pacto autobiográfico: de Rousseau à Internet.* Organizado por Jovita Maria Gerheim, tradução de Jovita Maria Gerheim Noronha e Maria Inês Guedes. 2ª ed. Belo Horizonte: Editora UFMG, 2014.

LEVY, Tatiana Salem. *A chave de casa.* Rio de Janeiro: Record, 2007.

______. *Vista Chinesa.* São Paulo: Todavia, 2021.

______. *Melhor não contar.* São Paulo: Todavia, 2024.

NASCIMENTO, Evando. *Retrato desnatural (diários – 2004 a 2007).* Rio de Janeiro: Record, 2008.

______. “Entrevista”. In: FAEDRICH, Anna. *Teorias da autoficção.* Rio de Janeiro: EdUerj, 2022.

PERRONE-MOISÉS, Leyla. *Mutações da literatura no século XXI.* São Paulo: Companhia das Letras, 2016.

SANTIAGO, Silviano. *O falso mentiroso: memórias.* Rio de Janeiro: Rocco, 2004.

______. “Entrevista”. In: FAEDRICH, Anna. *Teorias da autoficção.* Rio de Janeiro: EdUerj, 2022, pp. 274-279.

SARLO, Beatriz. *Tempo passado: cultura da memória e guinada subjetiva.* Tradução de Rosa Freire Aguiar. São Paulo: Companhia das Letras, 2007.

SIMIÃO, Victor. “Ocupar e resistir. A realidade tem sido o elemento mais importante para a ficção de Julián Fuks.” Entrevista a Julián Fuks. *Jornal Rascunho*, Entrevistas, ed. 205, maio de 2017. Disponível em: <www.rascunho.com.br/entrevista/ocupar-e-resistir/>. Acesso em: 8 jun. 2020.

TIMERMAN, Natalia. *As pequenas chances.* São Paulo: Todavia, 2023.

VILAIN, Philippe. *Défense de Narcisse.* Paris: Grasset, 2005.

Autoficção, uma crítica e um incômodo

Adriano Schwartz

Leio ou escuto, com frequência, que as "escritas de si" e suas variantes, principalmente a autoficção, e os estudos dedicados a esses temas não são devidamente valorizados no mundo acadêmico, que eles precisariam ser "defendidos". A minha impressão, contudo, é que ocorre o contrário: poucos assuntos despertam tanto interesse nas salas de aula ou estão tão presentes em colóquios, em congressos ou em projetos de mestrado e doutorado nos últimos anos.

Isso não quer dizer que, a meu ver, o conceito de autoficção tenha grande rendimento crítico ou seja particularmente pertinente. Há em sua gênese e em seu uso uma tentativa de lidar com um fenômeno recorrente, a mescla de fato e ficção, como se fosse algo recente, um desvio que acrescenta muito pouco e circunscreve uma especificidade muito frágil, seja nas tentativas de classificar o que "antes" não estaria classificado, seja na criação ou proposição de protocolos de leitura. Mas, mais importante do que o meu apreço pela palavra ou a minha impressão de sua popularidade, julgo ser fundamental notar que o problema dessa fronteira instável extrapola o texto e a "quantidade" de documento, sinceridade ou invenção que ele contém (e o que o autor afirma, quando afirma, sobre isso), e envolve todas as pessoas que irão lê-lo e todos os atores intermediários enredados na produção, circulação e comentário de cada relato.[1]

1 Nabil Araújo, em "Exumações: do autor ('Pensar o sujeito da escrita depois da crítica estruturalista do sujeito')", 2020, discute essa questão e faz a crítica, de modo muito bem argumentado, do conceito de autoficção.

Essa não é uma complicação nova. Em um artigo em que debate a percepção da ideia de ficção no século XVI a partir de uma tradução de Apuleio, a teórica francesa Françoise Lavocat lembra que:

> Qualquer exploração do meu interesse de longa data nas *Metamorfoses* de Apuleio deve começar por investigar a história da interpretação como relacionada a uma consciência mutante da *ficcionalidade*. Essa consciência histórica em evolução está longe de ser linear (passando de simples não percepção a percepção), mas sim desigual, complicada por regressões desconcertantes.[2]

A pesquisadora argumenta, em seguida, que isso deve acontecer naquele momento em razão da dificuldade de estabelecer o status de um narrador em primeira pessoa, em aceitar ou não a sua ficcionalidade. E completa o raciocínio com um sintomático "mesmo hoje":

> De fato, *mesmo hoje*, é às vezes difícil compreender esse status e ele com frequência se transforma na fonte de interpretações concorrentes. A narratologista Käte Hamburger tem razão em afirmar que narrativas em primeira pessoa são um tipo particular de ficção, baseado na simulação.[3]

Muitos comentários acerca da autoficção passam, de algum jeito, por uma descrição mais ou menos próxima desta: um narrador em primeira pessoa que na atualidade teria se tornado declaradamente sincero, contido, coadjuvante, intencionalmente mais frágil, humilde, consciente de seus limites e de todos os abusos e sofrimentos associados a tantos textos em nome de um presumido direito ilimitado de inventar. E não há nada de condenável nessa caracterização, exceto o fato de que ela muitas vezes desvia a conversa da percepção de que essas demarcações entre fato e ficção foram, desde a metade dos anos 1990, transfiguradas de formas novas

---

2 Françoise Lavocat, "A Translation of Apuleius' Metamorphoses and the Debate about Fiction in the Sixteenth Century: L'asino d'oro by Agnolo Firenzuola (1550)" in *The Afterlife of Apuleius*, 2021, p. 179. Nos casos de ausência de tradução de textos citados para o português, as traduções aqui apresentadas são minhas.

3 *Ibidem*. Grifo meu.

com o surgimento da internet e com o aproveitamento oportunista e cínico de todo o seu potencial de difusão de "informação", instaurando uma espécie de caos hermenêutico do ponto de vista da recepção, da leitura, em escala antes inimaginável. Ficou de repente muito difícil e ao mesmo tempo muito fácil "ler": as convicções se tornaram ainda mais convictas, as verdades e julgamentos ainda mais verdadeiros e definitivos, e, em um ambiente assim acelerado e rígido, aquilo que (supostamente) entendíamos por ficcional tende a implodir. Nos limites possíveis deste artigo, vou tentar nas próximas páginas circular por alguns aspectos desse impasse.

A existência ou não de marcas ou sinais externos e, principalmente, internos distintivos de ficção foi extensamente debatida na segunda metade do século XX por teóricos da literatura, e Käte Hamburger, citada anteriormente por Lavocat, foi uma das primeiras pesquisadoras a perceber como o tópico era espinhoso. Buscava-se ali (busca-se até hoje) refletir sobre a "lógica da ficção",[4] descobrir modos de apontar se um texto qualquer é ou não ficcional a partir dele mesmo e estabelecer a possibilidade de "pactos", "protocolos", a serem firmados entre a obra e quem a lê. Dorrit Cohn, a mais importante discípula de Hamburger, defende em *The Distinction of Fiction*, de 1998, de forma veemente que essas marcas existem (nesse caso, constatá-las deveria ser ou ter sido uma condição possível de tornar eventuais "protocolos" de leitura menos confusos).

Françoise Lavocat, no texto "Pseudofactual Narratives and Signposts of Factuality", de 2020, retoma a questão, tentando reposicionar as peças no tabuleiro. Ela parte de um caso limítrofe repetidas vezes dissecado, o de *Marbot*, de Wolfgang Hildesheimer, a história de um obscuro jovem esteta inglês contemporâneo de Byron publicada em 1981 na Alemanha e em 1983 nos Estados Unidos. O livro foi escrito, lançado e recebido como uma biografia – o que fazia todo o sentido, já que Hildesheimer redigira previamente um premiado relato da vida de Mozart –, mas o personagem fora inventado, e o texto passou a ser tratado de forma quase unânime

4 Refiro-me aqui ao livro de 1957 da pesquisadora alemã, publicado no Brasil pela Editora Perspectiva com o título *A lógica da criação literária*.

por diferentes críticos como uma trapaça, uma farsa. Lavocat resume os argumentos a respeito do livro do seguinte modo:

- Para os que acreditam que existem marcas distintivas da ficção, como Cohn, *Marbot* era inaceitável porque a mentira orquestrada por Hildesheimer se baseava em uma "perfeita imitação dos códigos acadêmicos da biografia histórica" e os sinais ficcionais haviam sido cuidadosamente evitados;
- Para os que rejeitam a hipótese de marcas distintivas da ficção e adotam uma posição pragmática, como John Searle ou Jean-Marie Schaeffer, Hildesheimer falhou na tentativa de criar uma obra de ficção, que seria o seu propósito, porque não estabeleceu com clareza uma demarcação.

Lavocat considera a disputa equivocada. Para a teórica, a longa polêmica sobre marcas distintivas sempre pendeu para a busca ou a recusa de sinais ficcionais e negligenciou o caminho oposto, a análise de sinais factuais. Ela retoma o sociólogo francês Renaud Dulong e a sua defesa de que a impressão de que algo é verdadeiro muitas vezes cria uma convicção imediata, de uma maneira que equivaleria à crença, o que geraria um processo afetivo capaz de inibir qualquer tipo de racionalização. Além disso, ela acrescenta, todos os sinais de factualidade são processos retóricos, se propõem a "autenticar" e "persuadir", o que reforçaria a conexão com o referencial. E extrai daí o paradoxo de que a atração da factualidade não induz a uma verificação racional da evidência apresentada. A convicção da verdade é instantânea:

> A semelhança entre, de um lado, a convicção evocada por relatos de testemunhas ou textos factuais e, de outro, a crença religiosa é reforçada pelo fato de que dispositivos para sublinhar a factualidade (fotografias, por exemplo) evocam uma ligação com a matéria, o corpo e o desejo, gerando uma atitude de respeito, piedade e engajamento emocional [...].[5]

---

5 *Ibidem*, p. 581.

Na sequência de seu artigo, a pesquisadora sugere que as marcas de factualidade são mais frágeis do que as de ficcionalidade, que os critérios que permitem a um leitor fazer uma avaliação preliminar da factualidade ou ficcionalidade de um texto são ambivalentes, e ressalta a importância de uma abordagem cognitiva à discussão dos prazeres da factualidade:

> Durante as últimas décadas, passamos muito tempo estudando os prazeres e benefícios da ficção [...]. Mas quais são exatamente os prazeres da factualidade? David Shields (2010) *compara o contato com a realidade – por meio de artefatos factuais – a uma droga, cujo impacto provoca um choque emocional muito mais forte do que uma insípida ficção.* As hipóteses já um tanto datadas em torno das "quase-emoções da ficção" (Walton, 1990), ou de emoções mais "pálidas" e "desconectadas" (Currie, 1995), corroboram esse ponto de vista.[6]

Isso explicaria o fracasso de "farsas" depois de expostas, uma vez que a crença na autenticidade dos artefatos e seus supostos autores assemelha-se a um ato de fé, intimamente ligado ao funcionamento da relação empática, e essa relação diz muito sobre a literatura e as formas de leitura contemporâneas:

> Além disso, *em toda literatura baseada em fatos* (veja-se Carrère ou Mauvignier, por exemplo), como nas farsas, *a avaliação moral possui um papel crucial: o autor e o narrador, reais ou assumidos, exigem uma leitura moral e emocionalmente carregada.* [...] Chegamos a uma conclusão controversa. *Nosso investimento empático, moral e emocional é diminuído quando somos expostos à ficção.*[7]

Em *Formas de voltar para casa*, uma das versões do personagem autobiográfico do escritor Alejandro Zambra constata que "sabia pouco", mas sabia que "ninguém fala pelos outros. Que, mesmo que queiramos contar histórias alheias, terminamos sempre contando nossa própria história";[8]

6 *Ibidem*, p. 586. Grifos meus.
7 *Ibidem*, pp. 587-588. Grifos meus.
8 Alejandro Zambra, *Formas de voltar para casa*, 2014, p. 98.

já em *Saia da frente do meu sol*, de Felipe Charbel, o escritor, que investiga os segredos de um "tio Ricardo" e rascunha a "biografia especulativa" do parente morto, repete algumas vezes, em seu relato irônico (inclusive na releitura dos relatos similares que o precedem) e tocante de sucessivas revelações truncadas, que, "falando dele, é de mim que falo".[9] Nos dois livros, os escritores e os personagens de escritores dentro dos enredos recorrem a uma profusão de materiais para lidar com tudo que pode ou não pode ser dito, com o que se distorce e com o que se perde, com cicatrizes e culpas, com traumas e com tudo que não se pode saber (materiais como diários, cartas, arquivos, fotos, textos encontrados, planejados, copiados, plagiados, remodelados, abandonados ou desaparecidos, segredos e falsos segredos de família herdados e distorcidos, a discussão de outros livros, autores e projetos literários). São obras, em muitos aspectos, aproximáveis. *Formas de voltar para casa*, porém, traz na sua descrição catalográfica o anúncio de que é uma "ficção chilena"; em *Saia da frente do meu sol*, os dados apresentados para quem abre o volume são: "histórias de vida", "memórias autobiográficas", "relatos pessoais".

Em uma resenha do livro de Charbel, Paulo Roberto Pires diz que "o que termina por desafiar o narrador não é exatamente a tarefa de desvendá-lo [ao passado do tio], mas a forma de narrar uma vida que parece escapar às estratégias consagradas da literatura".[10] Em outra resenha, Gustavo Pacheco afirma que

> a palavra ficção simplesmente não dá conta de alguns dos livros mais poderosos e surpreendentes escritos nos dias que correm – livros que, além de não se encaixarem em nenhuma classificação, acabam desmoralizando as próprias categorias que usamos para falar de literatura. É o caso do recém-lançado *Saia da frente do meu sol* [...][11]

9 Felipe Charbel, *Saia da frente do meu sol*, 2023, p. 36.

10 Paulo Roberto Pires, "Vidas narradas: Felipe Charbel e Mathieu Lindon dissipam a rotina em livros que embaralham classificações e expurgam o sentimentalismo que ronda a produção contemporânea", *Quatro Cinco Um*, 15 jun. 2023.

11 Gustavo Pacheco, "Sem um pouco de ficção não dá para viver", *Megafauna*, 2 jul. 2023.

Não cito as resenhas para desmerecê-las, muito pelo contrário: elas estão entre as análises mais bem-feitas que saíram sobre o livro neste período e dão à obra uma relevância com a qual concordo plenamente. Tento apenas ressaltar, a partir delas, como as "ações do ficcional estão em baixa" e como essa "queda" tem sido valorizada, ainda que de vez em quando de um modo a deixar um resquício, o restinho de uma ficção mais modesta, contida. Esses textos muitas vezes ganham outros nomes, como romance de não ficção, romance sem ficção, romance de dominante referencial, biografia ficcional ou autoficção, para citar alguns termos mais ou menos recentes com os quais passaram a ser identificados inúmeros autores dos "livros mais poderosos e surpreendentes escritos nos dias que correm" (ou de um passado muito próximo) que dinamitam as "estratégias consagradas da literatura". A ficção "tradicional" estaria esgotada, cansada. Ieda Magri, no início de *Um crime bárbaro*, fala sobre a perda de um certo encanto (um "cintilar"):

> Então, eu poderia contar essa história omitindo o lugar real onde ela aconteceu e passar, sem mais nem menos, do acontecimento na vida de uma escritora pouco conhecida ao romance de ficção. Mas essa era a única história verdadeira que tinha para contar e, portanto, não queria abrir mão de certo peso – memorialístico? factual? de testemunho? – em nome da invenção, coisa difícil de fazer funcionar, mas que hoje, para mim, não cintila tanto quanto cintilava há alguns anos.[12]

Uma premissa fundante do ficcional é a de um "eu" que fala "eu" e diz ao mesmo tempo "ele": "eu" é também um outro. Na literatura recente, esse ponto de partida tem sido bastante reconfigurado. Para simplificar uma equação complexa, esse "eu" que é um outro se desloca em direção a ele mesmo. Haveria nesse movimento uma busca de transformação, de enfrentamento de concepções éticas e estéticas renovadas. Se a narrativa ficcional por um longo período atravessara um intenso processo em que "eus" transformados em "eles" tentavam "ver" de modos cada vez mais

12 Ieda Madri, *Um crime bárbaro*, 2022, edição digital.

sofisticados e seletivos, até chegar, na metade do século XX, à fragmentação, à dissolução e à cegueira, esses novos "eus" que vêm fazendo o caminho de volta mais recentemente sugeririam um olhar mais "confessional", no qual se exibem "a revelação das circunstâncias pessoais, os gestos e disfarces do grande teatro da apresentação de si mesmo, a enumeração aberta das próprias e prosaicas opiniões".[13]

Felipe Charbel, que, como tantos escritores contemporâneos, tem uma importante trajetória acadêmica, aponta algumas características dessa "literatura do real" – mais fiel às "coisas como foram (e não como poderiam ter sido)"[14] –, das quais destaco duas: a "presença de um narrador atuante e cheio de incertezas, que exibe o seu esforço de investigação e as dificuldades do processo de escrita", e a "a aposta em seccionar, de um jeito mais ou menos visível para os leitores, o que é fabulação e o que pode ser verificado".[15] A referencialidade permitiria que esses textos fossem verificáveis – verdadeiros ou falsos, portanto –, ainda que incompletos, diferentemente do que ocorre com narrativas não referenciais, que seriam inverificáveis e completas. Charbel acrescenta que não está dizendo ali que narrativas não referenciais não poderiam estar se dirigindo à realidade exterior, apenas que elas não precisariam fazer isso. Assim, esse investimento "ético" estaria vinculado a projetos artísticos de "eus" mais hesitantes, que se preocupam com as noções de "sinceridade", de "autenticidade", de "cuidado" e com o que acontece na ausência deles.

J. M. Coetzee, para quem o romance rivaliza (e não se alinha) com a história, que se define como um "negociador de ficções",[16] sugere que, vista de fora, a vida de qualquer um possui características ficcionais, inventadas, e

---

13 Reinaldo Laddaga, *Estética de laboratório*, 2013, p. 33.

14 Felipe Charbel, "Javier Cercas: da ficção histórica ao romance sem ficção" in *Reinvenções da narrativa: ensaios de história e crítica literária*, 2019, p. 155.

15 *Ibidem*, p. 156.

16 As citações de Coetzee que aparecem a partir daqui foram todas extraídas de uma edição digital das conversas registradas em *The Good Story: Exchanges on Truth, Fiction and Psychotherapy*, de 2015.

que os nossos próprios desejos e anseios têm também um status ficcional, por nós mesmos atribuído. As relações entre as pessoas funcionariam assim como um "enlaçar de ficções": "quando as ficções se entrelaçam bem, a relação funciona, ou parece funcionar, direito". Ao escritor sério – e a seriedade é uma qualificação fundamental para o escritor sul-africano –, restaria a complicada tarefa ética de buscar em seu ofício a construção de vozes e contravozes que tematizassem formalmente (esteticamente) essa percepção e suas implicações. Trata-se de um projeto difícil, segundo ele: "a capacidade (que vejo como uma capacidade moral) de se projetar empaticamente/solidariamente na vida de outra pessoa é rara, a capacidade de projeção empática sustentada, ainda mais rara".

Para Coetzee, ao falar "eu" e narrar para si a própria existência, ao contar a própria história, qualquer pessoa se ajusta a um modo de interpretar essa "ficção". Ele menciona três desses modos:

a) Eu tenho uma história sobre mim que sinceramente acredito ser verdadeira, de fato, eu acredito que é a minha história de mim, mas algum observador ideal, onisciente, divino, inteiramente independente de mim e a cuja mente eu não tenho acesso, sabe não ser verdadeira, ou pelo menos não ser totalmente verdadeira;
b) Eu tenho uma história que conto sobre mim mesmo, na qual acredito sinceramente, mas que certos observadores bem colocados (meus pais, minha companheira, meus filhos) sabem ser falha, provavelmente interesseira, talvez até um pouco delirante (esta é uma situação não incomum);
c) Eu tenho uma história sobre mim da mesma forma que todos nós temos histórias sobre nós mesmos: admito que pode não ser verdade para os padrões de (a) ou mesmo (b); no entanto, é "minha", é tudo o que tenho, e por isso sou fiel a ela. "É tudo o que tenho, é o melhor que posso fazer."

O escritor comenta em seguida que tem a impressão de que o terceiro modo é cada vez mais comum na atualidade: "É uma expressão da época em que vivemos e devemos ser cautelosos ao minimizá-la." A advertência se justifica – é uma variação da crença na verdade anteceder e ser ocasionalmente mais forte, convicta, do que a própria verdade –, e ela encontra, creio, uma síntese admirável na frase que todos ouvimos ou lemos uma assustadora quantidade de vezes nos últimos anos, com as devidas alterações pronominais: "é a minha narrativa".

José Miguel Wisnik também tem discutido a questão nos últimos anos. No artigo "Ficção ou não", ele se detém sobre vários tópicos abordados até aqui e também demonstra preocupação com o problema. A ficção, nem mentira nem verdade, faz a "improvável conjugação de um pacto mágico (eu sou o outro) com um contrato esclarecido (eu não sou o outro)".[17] Ele retoma a noção de "antropologia especulativa" do argentino Juan José Saer e os trabalhos de Alexandre Nodari e Viveiros de Castro, ao falar de um enquadramento "transversal em que se está ao mesmo tempo e conjuntamente na posição de sujeito e objeto, transitando da posição reta do pronome (eu) à posição oblíqua (mim) – o eu de um outro".[18] Aí elenca e discute três transformações desse pacto: as relações entre ficção e factoide, entre ficção e autoficção e entre ficção e ativismo identitário. A primeira, que ganha "crescente proeminência no mundo", vê "a disputa política como ostensiva disputa de narrativas", que, "tomadas maciçamente como instrumento do imaginário, [...] têm como fim não a sondagem do outro, mas o ataque ao antagonista".[19] Nelas, a mentira se assumiria "sem segredo ou pudor".[20] A segunda é um índice de perturbação sintomática e buscada do estatuto do fictício ("através da autoficção a realidade [isto é, as construções imaginárias que a constituem] exibe também o que tem de ficcional, insinuando-se

---

17 José Miguel Wisnik, "Ficção ou não", *Revista Revera*, p. 133.

18 *Ibidem*, p. 132.

19 *Ibidem*, p. 137.

20 *Ibidem*, p. 138.

como uma modalidade de ficção não admitida como tal"[21]). Ao nos devolver "para o entrelugar que vige entre o testemunho, o ensaio e o romance, ali onde depoimento, especulação e ficção trocam sinais recíprocos e reversíveis", ela abriria um "campo ampliado de liberdade à escrita".[22] A terceira, por fim, procuraria uma "antropologia política em ato", não especulativa, o "escrutínio direto e incisivo dos agentes envolvidos na representação narrativa e no poder de suas vozes, silenciadas ou eloquentes". Nesse movimento, "a alteridade do sujeito excluído [...]" buscaria "ser acessada por uma estratégia de afirmação identitária em que o sujeito da ficção" coincidiria "ao máximo com o objeto da ficção".[23] A última relação é a mais sensível das três, e Wisnik a examina com abertura e de modo detido, para indicar que há um difícil caminho a percorrer e que ambas as estratégias, a da ficção que se lança ao outro e a da ficção que busca coincidir consigo mesma, podem aprender com os desafios que põem em jogo: "É um nó a ser desatado, e a não se fazer cego".[24] A função da ficção, contudo, é reafirmada ao final, já que, na sua ausência, só restaria a "psicose coletiva": "sem a possibilidade do outrar-se, do obliquar-se no outro, de lançar-se ao entrelugar do sujeito e do objeto, do real e do irreal, do atual e do virtual, as narrativas que suportam a realidade entrariam num quase inimaginável colapso centrípeto".[25]

Não é casual que Wisnik discuta as relações entre os pares ficção/factoide, ficção/autoficção e ficção/ativismo identitário no mesmo artigo. Minha ressalva é que essas relações e outras, de naturezas semelhantes, das quais arrisquei de modo quase fragmentário me aproximar neste artigo, parecem, na atualidade, a despeito de boas ou más intenções de quem escreve ou fala, muito emaranhadas do ponto de vista de quem lê ou escuta.

21 *Ibidem*, p. 140.

22 *Ibidem*.

23 *Ibidem*, p. 142.

24 *Ibidem*, p. 147.

25 *Ibidem*, p. 148.

Se tudo que tentei dizer aqui for concebível ou defensável, devo confessar, para terminar este texto, que não faço a mínima ideia de como desatar esse "nó" mais amplo, nem se ele é desatável. Só não consigo, já faz algum tempo, não lembrar de sua hipotética existência cada vez que me deparo com o termo "autoficção".

Referências bibliográficas

ARAÚJO, Nabil. "Exumações: do autor ('Pensar o sujeito da escrita depois da crítica estruturalista do sujeito')". In: ______ (org). *Imagens em discurso II. Escrita do outro como escrita de si.* Belo Horizonte: FALE/UFMG, 2020.

CHARBEL, Felipe. *Saia da frente do meu sol.* Belo Horizonte: Autêntica Contemporânea, 2023.

CHARBEL, Felipe. "Javier Cercas: da ficção histórica ao romance sem ficção". In: ______ [*et al.*] (org.). *Reinvenções da narrativa: ensaios de história e crítica literária.* Rio de Janeiro: Ed. PUC-Rio, 2019.

COETZEE, J. M.; KURTZ, Arabella. *The Good Story: Exchanges on Truth, Fiction and Psychotherapy.* New York: Viking, 2015.

COHN, Dorrit. *The Distinction of Fiction.* Baltimore: Johns Hopkins University Press, 1999.

KATE, Hamburger. *A lógica da criação literária.* Tradução de Margot P. Malnic. São Paulo: Editora Perspectiva, 1957.

LADDAGA, Reinaldo. *Estética de laboratório.* São Paulo: Martins Fontes, 2013.

LAVOCAT, Françoise. "A Translation of Apuleius' Metamorphoses and the Debate about Fiction in the Sixteenth Century: L'asino d'oro by Agnolo Firenzuola (1550)". In: BISTAGNE, F.; BOIDIN, C.; MOUREN, R. (org.). *The Afterlife of Apuleius.* Londres: University of London Press, 2021.

LAVOCAT, Françoise. "Pseudofactual Narratives and Signposts of Factuality". In: FLUDERNIK, Monika; RYAN, Marie-Laure (orgs.). *Narrative factuality.* De Gruyter, 2020. Disponível em: <www.degruyterbrill.com/document/doi/10.1515/9783110486278-041/html?srsltid=AfmBOopeUZz-Bi2d01AP4n-mxCqVFg3Q0Ut5_J87kEd9dUJjey34zoCpv>.

MAGRI, Ieda. *Um crime bárbaro.* Belo Horizonte: Autêntica, 2022.

PACHECO, Gustavo. "Sem um pouco de ficção não dá para viver", *Megafauna*, 2 jul. 2023. Disponível em: <www.livrariamegafauna.com.br/colunistas/2023-2/gustavo-pacheco/sem-um-pouco-de-ficcao-nao-da-para-viver/>.

PIRES, Paulo Roberto. "Vidas narradas: Felipe Charbel e Mathieu Lindon dissipam a rotina em livros que embaralham classificações e expurgam o sentimentalismo que ronda a produção contemporânea", *Quatro Cinco Um*, 15 jun. 2023. Disponível em: <www.quatrocincoum.com.br/colunas/critica-cultural/vidas-narradas/>.

WISNIK, José Miguel. "Ficção ou não?". São Paulo: *Revista Revera*, v. 3, 2018.

ZAMBRA, Alejandro. *Formas de voltar para casa*. São Paulo: Cosac Naify, 2014.

Narrativas de Filiação e seus possíveis diálogos com escritas de si, narrativas do luto e do trauma histórico

Andrea Saad Hossne

Os poucos versos que aí vão,
Em lugar de outros é que os ponho.
Tu que me lês, deixo ao teu sonho
Imaginar como serão.
"Versos escritos n'água", Manuel Bandeira

Talvez pareça estranho iniciar um texto sobre escritas de si, Narrativas de Filiação e narrativas do luto com a estrofe inicial de um poema de Manuel Bandeira que fala de versos que vão ao leitor em lugar de outros – rejeitados, comovidos, atirados pelo mau vento a algum canto, inacessíveis.

Entretanto, para além dos sentidos que se constroem no poema de Bandeira,[1] a imagem de versos escritos n'água talvez seja a expressão mais aguda de um movimento, um processo que se deflagra e que se deixa apreender na tessitura mesma dessas narrativas que, com ser palavras e presença, são manifestação de uma ausência, de uma lacuna, de uma linha interrompida, ao menos do não dito no momento do vivido.

---

1 De Bandeira evoco a imagem. Segue o poema, para que quem me lê, leia também Bandeira e possa nele ver outras coisas além da imagem que pego emprestada aqui: Os poucos versos que aí vão,/ Em lugar de outros é que os ponho./ Tu que me lês, deixo ao teu sonho/ Imaginar como serão.// Neles porás tua tristeza/ Ou bem teu júbilo, e, talvez,/ Lhes acharás, tu que me lês,/ Alguma sombra de beleza…// Quem os ouviu não os amou./ Meus pobres versos comovidos!/ Por isso fiquem esquecidos/ Onde o mau vento os atirou." (Manuel Bandeira, *Estrela da vida inteira*, 1974).

Mais que apenas palavras em lugar de fatos, são também palavras em lugar de outras palavras: aquelas que faltaram, as que por excesso de comoção refluem em vez de se espalhar, ou as que não foram ditas ou escritas: numa inexistente certidão de óbito, numa lápide impossível, na despedida impedida, na censura, na mudez.

Versos escritos n'água não são palavras ao vento. Exigem uma concentração rara, atenta ao movimento dos dedos, fixa no que, efêmero, se esvai. Os ventos, em expressões como "palavras atiradas ao vento", dão ideia daquilo que se dispersa e se desperdiça, mas também propagam, às vezes alto e bom som – ao contrário do mau vento mencionado no poema de Bandeira –, em trajetória centrífuga; o que na água é inteiramente centrípeto, porque concentrado, contido no dedo que escreve.

O poema de Bandeira, em especial a estrofe inicial, me vem à mente porque consegue, a meu ver, dar conta de um silêncio que restará sempre como silêncio, mas sem elidi-lo, e trazer as palavras vicárias que apontam tanto para o não dito ou calado quanto para a busca pela palavra em si.

Essa ausência presente é uma das marcas fortes de duas manifestações distintas das chamadas escritas de si: a do luto e a das Narrativas de Filiação, tal como proposta pelo crítico francês Dominique Viart[2] – uma escrita que é ao mesmo tempo de si e de um outro – um ancestral direto ou indireto, cuja vida e, sobretudo, cuja morte incerta e indeterminada são ao mesmo tempo uma lacuna e um legado. Não raro essas Narrativas de Filiação têm também o traço do luto, muitas delas uma espécie de túmulo feito de palavras para aquele corpo desaparecido, insepulto, abandonado em campos de batalha concretos ou não. Mas um e outro não são a mesma coisa, assim como Narrativas de Filiação não são romances familiares, que não cabem no vasto campo das escritas de si.

---

2 Não há texto do autor traduzido para o português. As primeiras elaborações do conceito são da década de 1990. Seguem-se algumas referências em francês: Dominique Viart e Bruno Vercier, *La Littérature française au présent: héritage, modernité, mutations*, 2008. Dominique Viart, "Le Silence des Pères au principe du récit de filiation", *Études Françaises*, 2009. Dominique Viart, "La Mise en œuvre historique du récit de filiation: *Histoire des grands-parents que je n'ai pas eus* d'Ivan Jablonka", *Revue des Sciences Humaines*, 2016. Dominique Viart, "Entretien avec Alexandre Gefen", *Fabula-LhT*, maio 2009.

Nas narrativas do luto, a escrita de si, autorreferencial ou autoficcional, é, em geral, perlaboração e o que quer que se tenha perdido é ainda de algum modo alcançável e razão mesma da dor que nelas se manifesta. Se há opacidades, estas são as que a vida mesma nos impõe até com quem se convive de perto e cotidianamente.

Nas Narrativas de Filiação, tal como a noção é proposta por Viart, é um fio interrompido sob a mão implacável da exceção, ou das situações de exceção, o que se mostra impossível de reatar: aquela que entra em Auschwitz para nunca mais, o que sucumbe em alguma batalha da Segunda Guerra Mundial e que encontrará um lugar de memória somente numa das muitas esculturas em honra ao soldado desconhecido, para ficar com dois exemplos de maior contundência. Pensando nas Narrativas de Filiação para além do hexágono francês, lembremos das lutas das colônias pela independência, que trazem, entre outras situações, o episódio em que corpos anonimizados de defensores dos movimentos pró-Argélia, acuados pela polícia francesa em plena Paris, tingiram de sangue o rio Sena na década de 1960, ou um desaparecido político de uma ditadura, igualmente sangrenta, latino-americana, brasileira, irrecuperável como corpo, vivo ou morto, de estatuto incerto, mas sempre funesto.

Viart ressalta muito bem que as Narrativas de Filiação são presididas por uma ética da restituição. Aquele pai, ou tio, aquela mãe, de que muitas vezes o filho, a filha, a sobrinha, um neto só ouviram falar é restituído não apenas na sua morte não certificada, mas na sua vida, cujos passos nem sempre é possível traçar. A restituição é tanto da morte sem marcos (quando, onde, como), mergulhada na incerteza, quanto a da vida, ela também cheia de lacunas, de interditos, ambas dignificadas como reparação ao aviltamento que aquele sofreu por viver como viveu.

Nem sempre, entretanto, nesse tipo de narrativa, a relação da filiação é direta. Ela diz respeito a uma geração que não foi à guerra, que nasceu sem a ameaça concreta de um campo de concentração, mas ainda assim cresceu à sombra terrível, ao assombramento disso como herança – seja ela pessoal (transmitida pelos ascendentes), seja ela coletiva (transmitida pelo contexto sociocultural), ou ainda as duas ao mesmo tempo. E é no contexto francês que Viart observa textos que o levam a propor essa noção, tendo em vista autores como Claude Simon, Pierre Michon, Annie Ernaux, cuja escrita de si é inevitavelmente também a escrita do outro, e vice-versa; e de um outro coletivo, histórico, ultrapassando, a seu ver, o que as controversas noções de autobiografia e de autoficção conseguiam acolher: "Le récit de l'autre – le père, la mère ou tel aïeul – est le détour nécessaire pour parvenir à soi, pour se comprendre dans cet héritage: le récit de filiation est un substitut de l'autobiographie."[3]

Viart ressalta o caráter de recolha e de investigação que inevitavelmente esse tipo de narrativa apresentará, pois que o fragmentário está na própria matéria, sempre parcial, esgarçada, incompleta, redundando de um esforço ao mesmo tempo investigativo e ficcionalizante, já que não vem do testemunho próprio, mas do que fatos e notações diversas e esparsas podem fornecer e do que a imaginação empática pode figurar. A ruptura fragmenta o próprio real e não por acaso tende a ser aquela de um trauma histórico.

Ao contrário do álbum de família que, folheado à luz lutuosa da perda do ente querido, pode levar a combinações novas, ressaltar o que antes parecia encoberto sob a outra luz, a do convívio, aquele que fala na Narrativa de Filiação se tem alguma foto, a tem avulsa, sem datação ou localização muito precisa, e cabe a si próprio juntá-la com outras peças sem encaixe pré-moldado, fadadas sempre à incompletude, a uma figuração elíptica, incerta e provisória. Há sempre um caráter de busca, de gesto de busca, de "quête" ou "enquête" nessas narrativas. Para ficar ainda no universo francês, penso, por exemplo, em *Dora Bruder*, de Patrick Modiano. A adolescente judia Dora – capturada na Paris ocupada após uma fuga do colégio interno no qual estudava –, o pai do narrador – ausente na família, trambiqueiro – e um plausível, ainda que fantasiado, encontro em um camburão de polícia numa das prisões

3 "A narrativa do outro – o pai, a mãe ou tal ancestral – é o desvio necessário para chegar a si, para se compreender nessa herança: a narrativa de filiação é um substituto da autobiografia". Tradução própria. Dominique Viart e Bruno Vercier, *La Littérature française au présent: héritage, modernité, mutations*, 2008, p. 80.

do pai por conta de seus pequenos delitos e no sequestro de Dora para o inexorável campo de concentração – ambos sem identificação, já que o pai não havia se recenseado em 1940 e Dora não portava o número do chamado "processo judeu".

Uma escrita em que a primeira pessoa é antes um catalisador, no movimento centrípeto da dor de uma perda muito própria, movimento íntimo e incomunicável, que se realiza, contudo, no processo centrífugo de busca por Dora, com quem o narrador e Modiano não têm qualquer vínculo de parentesco, mas de quem o mundo contemporâneo ao autor é herdeiro, e da suspeita dos cruzamentos, atravessamentos daquilo que se sabe, sempre incertamente, sobre a vida do pai – não um desaparecido por forças que o excedem, mas um agente de sua própria omissão na vida da família.

> J'ai écrit ces pages en novembre 1996. Les journées sont souvent pluvieuses. Demain nous entrereons dans le mois de décembre et cinquante-cinq ans auront passé depuis la fugue de Dora. [...] Et au milieu de toutes ces lumières et de cette agitation, j'ai peine à croire que je suis dans la même ville que celle où se trouvaient Dora Bruder et ses parentes, et aussi mon père quando il avait vingt ans de moins que moi. J'ai l'impression d'être tout seul à faire le lien entre le Paris de ce temps-là et celui d'aujourd'hui [...].[4]

O *lien*, a ligação, o fio que, por um lado, permanece, mesmo que nem sempre percebido, no espaço-tempo de Paris – não apenas cidade, mas emblema, história e presentificação –, e que, por outro lado, é marcado pela ruptura, nos trajetos do pai e da adolescente pela cidade, no

4 Patrick Modiano, *Dora Bruder*, 1997, p. 50. A tradução brasileira traz um erro nas datas: 1996 se torna 1966, 55 anos se tornam cinquenta anos: "Escrevo estas páginas em novembro de 1966 [*sic*]. Chove quase todos os dias. Amanhã começa o mês de dezembro, e cinquenta [*sic*] anos se terão passado desde que Dora fugiu. [...] E no meio das luzes e da agitação, custo a acreditar que estou na mesma cidade de Dora Bruder e seus pais, e também a do meu pai, quando ele tinha vinte anos menos que eu. Tenho a impressão de que estou inteiramente só, ao fazer este paralelo entre a Paris daquele tempo e a de hoje, única pessoa a lembrar-se de todos esses detalhes." Edição brasileira, 2014, p. 46.

"sorvedouro de pessoas"[5] nazifascista que traga Dora e seus pais, e no jogo de esconde-acha-perde-encontra da ausência do pai de Modiano, atados apenas na profunda solidão do narrador.

> Si je n' étais pas là pour l' écrire, il n'y aurait plus aucune trace de la présence de cette inconnue et de celle de mon père dans un panier à salade en février 1942, sur les Chammps-Élysées. Rien que des personnes - mortes ou vivantes - que l' on range dans la catégorie des "Individus non identifiés".[6]

O que chamo de centrípeto é esse mover-se para dentro que se faz concentração na primeira pessoa, muitas vezes dando a feição que permite dizer que se trata de uma escrita de si, o dedo que se move e formata, vicariamente, a experiência de um outro e a sua própria. O movimento centrífugo vem desse espraiar-se que, no caso da narrativa de Modiano, envolve, sobretudo, Dora Bruder, seus pais, além do narrador e de seu próprio pai. O eu é duplo vértice.

Não se trata de luto, nessa Narrativa de Filiação, nem de perlaboração, mas de uma obra que, ao se colocar sob o vasto campo das escritas de si, faz da forma reflexa desse eu (o *si*) o único espaço possível para a narrativa, sob o signo da autenticidade, de uma experiência que não é integralmente pessoal, nem tampouco se esgota como familiar ou histórica, ainda que o seja.

Nesse sentido, talvez se possa pensar algumas das vertentes desse campo das escritas de si como justamente um espaço em que narrativa

---

5 Opto por utilizar aqui a expressão "sorvedouro de pessoas", oriunda de uma obra que, fora do contexto francês, poderia ser pensada na chave das Narrativas de Filiação ou que com elas dialoga: *K. Relato de uma busca*, de Bernardo Kucinski (2014, pp. 89-90): "O sorvedouro de pessoas não para, a repressão segue cruenta, mas o pai que procura a filha teme cada vez menos. Desgraçado mas insolente, percebe então o grande paradoxo da sua imunidade. Qualquer um pode ser engolido pelo vórtice do sorvedouro de pessoas, ou atropelado e despejado num buraco qualquer, menos ele. Com ele a repressão não mexe, mesmo quando grita. Mexer com ele seria confessar, passar recibo."

6 *Ibidem*, p. 65. "Se eu não estivesse tomando notas, não haveria mais nenhum traço da presença dessa desconhecida, e do meu pai, num camburão em fevereiro de 1942, nos Champs-Elysées. Apenas pessoas - mortas ou vivas - que classificamos de 'indivíduos não identificados'." Edição brasileira, p. 60.

e experiência se conjugam na contemporaneidade, fora, contudo, da chave hoje redutora daquilo que fora tão acuradamente apontado por Walter Benjamin nos anos 1930 sobre a crise da noção de experiência na Modernidade e nas primeiras décadas do século XX. Fora, também, da detratação de toda narrativa de si como impulso narcísico em circuito fechado, ou mera expressão de uma sociedade em que a palavra *experiência* é só mais um dos vocábulos disponíveis na esfera do marketing e do mercado.[7]

Se a ideia de que escritas de si podem ser um espaço da busca da autenticidade tanto da experiência quanto do modo de narrá-la, a escrita do luto, combinada ou não a uma Narrativa de Filiação, recobriria uma dimensão central: "luto é tanto um afeto individualizado, local e reativo como uma sensação (*Empfindung*), e ainda um sentimento (*Gefuhlt*), que compreende a partilha social desses afetos, mediados por ritos sociais, atos psíquicos, discursos, narrativas e mitos".[8]

O duplo aspecto do luto, assinalado na retomada freudiana por Christian Dunker, aparece também em outras línguas, como no inglês *grief* e *mourning*.[9]

---

7 Na década de 1990 e início dos anos 2000, eram muito comuns séries de livretos, como *Smartbox* e *A vida é bela*, que traziam vouchers temáticos (aventura, bem-estar, gastronomia etc.) relacionando o conteúdo do livro a atividades externas para o leitor-consumidor (massagens num spa, passeios, degustações). Cada livreto temático trazia uma série de vouchers mutuamente excludentes, dentro do limite de preço pago por quem o comprasse, e seu leitor-consumidor, ao ler as minirreportagens sobre cada atividade, recortava do conjunto a que mais o atraía, podendo, então, dentro de um certo período de tempo, utilizá-la como voucher junto ao estabelecimento responsável por aquela que ele escolhera. Esse modelo passou a ser uma forma de tornar atrativos determinados padrões de consumo, como a ida a um determinado restaurante ou hotel, e parte dessa atratividade estava naquilo que repetidamente aparecia nos slogans de promoção dos livretos: "Dê uma experiência de presente". Os livretos se anunciavam, portanto, como "experiências", mais do que como produtos de consumo.

8 Christian Dunker, *Lutos finitos e infinitos*, 2023, p. 38.

9 Remeto aqui às belas análises realizadas por Gabriel Schincariol Cavalcante em sua dissertação sobre *O ano do pensamento mágico*, de Joan Didion, defendida no ano de 2025 na Universidade de São Paulo (*A forma como eu escrevo é quem eu sou: escrita e luto em* O ano do pensamento mágico, *de Joan Didion*, 2025), onde tal diferenciação ficou clara para mim.

A escrita do luto também compreende, assim, uma dimensão centrípeta, incomunicável, concentrada na intimidade do eu que vive a perda (*grief-Empfindung*), e uma potencialmente centrífuga, na qual a partilha dos afetos é também aquela narrativa que vai para o mundo, sempre marcada pela impressão, por parte daquele que narra, de insuficiência das palavras, de um aquém delas em relação à perda experimentada, mas ainda assim algo que só nela, na narrativa, pode acontecer: "esses versos que aí vão/em lugar de outros é que os ponho" – mas o poema só existe nesses que aí vão, também, ainda uma vez, em outro duplo movimento, conjugado pela memória: permanência e apagamento.

Às vezes, quando escritas do luto e da Filiação se encontram numa mesma obra, a permanência e o apagamento se somam à busca (memória) e à invenção (ficção) como corolários do duplo movimento centrípeto e centrífugo que têm o eu, ou o reflexivo *si*, como vértice. Em contexto brasileiro, posso pensar, por exemplo, em *Ainda estou aqui*, o livro de 2015 transformado em filme, premiado em 2025: a busca do fio rompido na interrupção do convívio, o desaparecimento do pai pelo terror de Estado, o processo de esquecimento da mãe, o eu que os evoca, que recolhe fragmentos de memórias pessoais e documentos esparsos, sempre incompleto, que imagina e figura o que permanece como lacuna insolúvel, numa verdadeira Narrativa de Filiação, e a escrita de um luto que se recusa a ser silêncio e apagamento, que é partilha e busca de permanência, mesmo no que é lacunar e incerto: "A memória não é apenas uma pedra com hieróglifos entalhados, uma história contada. Memória lembra dunas de areia, grãos que se movem, transferem-se de uma parte a outra, ganham formas diferentes, levados pelo vento."[10]

Contração e expansão. Gestos n'água e palavras ao vento: incertos, mas certeiros.

10 Marcelo Rubens Paiva, *Ainda estou aqui*, 2015, p. 117.

Referências bibliográficas

BANDEIRA, Manuel. *Estrela da vida inteira*. 5ª ed. Rio de Janeiro: José Olympio, 1974.

BENJAMIN, Walter. "Experiência e pobreza". In: *Documentos de Cultura, documentos de barbárie: escritos escolhidos*. Tradução de Celeste H. M. Ribeiro de Souza e outros. São Paulo: Cultrix, 1986.

______. "O narrador: considerações sobre a obra de Nikolai Leskov". *Magia e técnica, arte e política: ensaios sobre literatura e história da cultura*. 3ª ed. São Paulo: Brasiliense, 1987.

______. *O contador de histórias: e outros textos*. Patrícia Lavalle (org.). 2ª ed. São Paulo: Hedra, 2020.

CAVALCANTE, Gabriel Schincariol. *A forma como eu escrevo é quem eu sou: escrita e luto em* O ano do pensamento mágico, *de Joan Didion*. 2025. Dissertação (Mestrado em Teoria Literária e Literatura Comparada) – Faculdade de Filosofia, Letras e Ciências Humanas, Universidade de São Paulo, São Paulo, 2025.

DUNKER, Christian. *Lutos finitos e infinitos*. São Paulo: Planeta, 2023.

KUCINSKI, Bernardo. *K: relato de uma busca*. São Paulo: Cosac Naify, 2014.

MODIANO, Patrick. *Dora Bruder*. Paris: Gallimard, 1997. [Ed. bras.: *Dora Bruder*. Tradução de Márcia C. Ribas Vieira. Rio de Janeiro: Rocco, 2014.]

PAIVA, Marcelo Rubens. *Ainda estou aqui*. São Paulo: Alfaguara, 2015.

VIART, Dominique. "Le Silence des Pères au principe du récit de filiation". *Études Françaises*, v. 45, n. 3, 12 jan. 2009. Disponível em: <www.erudit.org/fr/revues/etudfr/2009-v45-n3-etudfr3577/038860ar/>.

______. "Entretien avec Alexandre Gefen". *Fabula-LhT*, 1 jun. 2009. Disponível em: <www.fabula.org/lht/6/viart.html>.

______. "La Mise en oeuvre historique du récit de filiation: *Histoire des grands-parents que je n'ai pas eus* d'Ivan Jablonka". *Revue des Sciences Humaines*, Le savoir historique de la littérature (321), 2 dez. 2016, pp. 83-100. Disponível em: <www. hal.parisnanterre.fr/hal-01407532>.

______; VERCIER, Bruno. *La Littérature française au présent: héritage, modernité, mutations*. 2ª ed. Paris: Boras, 2008.

A escrita como vingança: Annie Ernaux e Édouard Louis

Samara Lima

O neologismo "autoficção" foi empregado pela primeira vez na década de 1970 pelo francês Serge Doubrovsky, a fim de tratar de um caráter híbrido de leitura e de escrita que, para além de embaralhar as fronteiras entre ficção e realidade, parte do pressuposto de que toda escrita de si abre margem para a ficcionalização e qualquer tentativa de sinceridade do relato está fadada ao fracasso.

No cenário contemporâneo, em que temos visto cada vez mais o retorno do sujeito social no espaço público e nas práticas artísticas, o termo ultrapassou o âmbito dos discursos críticos e dos debates do meio acadêmico para se espalhar pelo mundo da mídia, das artes plásticas... E está tão banalizado que não é raro encontrarmos nessa mesma categoria autores e obras muito distintos, sob a justificativa da mescla entre literatura e vida.

Não faz muito tempo que me deparei com um post de uma revista literária no Instagram que colocava sob o mesmo guarda-chuva autoras como Carolina Maria de Jesus, Simone de Beauvoir e Annie Ernaux. É bem verdade que Annie Ernaux é uma escritora conhecida por usar a primeira pessoa, assim como o seu conterrâneo Édouard Louis, fazendo da experiência pessoal matéria literária e do texto uma ferramenta política ("vingar a raça"). Mas será mesmo que Ernaux e Louis fazem isso de maneira "autoficcional"?

* * *

I.

A produção de Ernaux e Louis tem como eixo central a experiência da mobilidade social e suas consequências subjetivas e políticas. Em suas narrativas, ambos relatam a saída de um meio social modesto, o da classe operária, para ingressar na esfera chamada "cultivada", da classe burguesa. Por causa da trajetória de ascensão social através dos estudos, do cargo de professora de letras e do casamento com um homem "de boa família", Annie Ernaux se considera em diversos momentos como uma "trânsfuga de classe" (*transfuge de classe* em francês). O termo busca dar conta dessa "desclassificação" (*déclassé*), da passagem do indivíduo nascido em um meio social e que, uma vez adulto e geralmente devido ao acesso à escolarização, se vê em um ambiente completamente diferente.

Mas essa transição não é feita sem conflitos de identidade, pois está permeada por uma relação igualmente problemática com suas origens. A própria expressão "trânsfuga de classe" não tem uma definição estável e uma data de nascimento muito bem definida, implicando um duplo sentido. Laélia Véron e Karine Abiven, em *Trahir et venger*,[1] esmiúçam a ambiguidade do termo ao mostrar que a palavra traz em sua etimologia a ideia de "deserção", aproximada ao significado militar, fazendo referência à pessoa que abandona uma causa para se juntar a seus adversários; esse sentido ganha conotação mais ampla associada a qualquer deslocamento. Dessa forma, estamos diante de uma expressão que sugere uma mudança de lugar, um movimento de um lado para outro, mas que também está atrelada à acepção do abandono e da traição.

A faceta mais negativa da expressão é logo evidenciada na epígrafe que abre *O lugar*,[2] de Annie Ernaux, ao evocar a frase de Jean Genet: "Arrisco uma explicação: escrever é o último recurso quando se traiu." A narrativa inicia-se com sua diplomação. Isto é, com a prova de aptidão para o cargo de professora do ensino médio, para a qual a narradora é aprovada sem

1 Laélia Véron; Karine Abiven, *Trahir et venger: paradoxes des récits de transfuges de classe*, 2024.

2 Annie Ernaux, *O lugar*, 2021.

dificuldades, e que marca sua entrada no mundo dominante: o espaço do "'escrever bem', a frase bonita".[3] Já nas primeiras páginas, ficamos sabendo que a aquisição do diploma, longe de conferir à narradora uma sensação de orgulho e dever cumprido depois de tantos anos de estudos, lhe causa "raiva e uma espécie de vergonha".[4] E que é justamente esse certificado para ser professora que irá afastá-la permanentemente de seus pais e, em particular, de seu pai: "uma distância de classe, mas bastante singular, que não pode ser nomeada".[5]

O livro é uma tentativa de encontrar linguagem para essa distância e restabelecer o diálogo interrompido com o mundo do qual se afastou. Assim, em *O lugar*, a autora lança luz ao meio de origem de onde veio, com foco na trajetória do pai. Transitando entre o pronome "eu" (a fim de expressar sua condição burguesa atual) e o "nós" (imersa no mundo de que fez parte na infância e adolescência), a própria vida e a vida dele, Ernaux retraça os sessenta anos de existência deste sujeito – que está morto no momento em que a autora inicia o processo de escrita do livro, analisando ao mesmo tempo a época e as condições em que viviam: "A cada vez, me esforço para escapar da armadilha do ponto de vista individual."[6]

Cabe ressaltar que são as fotografias do pai (as quais aparecem na forma de descrição, de linguagem), em diferentes idades e situações como, por exemplo, ao lado de um grupo de operários, a foto do casamento e ao lado do carro Citroën 4CV, que conferem cronologia ao relato e permitem que a autora reconstrua "a trama de significados de [sua] vida".[7] Mas não só isso. São essas imagens que auxiliam a tentativa da autora de capturar o corpo social no qual seu pai está inserido, e elencam seu texto na realidade que pretende retratar.

Podemos afirmar então que o título da obra é polissêmico. A palavra "lugar" refere-se a uma posição social ocupada ou desejada: ao longo da vida, os pais de Annie estarão em busca de um lugar na sociedade,

3 Annie Ernaux, *A escrita como faca e outros textos*, 2023, p. 16.

4 Annie Ernaux, *op. cit.*, 2021, p. 8.

5 *Ibidem*, p. 14.

6 *Ibidem*, p. 28.

7 *Ibidem*, p. 27.

movidos por uma forma de obsessão por posicionar-se em relação aos outros. Também podemos entender esse "lugar" como sendo o espaço ocupado pelo pai na vida da filha ou mesmo como o local (social) de origem que suscita vergonha, como se "uma vida com hábitos mais simples [representasse] uma coisa de mau gosto".[8] Ou, ainda, pensar em um questionamento sobre o "lugar" de pertencimento da autora hoje: a infância ou o mundo burguês para o qual ela se deslocou?

O ato de reabilitar o ambiente social de seus pais aos olhos do mundo também é uma tentativa de reabilitar a si mesma e de atenuar o sentimento de culpa que ainda faz parte de sua vida: "eu não posso deixar de ignorar o sentimento de traição que sinto há muito tempo".[9] Nesse sentido, para além de uma dimensão objetiva de responsabilidade e compromisso, escrever parece, acima de tudo, como ato de fidelidade consigo mesma. Talvez seja por este motivo que Annie Ernaux reivindica sua condição de "trânsfuga", pois com a expressão ela parece querer reivindicar também esta ambiguidade: a tensão entre a ascensão e o vínculo à classe de origem.

Entretanto, o que chama a atenção é a maneira como o gesto de tomar para si o carácter estigmatizante do termo, atrelado à imagem de uma "deserção", não se esgota em um simples retorno arrependido à origem social, mas subverte esse sentido preferindo, à ideia de traição, "vingar" sua classe. Afirmando que vai "escrever para vingar minha raça", Ernaux faz da escrita também um local paradoxal de ressentimento, vergonha, reparação e principalmente de denúncia das relações de dominação na sociedade.

Ernaux também busca "vingar" seu sexo, sua trajetória de mulher, constituindo um modo de escrita que é "um espaço tanto social quanto feminista".[10] Em *O acontecimento*,[11] lemos o relato do aborto (bem como a experiência de escrita do relato) que a autora realizou aos 23 anos, na década de 1960, quando ainda era apenas uma estudante de letras. Nesse

---

8 *Ibidem*, p. 44.

9 "Je ne peux pas faire l'impasse sur le sentiment de trahison que j'ai longtemps éprouvé". Annie Ernaux e Rose Marie Lagrave, *Une conversation*, 2023.

10 Annie Ernaux, *op. cit.*, 2023, p. 16.

11 Annie Ernaux, *O acontecimento*, 2022.

momento, a prática era considerada ilegal e qualquer profissional da saúde que tivesse "indicado ou facilitado essas manobras"[12] e a mulher que tivesse optado pela interrupção da gestação poderiam ser punidos com prisão ou multa.

A narrativa é construída retrospectivamente. Desde o início, a narradora nos diz que a tentativa de escrita vem da vontade de "testar [seu] desejo de escrever sobre isso",[13] mas também de assumir uma responsabilidade em nome das "antigas vítimas",[14] obrigadas "a se calar".[15] Assim, a mulher mais velha abre sua agenda e diário íntimo que escreveu aos 23 anos para mergulhar nesse período de sua vida. A história inicia-se com a jovem na sala de espera de um médico, acreditando ter contraído HIV. Quando recebe o resultado negativo, observa: "Eu dizia a mim mesma que tinha sido salva mais uma vez",[16] comparando sua gravidez anterior à doença que ela conseguiu evitar.

A gravidez é uma luta contra o tempo, contra o feto que se desenvolve em sua barriga, e também representa um conflito com as leis e valores que oprimem uma jovem estudante interessada na independência. Ou seja, tudo o que rodeia esta subjetividade, os homens, em seu entorno, e o feto, por dentro, restringe o impulso de conquista de sua liberdade: Jean T., um estudante casado que quer apenas se relacionar sexualmente com ela, aproveitando a situação, pois não havia risco de engravidar; o médico que confirmou sua gravidez, mas que se livra dela rapidamente, oferecendo com evidente hipocrisia a penicilina para tomar antes e depois do aborto; André X., estudante interessado em histórias macabras que permanece "petrificado" quando lhe conta que irá abortar e considera isso um crime; e o responsável por essa gravidez, que a liberdade e a individualidade não diminuíram durante a crise, preocupado apenas com que tudo voltasse ao normal para se dedicar aos seus exames e ao seu futuro.

---

12 *Ibidem*, p. 19.
13 *Ibidem*, p. 15.
14 *Ibidem*, p. 17.
15 *Ibidem*, p. 26.
16 *Ibidem*, p. 9.

Um pouco antes do aborto, a narradora afirma que se sente à parte do mundo normal, em um estado de exclusão: "eu tinha me tornado por dentro uma delinquente".[17] Podemos dizer que o gesto de abortar é, para além de dar cabo de uma gravidez indesejada, uma tentativa de eliminar seu apagamento aos olhos dos homens e rechaçar sua exclusão do mundo estudantil. O "acontecimento" então faz referência à ruptura de um determinado tempo: o dos inocentes prazeres juvenis, o tempo da religião, o mundo da infância e adolescência. É que, ao optar por recorrer a um aborto clandestino, a jovem não só recusa os seus próprios descendentes, mas pelo mesmo movimento afasta-se da trajetória que suas origens operárias ameaçam impor-lhe, uma vez que esta gravidez indesejada representa o fracasso social aos seus olhos.

Escrever sobre o aborto trata-se de mais uma tentativa de apropriar-se da liberdade de escrever sem vergonha, de expressar o desejo e o prazer feminino tanto quanto o sofrimento físico (aborto perigoso) e a moral (a paixão, o ciúme). Essa liberdade é transgressora na medida em que leva a autora a quebrar as proibições transmitidas pela mãe, por exemplo, a qual é uma espécie de encarnação das leis religiosas, e por uma sociedade patriarcal que distorce o discurso sobre a sexualidade feminina ou o reduz ao silêncio, conferindo legitimidade social ao sexo somente no contexto matrimonial. É também um ato político que faz parte de seu projeto de percepção do texto literário como investigação da realidade ou de uma verdade que só pode vir à luz a partir do ato da escrita, como também de "uma possibilidade de uma emancipação individual [e] coletiva".[18]

Lembro-me com nitidez da sensação de estupor ao ler *O lugar* e encontrar ali experiências pessoais de classe: as da minha família, não normanda, mas de Salvador. Uma trajetória de babás, pescadores e donas de casa que falam um português incorreto; a de meu pai, técnico de máquina de xerox; a de minha mãe, empregada doméstica e, mais tarde, dona do próprio salão de beleza, que sempre investiu o que tinha na educação de sua única filha para que tivesse oportunidade de escolher a

---

17 *Ibidem*, p. 34.

18 Annie Ernaux, *op. cit.*, 2023, p. 19.

profissão que desejasse. Mas também de ler com fúria *O acontecimento*, de tropeçar em cada página, a cada tentativa da autora de não deixar o silêncio, a vergonha, o tabu, a engolir.

E de me imaginar em sua situação, encurralada, quando eu ainda também era uma estudante de graduação em letras e não tinha (e não há) garantia nenhuma de que isso não poderia acontecer comigo. Sempre que leio e releio sua produção autobiográfica e mergulho nos relatos quase sem conseguir distinguir depois suas experiências e as minhas, não posso deixar de pensar no sucesso de sua empreitada: fazer das suas histórias individuais elemento constituinte da escrita, mas, acima de tudo, uma reiterada tentativa (sempre passível de fracasso) de dissolver sua existência "na cabeça e na vida dos outros".[19]

II.

Aproveitando a sua vinda para o Brasil, em outubro de 2024, para participar da Festa Literária Internacional de Paraty (Flip), no Rio de Janeiro, o escritor Édouard Louis realizou uma entrevista no programa *Roda Viva*. Ao ser perguntado sobre o sentimento de traição que todo "trânsfuga de classe" supostamente experimenta a partir do momento em que se dissocia de suas origens, afirma: "eu nunca tive a sensação de trair porque nunca tive a sensação de pertencimento, e para trair algo é preciso pertencer a ele."[20] Acrescentando em seguida que, ao contrário de Annie Ernaux, a qual, mesmo oriunda de um meio precarizado, pôde contar com um suporte e cumplicidade da família, sua história é altamente marcada pela violência que surge sobretudo dentro de casa.

O fato é que o gesto de abrir o livro da escola soava como uma ameaça à sua mãe; seu modo de falar ("a voz aguda") e caminhar ("balançar dos quadris da direita para a esquerda quando eu me movia") era visto como

---

19 Annie Ernaux, *op. cit.*, 2022, p. 71.

20 Édouard Louis, [Entrevista concedida a] Gabriela Maya, Marina Della Valle, Pedro Pacífico, Paula Jacob e Roberta Martinelli, *Roda Viva*, 21 out. 2024.

uma provocação aos seus pais; e sua sexualidade era vista como um desvio e alvo de vergonha. No mundo da classe operária, em que vigorava, por exemplo, a visão de que para "um homem a violência era algo natural, evidente",[21] a sexualidade do autor foi o fator principal para que ele não se sentisse pertencente ao meio operário de onde veio e buscasse a qualquer custo se afastar dele. Se há um sentimento de traição por parte de Louis, é a sensação de ter traído seu pai e o "orgulho masculino" que ele valorizava e desejava transmitir, como uma espécie de herança familiar, para o filho: "Um pai reforçava sua identidade masculina por meio de seus filhos, aos quais ele devia transmitir seus valores viris, e meu pai o faria, ele faria de mim um durão, era seu orgulho masculino que estava em jogo."[22]

Por outro lado, a ideia de "vingança" é constantemente mobilizada em sua produção: "Eu queria vencer para me vingar".[23] Já podemos ver este ímpeto em seu primeiro livro publicado. *O fim de Eddy*[24] é o relato de uma infância violenta numa França rural, negligenciada política e economicamente. Nesse livro, o autor questiona temas como a injustiça de uma sociedade de classes, os efeitos físicos e psicológicos da pobreza, e a reprodução da violência. Muitos anos antes de reconhecer a própria sexualidade e se assumir abertamente homossexual, Eddy foi chamado de "veado" e "bicha", em um ambiente machista. Na escola seus dois algozes esperam por ele todos os dias para cuspir em sua cara, espancá-lo e insultá-lo; em casa seus "ares" afeminados, o oposto da norma dos meninos difíceis, provocam a família e reforçam sua experiência de exclusão social.

O sofrimento do protagonista está fortemente ligado ao seu ambiente operário, onde as pessoas parecem transmitir a violência de uma vida de dominação sobre aqueles que são considerados anomalias da sociedade. O próprio nome do narrador parece estar colado a uma identidade estigmatizante: como se o diminutivo Eddy fosse sinal de uma pequenez no mundo e o sobrenome, Bellegueule, que parece uma junção de "*belle*"

21 Édouard Louis, *O fim de Eddy*, 2018, p. 36.

22 *Ibidem*, p. 22.

23 Édouard Louis, *Mudar: método*, 2024, p. 25.

24 Édouard Louis, *op. cit.*, 2018.

("bonita") e "*gueule*" ("boca" ou "face", dependendo do contexto), fosse uma piada de mau gosto com sua situação real: "Seus dentes, como os meus, provavelmente nunca tinham visto uma escova. As mães do vilarejo não davam muita importância à higiene bucal."[25]

O livro então nos mostra uma dupla redução: física e de classe. Ele é prisioneiro do próprio corpo e do mundo de origem: "Eu estava preso entre o corredor, meus pais e os moradores do vilarejo."[26] Assim, no decorrer da narrativa, acompanhamos a maneira como o protagonista enfrenta um ambiente familiar, escolar, social no qual os papéis de gênero são marcados desde o nascimento, regulando o percurso de desenvolvimento pessoal e a ocupação dos espaços sociais. Uma separação clara está presente na própria organização da casa: a mãe fica responsável pelas tarefas domésticas e o pai socializa depois do expediente de trabalho na fábrica.

O pai, a obsessão de ser "durão", a criação e exaltação de uma masculinidade que é uma autoridade e, antes de tudo, uma expressão corporal. A fábrica paira como uma sombra sobre todos os homens da aldeia e, certamente, para as crianças e adolescentes, e constitui o único horizonte existencial possível. No início da narrativa, Louis relata seu próprio medo de entrar ali, quando era criança: "Mamãe, de noite a fábrica para, ela vai dormir? Não, a fábrica não para. Ela não dorme nunca. [...] Então eu também devia ir pra fábrica de noite? Sim",[27] como se desde pequeno ele soubesse que sua vida seria parecida com a de seu pai.

Entretanto, em *O fim de Eddy*, igualmente lemos sua luta contra esse ambiente que não o aceita como ele é. Em outras palavras: acompanhamos seu embate constante com uma dupla força, interior e exterior, que o traz de volta para o destino opressivo que parece inevitável e, ao mesmo tempo, o empurra para uma fuga desse modo de vida: "Era preciso fugir."[28] E ele foge, encontrando nos estudos um espaço de libertação. Uma viagem social que foi tratada minuciosamente em *Mudar: método*.[29]

25 *Ibidem*, p. 17.
26 *Ibidem*, p. 69.
27 *Ibidem*, p. 30.
28 *Ibidem*, p. 130.
29 Édouard Louis, *op. cit.*, 2024.

Dentro de sua história pessoal, em que raça, classe, pobreza e identidade sexual são exibidos, apresentados e interligados, também nos deparamos com uma história mais ampla que narra os mecanismos de opressão que expõem socialmente os indivíduos pertencentes a classes populares. Assim, Édouard Louis, a partir de suas próprias experiências, "vinga" sua infância, sua sexualidade e, por tabela, seu meio de origem. Como o título indica, a narrativa é o retrato de um passado doloroso e um desejo de romper com ele. O apagamento do nome e sobrenome do autor, de Eddy Bellegueule para Édouard Louis ("o fim" de Eddy), é mais que a escolha de um pseudônimo, pois evidencia a possibilidade de autoafirmação e de uma mudança muito maior: mudar o corpo, mudar o nome, encontrar uma maneira de performar sua sexualidade e, porque não dizer, mudar a realidade.

III.

Escrever a vida é algo fundamental para Annie Ernaux e Édouard Louis. Ambos aliam essa visada autobiográfica a uma política. Para Ernaux, o que é político está na "forma", na maneira de dizer, e na maneira como o fato será analisado e transformado em material linguístico. Já Louis vê a escrita como um instrumento de intervenção direta na realidade, pois o que o autor busca não é narrar uma história, pois está à procura de uma textualidade que não "deturpe o olhar",[30] que crie um gesto de intervenção no mundo. Assim, a escrita, para ele, é politicamente explícita e um ato "contra a literatura".[31]

Ao contrário da autoficção, os dois autores parecem estar muito mais próximos do "pacto de verdade"[32] formulado por Philippe Lejeune quando caracteriza os gêneros autobiográficos. Essa afirmação não significa, no entanto, negar a Ernaux e a Louis um lugar na literatura.

30 "Détourner le regard" in *Mediapart*, "Édouard Louis: 'J'ai voulu écrire l'histoire de la destruction d'un corps'", 16 maio 2018.

31 Édouard Louis, *Lutas e metamorfoses de uma mulher*, 2024, p. 14

32 Philippe Lejeune, *Le Pacte autobiographique*, 1996.

Talvez possamos pensar em suas produções como habitantes do que o historiador francês Ivan Jablonka[33] vem chamando de "literatura do terceiro continente" para se referir a obras que habitam uma "zona de extraterritorialidade" na qual a ficção é mínima e há uma insistência do relato em se aproximar do real.

O desejo de Annie Ernaux e Édouard Louis de tratar a própria experiência como matéria de escrutínio para "vingar" o que deixaram para trás pode ser um indicativo dos próprios valores literários do presente, que, reformulados, não só atribuem à literatura uma "arma de combate" ("a autobiografia é a arte dos dominados", como afirma Louis) a fim de "perturbar as hierarquias literárias e sociais",[34] como nos diz Ernaux, como deixam nebulosas e um pouco datadas muitas categorias convencionais de análises e classificação em voga hoje, como parece ser o caso da própria autoficção.

Referências bibliográficas

ERNAUX, Annie. *O lugar*. Tradução de Marília Garcia. São Paulo: Fósforo, 2021.

______. *O acontecimento*. Tradução de Isadora de Araújo Pontes. São Paulo: Fósforo, 2022.

______. *A escrita como faca e outros textos*. Tradução de Mariana Delfini. São Paulo: Fósforo, 2023.

JABLONKA, Ivan. "O terceiro continente". *ArtCultura*, v. 19, n. 35, 2017, pp. 9-17. Disponível em: <www.seer.ufu.br/index.php/artcultura/article/view/41248/21809>. Acesso em: 27 abr. 2025.

LEJEUNE, Philippe. *Le Pacte autobiographique*. Paris: Éditions du Seuil, 1996.

LOUIS, Édouard. *O fim de Eddy*. Tradução de Francesca Angiolillo. São Paulo: Planeta do Brasil, 2018.

______. *Lutas e metamorfoses de uma mulher*. Tradução de Marília Scalzo. São Paulo: Todavia, 2024.

33 Ivan Jablonka, "O terceiro continente", *ArtCultura*, p. 11.

34 Annie Ernaux, *op. cit.*, 2023, p. 180.

______. *Mudar: método*. Tradução de Marília Scalzo. São Paulo: Todavia, 2024.

Mediapart, "Édouard Louis: 'J'ai voulu écrire l'histoire de la destruction d'un corps'", 16 maio 2018. Disponível em: <www.mediapart.fr/journal/france/160518/edouard-louis-j-ai-voulu-ecrire-l-histoire-de-la-destruction-d-un-corps>.

VÉRON, Laélia; ABIVEN, Karine. *Trahir et venger: paradoxes des récits de transfuges de classe*. Paris: La Découverte, 2024.

Jogo de dados: biografias e autobiografias, entre pesquisa e memória

Joselia Aguiar

Primeiro, inventou-se no Ocidente a biografia de pessoas reais e só bastante depois iria surgir a narrativa longa que chamamos de romance, cujos protagonistas são, por definição, de caráter ficcional. Obras dedicadas a contar a trajetória de gente que existiu apareceram entre os séculos I e III d.C., na época em que a *pax romana* viu prosperar a atividade literária.[1] A escrita de vidas atravessaria o tempo, assumindo múltiplas variações formais, revisitada por autores com as propostas mais distintas. Até que, entre os séculos XVIII e XIX, viu seu espaço ser dividido na preferência dos leitores com o novíssimo romance,[2] nas também novíssimas livrarias modernas.

A primeira pergunta que cabe fazer é se a biografia é parte das tentativas de estabelecer, na Antiguidade, aquilo que se tornou a História como campo de conhecimento e, muito mais tarde, disciplina acadêmica – grafada em "H" maiúsculo no esforço de distingui-la.

Vamos lembrar quem são os pioneiros desse tipo de projeto biográfico. Plutarco (46-126), grego de etnia e cultura embora cidadão romano, transitava entre a filosofia e a história. Suetônio (69-141), romano, escreveu em latim e atuou principalmente como historiador e biógrafo. Diógenes Laércio (*c.* 200-250), também grego, ativo dentro do Império Romano entre os pertencentes à tradição cultural helênica, situava-se muito mais entre filósofos e se concentrou na trajetória de seus pares quando produziu biografias.

1 John Marincola, *Greek and Roman Historiography*, 2011.

2 Ian Watt, *A ascensão do romance*, 2010.

A resposta começa a se tornar menos óbvia quando lemos o que diz Plutarco na introdução de seu *Vida de Alexandre*.[3] Esclarece que: i) escreve Vidas, não Histórias; ii) interessa-se não exatamente por fatos, e sim por manifestações características da alma. Aos leitores, pede que não o censurem "se, em lugar de expor ampla e pormenorizadamente cada acontecimento, ou algum dos atos mais memoráveis", dedicava-se a "um simples sumário da maior parte deles". Argumentava que "nem sempre são as ações mais brilhantes as que mostram melhor as virtudes ou os vícios dos homens". A sua escolha recaía, portanto, sobre os detalhes. Como diz, "muitas vezes, uma pequena coisa, a menor palavra, um gracejo, fazem ressaltar melhor um caráter do que combates sangrentos, batalhas campais e ocupações de cidades". Ou seja, no seu entender o biógrafo operava dentro de uma especificidade diferente da do historiador – mais atento ao íntimo do que a uma sucessão de fatos.

Observar as fontes desses pioneiros ajuda a entender o gênero que se forjava conforme se dedicavam a encontrar dados empíricos para rastrear o que escreviam sobre pessoas. A sua base eram trabalhos de historiadores mais antigos, como Heródoto ou Tucídides, ou mais recentes, como Tácito e Plínio. Iam a arquivos palacianos ou a bibliotecas como a de Alexandria, Pérgamo ou Tibério. Encontravam cartas, discursos e documentos públicos. Outras obras filosóficas ou morais. Versos. Um conjunto de anedotas e tradições orais que podiam até não ter veracidade. Claro, havia a escuta de pessoas, considerada tarefa por vezes mais importante do que a de vasculhar arquivos – o que mais tarde, muito mais tarde, a partir da virada dos séculos XIX ao XX, acreditarão também jornalistas, diferenciando sua produção biográfica daquela usualmente praticada por historiadores ou ensaístas.

Suetônio, por ser secretário do imperador Adriano, tinha não somente acesso direto ao arquivo imperial romano como aos comentários comezinhos nos banquetes e nas termas. Costuma-se considerar o seu *A vida dos doze césares* como um relato tão divertido quanto fofoqueiro sobre a vida dos imperadores romanos, e não é por outro motivo que

3 Os trechos são retirados de Plutarco, *Alexandre e César: vidas comparadas*, 1989, p. 12-14.

frequentemente volta a ser comentado, mesmo passados dois mil anos. As excentricidades e luxúria de gente como Júlio Cesar, Nero ou Calígula garantiram um feito único à nova edição inglesa, traduzida para a Penguin Classics por Tom Holland, coapresentador de um podcast bem-sucedido na Inglaterra. A publicação se tornou o primeiro clássico antigo nas listas de mais vendidos,[4] em pleno 2025.

Do que se trata esses primeiros textos biográficos? Deve-se notar, em primeiro lugar, que são breves. No rol de merecedores de biografias, encontram-se nomes de grande elevação na escala social, como imperadores, filósofos ou gramáticos. Na Antiguidade tardia e por toda a Idade Média surge uma escrita de vida dedicada a outro tipo de personagem, os santos e mártires. Essas seriam chamadas, mais tarde, de hagiografias, a narração milagrosa de feitos extraordinários, tornadas parte do protocolo de canonização de alguém. Um pioneiro é Atanásio de Alexandria, 328-373. Vão continuar a ser encontradas até a virada do século XIV.

Esses projetos biográficos sobre césares e santos produzem, muitas vezes, resultado ficcional involuntário, numa época em que as noções de historiografia e ficção não estavam dadas. Como observa Hermione Lee[5] em um dos seus estudos sobre o gênero biográfico, ninguém esteve presente nas vezes em que o Demônio tentou Santo Antão para alcançarmos tanta precisão sobre os ditos eletrizantes encontros. Os textos antigos possuem seu próprio grau de invenção e ausência de veracidade. Não havia ainda as notas de rodapé, inventadas muito posteriormente. A história desse aparato científico-editorial[6] é um processo longo que se desenvolve entre os séculos XVII e XIX. Inclui esforços de gente como Athanasius Kircher, jesuíta e matemático dedicado à história natural. Pierre Bayle, filósofo e dicionarista, Leopold von Ranke, inventor da história científica.

4 Dados sobre o sucesso editorial da nova edição de *A vida dos doze césares* podem ser lidos no artigo "2,000-year-old book about Roman emperors enters bestseller charts", *The Guardian*, 24 fev. 2025.

5 Hermione Lee, *Biography: A Very Short Introduction*, 2009.

6 Anthony Grafton, *The Footnote: A Curious History*, 1999.

Contada nessas linhas gerais, a história do começo do gênero biográfico torna claro que se pretende fazer a reconstituição da vida dos outros a partir de um conjunto de fontes, ainda que, de início, não sejam evidenciadas ou tão exatas. Os procedimentos evoluíram para obter rigor informativo, porém nunca se deixou de reconhecer que há um autor, ou autora, a conduzir investigação e escrita, garantindo um resultado analítico e interpretativo próprio. Neste ponto vamos tratar de um tipo de produção biográfica cuja particularidade a coloca naquilo que descrevemos como escrita de si. É a partir daqui que entra em cena Agostinho de Hipona, o Santo Agostinho.

Um misto de religioso e filósofo proeminente na Igreja Católica, Agostinho escrevia sermões até se dedicar a uma obra monumental: suas *Confissões*, detentoras do duplo estatuto de obra-prima literária e texto fundamental do pensamento filosófico. Em suas páginas, acompanhamos a vida de Agostinho desde o nascimento, em 354, passando por crises de fé, lascívia e vícios, até a conversão. Relatos de conversão, associados ou não a biografias de santos, eram comuns na época; porém, à medida que avançamos na leitura do trabalho, nota-se um esforço de introspecção sem precedentes, combinado a uma argumentação original sobre a passagem do tempo e mesmo os mistérios da Bíblia. Nos trezes livros que compõem o volume, o décimo é particularmente famoso por sua investigação pessoal para além do fundo religioso: "Pois, mesmo quando estou na escuridão e no silêncio, produzo cores em minha memória, se quiser, e distingo o branco do preto, e qualquer outra cor que queira.[7]

Ao refletir sobre a importância de *Confissões*, Lorenzo Mammì, tradutor da edição mais recente em língua portuguesa, observa que a obra – ainda hoje considerada inclassificável – é frequentemente apontada como a primeira autobiografia da literatura ocidental. "Tanto do ponto de vista literário quanto do filosófico, a obra não corresponde a nenhum padrão

7 Santo Agostinho, *Confissões*, p. 187.

conhecido. Tampouco, em que pese sua enorme influência, criou descendentes diretos."[8]

Comparável ao esforço de Agostinho, outra obra de peso seria escrita por Jean-Jacques Rousseau: também intitulada *Confissões*, cobre seus primeiros 53 anos de vida, até 1765. Sua publicação só ocorreria em 1782, quatro anos após a morte do filósofo francês. Como curiosidade, vale lembrar que as de Santo Agostinho foram lidas em manuscritos copiados à mão durante mil anos, até o surgimento da imprensa. Gente como Rousseau encontrava nos antigos o motor daquele novo tempo iluminista.

Uma pergunta frequente é a diferença entre biografia e autobiografia. No segundo caso, está claro: o livro é conduzido por quem viveu a história narrada – trata-se, portanto, de seu ponto de vista. Quem narra pode até dispor de fontes, se quiser; o usual é que não o faça. Já ao autor de uma biografia, também portador de um olhar próprio, exige-se o apoio em fontes diversas, e no rol dessas inclui, se houver, autobiografias ou volumes de memória. Em resumo, toda autobiografia é um livro de memória. Já uma biografia pode se tornar um livro de memória quando quem narra, além de citar fontes, foi também testemunha ou participante dos episódios.

Cabe, aqui, uma nova pergunta: o que leva um autor a não desejar fazer uma autobiografia, e sim um livro de memória? Para começar, uma autobiografia impõe uma linha do tempo mais contínua – uma abrangência usualmente cronológica e de pretensão totalizante, ou quase. Um livro de memórias pressupõe liberdade maior: pode se fixar num período específico, adotar uma narração mais episódica e fragmentada, guardar certo grau de imprecisão, cortes e encadeamentos fora do padrão. E ainda não estamos falando de ficção.

Uma pessoa pode contar a própria história, mas isto não impede que outros também o façam. A se tomar Santo Agostinho como exemplo, uma pesquisa simples nos mostra séculos de tentativas de retratá-lo – e o tema parece inesgotável. Um aluno seu, Possidio, escreveu ele mesmo

8 Lorenzo Mammì, "Apresentação" in *Confissões*, 2017, p. 5.

uma biografia logo após a morte do religioso em 430 d.C., *Vida de Santo Agostinho*. E, apenas para ficarmos com outros dois estudos recentes, há *Santo Agostinho: uma biografia* (1967), de Peter Brown, historiador britânico especializado em Antiguidade tardia, e *Agostinho: o homem, o pastor, o místico* (1975), de Agostino Trapè, renomado agostiniano e teólogo italiano.

A história do gênero biográfico passou por outras grandes viradas. No século XVI, por exemplo, Giorgio Vasari construiu um bem bolado combinando a trajetória de alguém e a análise de sua obra artística. Um arquiteto e pintor em Florença, torna-se, com seu *Vidas dos mais excelentes pintores, escultores e arquitetos*, ou simplesmente *Vidas dos artistas*, um precursor da história da arte. Enquanto se sabe da vida íntima de 133 nomes do Renascimento, acompanha-se o desenvolvimento de suas criações. Nota-se diferença no tratamento: diante daqueles que apreciava, Vasari se desdobrava em elogios; quando não os apreciava tanto, carregava nas tintas.

Outro grande marco para o gênero foi a biografia escrita por James Boswell sobre Samuel Johnson, crítico literário e lexicógrafo, o maior nome das letras inglesas no século XVIII. Sua *Life of Samuel Johnson*, publicada em 1791, possui não apenas um novo procedimento de apuração, mas também um arranjo original de texto. Uma espécie de amigo-discípulo, o autor conviveu por quase três décadas com Johnson, tomando notas que se transformaram em dezoito diários. Na comparação com as biografias escritas até ali, essa inovou por seu profundo detalhismo, pelo senso de observação aguçado e reprodução de conversas, capturando uma personalidade vívida, em plena expressão.

Boswell lançou as bases do gênero como arte literária, exercendo enorme influência sobre os biógrafos do século seguinte, que buscariam equilibrar documentação, interpretação moral e sensibilidade narrativa. Entre os vitorianos, o gênero avançará em pormenores cronológicos tão exaustivos que fariam corar Plutarco, num decoro inimaginável para Suetônio. De fundo igualmente moralizantes, autobiografias como as de Benjamin Franklin (1791) ou de John Stuart Mill (1873) seguiram na mesma toada, excessivamente amplas e dedicadas a mostrar o quanto seus viventes eram exemplares, virtuosos.[9]

A chegada do século XX cai como uma bomba no gênero biográfico, atravessando-o com irreverência, aportes inesperados, rupturas desestabilizadoras. Cada novo acontecimento abre a possibilidade de um texto diverso. Tem-se, numa das frentes, a combinação entre biografia e psicanálise tal como a propôs Sigmund Freud, com seu ensaio de fundo biográfico sobre Leonardo da Vinci – *Uma recordação de infância de Leonardo da Vinci* (1910), que descreveu como investigação médica da alma.[10] A influência dessa abordagem foi enorme, mesmo entre autores que não vinham do ramo: questões relacionadas a infância, doenças, sonhos e sexualidade passaram a tangenciar pesquisa e escrita biográfica, levando autores, no extremo, a um resultado por vezes esquemático e forçado.

Noutra frente, para citar apenas uma das mais significativas, trata-se de transformar a biografia em espaço de experimento literário, e uma estrela disso será ninguém menos que Virginia Woolf,[11] antes de tudo, reputada na ficção. De modos distintos, ela fará isso. Vai criar romances com os pressupostos do gênero, como *Orlando* (1928) e *Flush* (1933), que têm como subtítulo "uma biografia". Escrever ela mesma uma biografia *stricto sensu*, *Roger Fry, uma biografia* (1940), dedicada a um amigo e crítico de arte. E publicar ensaios para refletir sobre esse tipo de projeto, sugerindo que era preciso colocar abaixo o modelo vitoriano, acreditar nos personagens menores e relatar fracassos, investindo tanto em "granito e arco-íris", isto é, tanto em dados empíricos quanto em metáforas. No rastro dessa proposta inventiva, surgem obras como as de Gertrude Stein – *Autobiografia de Alice B. Toklas* (1933) e *Autobiografia de todo o mundo* (1937) – e a de A. J. A. Symons, *Em busca do Barão Corvo: uma biografia experimental* (1934), sobre o autointitulado Barão Corvo, o artista *sui generis* inglês Frederick Rolfe. A brincadeira consiste em questionar não somente o objeto de interesse quanto o processo empregado.

9 David Amigoni, *Life Writing and Victorian Culture*, 2006.

10 Sigmund Freud, *Obras completas*, 2013.

11 Virginia Wolf, *The Art of Biography*, 2012.

Como diz Stein: "Eu escrevi a autobiografia de todo mundo. Eu escrevi a autobiografia de todo mundo. Eu escrevi a autobiografia de todo mundo e não escrevi a minha."[12]

Dentro da historiografia, a tal História com "H" maiúsculo, outra revolução é proposta pela Escola dos Annales, entre 1930 e 1970. Em sua crítica à concepção positivista – segundo a qual os grandes homens constroem a nação e conduzem o progresso –, os annalistas propõem novos objetos, abordagens e fontes. Um livro exemplar desse propósito aplicado ao gênero biográfico é *São Luís* (1996), biografia vastíssima escrita por Jacques Le Goff, composta por uma infinidade de fontes – entre elas hagiografias – e por uma interpretação refinada, que mostra como um rei se torna santo, contribuindo para reconstituir toda a Idade Média em um jogo dialético repleto de minuciosa complexidade.

O quadro que se apresenta neste início do século XXI nos conduz a modelos mais difusos do que regulados ou limitantes. Autobiografias cedem espaço aos livros de memória, mais livres e inventivos. Jornalistas se somam a historiadores no trabalho com fontes, mantendo o gênero biográfico em alta popularidade. Basta lembrar, em tons sensacionalistas, o barulho causado por biografias de astros pop ou da família real britânica. Ao lado de estudos críticos em formato de ensaio, cresce a presença de obras assinadas por autores das mais diversas formações que utilizam suas próprias memórias, assumindo com menos pudor o uso da primeira pessoa nas biografias que escrevem. Nota-se o maior interesse editorial, atendendo a uma demanda genuína de leitores e leitoras, por trabalhos biográficos e autobiográficos que giram em torno de questões de raça e gênero. Nas prateleiras, encontram-se com mais facilidade desde antigas raridades, como a autobiografia pioneira do escritor e fotógrafo abolicionista negro Frederick Douglass, *Narrativa da vida de Frederick Douglass* (1845), até obras de frescor contemporâneo como *Perder a mãe*, de Saidiya Hartman, que, em seu conceito de fabulação crítica, entrelaça um processo de busca pela trajetória familiar com a história da escravização na África Ocidental.

---

12 Gertrude Stein, *The Autobiography of Alice B. Toklas*, 2010, p. 18.

Mais estruturado do que antes, o hibridismo entre ficção e biografia também se consolida: surgem narrativas romanceadas sobre pessoas reais ou histórias totalmente ficcionais com personagens históricos. Nesse cenário, cabe questionar o próprio gênero – como fez Janet Malcolm em *A mulher calada* (1994) –, parodiá-lo – como Alain de Botton em *Kiss & Tell* (1995) – ou até transformá-lo em autoajuda, como em *Como Proust pode mudar sua vida* (1997). Outros objetos – e não apenas pessoas – tornam-se biografáveis, como se vê em *Stradivarius* (2005), de Toby Faber, sobre o icônico violino, e *O imperador de todos os males: uma biografia do câncer* (2012), de Siddhartha Mukherjee. Nas prateleiras, há ainda os romances de não ficção, como os de Patrick Deville, entre eles *Viva!* (2014), que reconta o affair entre Trótski e Frida Kahlo e seu subsequente assassinato no México.

A variedade de projetos biográficos confirma o que diz Leon Edel: "Um biógrafo é de fato bem-sucedido quando uma forma literária distinta é encontrada para uma vida em particular."[13] Em vez de seguir uma fórmula fixa, a decisão sobre como será cada projeto depende da abordagem desejada, do tipo de fonte utilizada e que esteja à disposição do biógrafo. Um manejo inventivo de dados empíricos, arrumados conforme a voz autoral de quem escreve a biografia ou a autobiografia. O século XXI parece reafirmar que não se pode, sobretudo, encontrar uma verdade única para a pessoa retratada. O que Hermione Lee também chamou de "incerteza biográfica".[14]

Entre pesquisa e memória, a escrita do outro se mistura à escrita de si, atravessada por um jogo que desafia o próprio gênero.

Referências bibliográficas

AMIGONI, David (org.). *Life Writing and Victorian Culture*. Londres: Routledge, 2006.

BOSWELL, James. *Life of Samuel Johnson*. Penguin Classics, 2008 [1791].

13 Leon Edel, *Writing Lives: Principia Biographica*, 1984, p. 33.

14 Hermione Lee, *op. cit.*

BOTTON, Alain de. *Kiss & Tell*. Londres: Macmillan, 1995.

______. *Como Proust pode mudar sua vida*. Tradução de Marcello Lino. Rio de Janeiro: Intrínseca, 2011.

BROWN, Peter. *Santo Agostinho: uma biografia*. Tradução de Vera Ribeiro. Rio de Janeiro: Record, 2005.

DEVILLE, Patrick. *Viva!*. Tradução de Marília Scalzo. São Paulo: Editora 34, 2014.

DOUGLASS, Frederick. *Narrativa da vida de Frederick Douglass: um escravo americano*. Tradução de Leonardo Poglia Vidal. São Paulo: Aetia Editorial, 2018.

EDEL, Leon. *Writing Lives: Principia Biographica*. Nova York: W. W. Norton & Company, 1984.

FABER, Toby. *Stradivarius: cinco violinos, um violoncelo e três séculos de perfeição*. Tradução de Clóvis Marques. Rio de Janeiro: Record, 2006.

FREUD, Sigmund. *Obras completas*. Tradução de Paulo César de Souza. São Paulo: Companhia das Letras, 2013.

______. *Uma recordação de infância de Leonardo da Vinci*. Tradução de Renato Zwick. Porto Alegre: L&PM, 2024 [1910].

GRAFTON, Anthony. *The Footnote: A Curious History*. Cambridge: Harvard University Press, 1999.

HARTMAN, Saidiya. *Perder a mãe: uma jornada pela rota atlântica dos escravizados*. Tradução de José Luiz Pereira da Costa. São Paulo: Bazar do Tempo, 2021.

LE GOFF, Jacques. *São Luís*. Tradução de Marcus de Castro. 5ª ed. Rio de Janeiro: Record, 1999.

LEE, Hermione. *Biography: A Very Short Introduction*. Oxford: Oxford University Press, 2009.

MALCOLM, Janet. *A mulher calada: Sylvia Plath, Ted Hughes e os limites da biografia*. Tradução de Sergio Flaksman. São Paulo: Companhia das Letras, 2012.

MARINCOLA, John (org.). *Greek and Roman Historiography*. Chichester: Wiley-Blackwell, 2011.

MUKHERJEE, Siddhartha. *O imperador de todos os males: uma biografia do câncer*. Tradução de Berilo Vargas. São Paulo: Companhia das Letras, 2012.

PLUTARCO, *Alexandre e César: vidas comparadas*. Tradução de Hélio Vega. Rio de Janeiro: Ediouro, 1989. (Clássicos de Bolso.)

POSSÍDIO. *Vida de Santo Agostinho*. Rio de Janeiro: Paulus Editora, 1997.

ROUSSEAU, Jean-Jacques. *Confissões*. Tradução de Wilson Lousada. 4ª ed. São Paulo: Nova Fronteira, 2018 [1782].

SANTO AGOSTINHO. *Confissões*. Tradução de Lorenzo Mammì. São Paulo: Penguin; Companhia das Letras, 2017.

STEIN, Gertrude. *Autobiografia de Alice B. Toklas*. Tradução de Júlio Castañon Guimarães. São Paulo: Cosac Naify, 2005 [1933].

______. *Autobiografia de todo mundo*. Tradução de Júlio Castañon Guimarães. São Paulo: Cosac Naify, 2010.

SUETÔNIO. *A vida dos doze césares*. Brasília: Edições do Senado Federal, 2012.

______. *The Life of the Caesars*. Tradução de Tom Holland. Nova York: Penguin Classics, 2025.

SYMONS, A. J. A. *Em busca do Barão Corvo: uma biografia experimental*. Tradução de Fernanda Drummond. Rio de Janeiro: Rádio Londres, 2019 [1934].

TRAPÈ, Agostino. *Agostinho: o homem, o pastor, o místico*. Tradução de Francisco Evaristo Marcos e Marcos Roberto Nunes Costa. São Paulo: Cultor de Livros, 2017.

VASARI, Giorgio. *Vidas dos artistas*. Tradução de Ivone Castilho Benedetti. 2ª ed. São Paulo: WMF Martins Fontes, 2020.

WATT, Ian. *A ascensão do romance*. Tradução de Hildegard Feith. São Paulo: Companhia de Bolso, 2010.

WOLF, Virginia. *The Art of Biography*. Londres: Read & Co., 2012.

______. *Orlando*. Tradução de Jorio Dauster. São Paulo: Penguin; Companhia das Letras, 2014.

______. *Flush*. Tradução de Jorio Dauster. São Paulo: Penguin; Companhia das Letras, 2020.

PARTE 3. EU ESCREVO

A própria voz

O direito à própria história e a ética do contar

Julián Fuks

Das muitas questões latentes no debate literário contemporâneo, há uma que produz particular exaltação e divergência, uma que tem rendido discussões acaloradas aqui no Brasil e em tantos cantos do mundo. Como toda questão importante, não traz uma resposta única: provoca uma miríade de argumentos válidos, às vezes contrários entre si, às vezes intrinsecamente contraditórios. Por isso não trago neste texto, nem seria meu estilo, respostas fechadas e definitivas, tão desinteressantes quando o assunto é literatura. Prefiro, em vez disso, convidar o incerto leitor ao debate franco, pois afinal é a franqueza o que se põe em discussão.

O direito à própria história e a ética do contar. Quem lê esse título talvez pense de partida que estou fazendo uma postulação perigosa. É provável que já deduza dessas palavras sumárias alguma posição a ser tomada de maneira enfática, a partir do que imagina estar em jogo. Não o julgo, eu talvez fizesse o mesmo se me deparasse distraído com um título desses, acho que já me veria a assumir um lado antes da leitura. Por isso tomo a liberdade de alterar a pontuação da proposta, opto por interrogações no lugar das afirmações terminantes. Temos o direito de narrar, como bem entendermos, a nossa própria história? Deve incidir sobre a narrativa resultante alguma ética quanto ao que se conta, o que se preserva, o que se disfarça, o que se esconde?

Em literatura, o início de todas as discussões traz um pressuposto inescapável, quase um dogma: a ideia de que deve prevalecer sempre a liberdade. Tudo pode ser contado, tudo cabe num livro, tudo é passível de conversão em ficção, tudo vale a tradução em palavras, e cada um que aguente as consequências imediatas dessa atividade tão audaz. Eis um princípio da arte, um princípio que desejaríamos inegável: não se pode definir *a priori* os seus caminhos, pois o que nos interessa ali é o que ainda desconhecemos, o que não tem nome. Aquilo que não sabíamos que desejávamos e, no entanto, aceitamos com voracidade quando de súbito se apresenta aos nossos olhos.

O tempo

Além desse princípio básico, têm um contexto essas generalidades que aqui abordo. Falo de um tempo em que a literatura se transformou sobremaneira. O tempo em que a autoficção se insurgiu, tão nova e tão antiga a uma só vez, e se estabeleceu como uma das forças dominantes de sua época, e já tem suscitado seu correspondente mal-estar por excesso de presença, e já sofre acusações de cansaço, esgotamento, impertinência. Em que fase de fato estamos desse processo tão comum de ascensão, apogeu e queda de uma forma literária é algo difícil de determinar; no momento, todas as visões parecem em alguma medida defensáveis. Tudo já havia sido feito em matéria de autoficção antes que surgisse o nome, ou tudo já se fez a partir dessa torrente das últimas décadas, ou talvez ainda haja algo por fazer, alguma história que por distração tenha faltado, ou pode ser que estejamos no início de um processo muito maior, que apenas começa a dar as caras. O tempo da autoficção ficou para trás, ou o seu tempo é hoje, ou existe para ela um futuro largo.

Gosto de pensar a autoficção como um entre muitos fenômenos contemporâneos, um dos mais ruidosos, sem dúvida, mas parte menor de algo mais vasto. Proponho a substituição do termo *autoficção* por outro nome, ou mais precisamente um acréscimo: concebê-la como subgrupo de algo que talvez se possa chamar de *pós-ficção*.[1] Refiro-me a uma era em que produzimos ficções mesmo sabendo que algo do mecanismo

1 Propus pela primeira vez o conceito no ensaio "A era da pós-ficção" in *Ética e pós-verdade*, 2017.

ficcional se rompeu, que para muitos daqueles que se querem autores e autoras a fabulação se fez impossível. Nathalie Sarraute soube descrevê-lo como ninguém, e lá se vão sete décadas desde a sua afirmação de que estaríamos vivendo uma "era da suspeita".[2] Um estremecimento entre autor e leitor que produz uma desconfiança recíproca, e funda entre eles um pacto mais frágil, mais instável, sempre contingente.

O caso é que as condições para uma narrativa passaram por profundas convulsões no último século, ou século e meio, gravando sobre sua forma habitual algumas marcas conspícuas. Em outras palavras, as crises sucessivas do romance deixaram no gênero cicatrizes severas que o deformam, que o alteram numa infinidade de aspectos. Criou-se uma descrença em relação ao romance convencional – se é que algo digno de tal nome alguma vez existiu, hipótese bastante refutável. Contra essa descrença, e com algum desespero, o romance tem se aferrado a uma crença poderosa no real.

Para não se afogar na impertinência, na frivolidade, o romance tenta agora tocar a carne da realidade mais do que em qualquer época anterior. Cria-se assim uma infinidade de híbridos contemporâneos. O romance se aproxima de outras linguagens que desde sua origem lhe são caras, mas agora se funde e se confunde com elas numa transformação mais radical. O romance se aproxima da autobiografia, sim, mas também da historiografia, do ensaio, da sociologia, da filosofia, do discurso político, e aqui só pode caber um largo *etc.* para o impensado. Isso é o que tenho chamado de pós-ficção: esse vínculo extensivo e profundo entre a ficção e os outros discursos do mundo, a turvar os limites do narrar que antes conhecíamos.

O direito à própria história e a ética do contar. É nesse contexto de transformações extremas que a questão se coloca. Há uma sanha muito difundida de escrever a partir da experiência particular, contar o que se viveu, o que se viu, o que se ouviu, esmiuçar o que se sentiu, o que se sofreu. Já não tanto o desejo de fundar um universo à parte, autônomo, feito apenas de abstrata imaginação e concreta palavra. Já não tanto a

2 Nathalie Serraute, *L'Ère du soupçon. Essais sur le roman*, 1956.

intenção de afirmar o sentido da existência incorporando tensões reais à vida de seres inexistentes. Agora o que se ressalta é a vontade de tocar as tensões com mãos próprias, de agarrar as tensões e puxá-las para o interior dos livros. Não por acaso tal empenho costuma resultar em livros tensos, por vezes eticamente questionáveis. O direito à própria história e a ética do contar veem-se em choque em diversos momentos, a um passo de um novo trauma, no equilíbrio mais delicado.

Alguns casos exemplares

Escrever com tal apego à vida, e ao mesmo tempo com tal desprendimento, que a vida desmorona durante o exercício da escrita. Algo disso lemos em Karl Ove Knausgård, referência inescapável nesses assuntos. Knausgård escreve sobre a família e a família colapsa, escreve sobre a cidade e a cidade estremece.[3] Faz-se o homem mais célebre de sua terra, talvez, mas não pode voltar a ela sem suscitar esgares de ressentimento. Escreve sobre o próprio casamento e leva o casamento à ruína.[4] Knausgård quer tocar a vida com a literatura, faz disso seu empenho mais extremo, embora por vezes sintamos em suas páginas que a literatura perde a vida quando quer tocá-la tão prolixamente, que também assim a literatura a inventa. Em todo caso, no que aqui nos concerne, tudo o que sua escrita toca se desfaz, ao menos em aparência. Ele faz um uso drástico de seu direito de contar, isso ninguém há de negar, e talvez derive dessa liberdade o fascínio que seus livros suscitam.

Emmanuel Carrère percorre um caminho um pouco diferente. De início escreve livros de ficção e livros de não ficção, distintamente. É quando essas tarefas começam a se fundir que o autor se singulariza. Em 2007, publica *Um romance russo*, reportagem com exploração de si mesmo, obra híbrida em que relata ao menos três buscas. De um personagem distante, um húngaro que passa cinco décadas preso num hospital psiquiátrico na

3 Karl Ove Knausgård, *A morte do pai*, 2013.

4 Karl Ove Knausgård, *Um outro amor*, 2014.

Sibéria; de um passado familiar, seu próprio avô colaborador dos nazistas; de uma relação pessoal, destruída pelo ciúme que corrói o autor tornado protagonista. Para escrever o livro, põe em risco sua relação com a mãe, expõe sua namorada na época. Mais tarde virá a falar do arrependimento por tê-lo feito, esse o verdadeiro problema de seu romance, a exposição excessiva, não a imprecisão biográfica. "Escrevi coisas dolorosas e acho que isso é mais grave do que qualquer ficcionalização. Ali nada há de ficção, mas acho que deve existir essa regra de não escrever coisas que machucam as pessoas. E, naquele livro, eu o fiz."[5]

Em *Ioga*, mais de uma década depois, a tensão se agrava já dentro do livro. Ali o autor afirma a literatura como "o lugar onde não se mente", e vai perfilando os muitos acontecimentos terríveis de sua existência. Então se depara com uma ocorrência central que não pode narrar, e não porque lhe faltem palavras ou coragem; não pode narrar porque está proibido pela justiça francesa. O autor encontra um limite externo: por um acordo que assinou sem muito pensar, está proibido de escrever sobre sua mulher. "E isso significa que há um buraco no livro, um efeito bizarro, um defeito", é o que ele comenta em entrevista.[6] Talvez por esse constrangimento da lei, talvez por qualquer outro motivo, ele trai seu próprio princípio criativo e começa a mentir. Carrère inventa no livro em que não inventaria, faz uma série de contravenções dos preceitos que assumira, dá um passo de volta à ficção e encontra nisso um prazer. "Frederica é um personagem de romance", confessa ao fim do livro.[7] "A ficção assume o controle."[8] O autor se trai para seguir fiel a si mesmo, talvez. Quando confessa que inventou, retoma seu compromisso com a verdade, e assim explicita quanto ela é instável e duvidosa.

Mesmo autores afeitos ao exercício de contar com franqueza a própria vida, percebemos, aproximam-se por vezes de uma concepção oposta a

5 Entrevista a Helen Beltrame-Linné, "Através do espelho: Emmanuel Carrère fala de jornalismo, depressão, ioga e o narcisismo como ferramenta de escrita", *Quatro Cinco Um*, 22 mar. 2023.

6 Entrevista citada na nota anterior.

7 Emmanuel Carrère, *Ioga*, p. 257.

8 *Ibidem*.

tal ideia. Toni Morrison não é nenhuma autoficcionista, e pode ter sido quem soube expressar com mais ênfase uma outra constrição desejável à escrita. Talvez não caiba concordar com ela num texto como este, mas ao menos deixar que suas palavras nos inquietem por um momento. Diz Morrison, tal como a cita Sigrid Nunez,[9] que basear um personagem numa pessoa real é uma violação de direitos autorais. "As pessoas são donas da própria vida, e a vida não é para ser usada numa obra de ficção por outrem." Não é banal uma declaração de princípio como essa. Para atendê-la, seria preciso fundar todo um novo regime narrativo, um que nos obrigaria com exclusividade à imaginação, regime fabular ao extremo, uma literatura mais inventiva do que todo e qualquer sonho humano. Literatura quimérica e impossível, arrisco dizer.

Annie Ernaux vem nos salvar desse instante de inquietude. Em *O acontecimento*, relato de um aborto que a autora fez quando jovem, aborto que quase resultou em sua morte, é que ela explicita uma diretriz fundamental para ela e para tantos de nós: "Ter vivido uma coisa, qualquer que seja, dá o direito imprescritível de escrevê-la."[10] Está falando em grande medida do silenciamento que nos é imposto tantas vezes, imposto sobretudo às mulheres numa sociedade que prefere calar suas ideias tidas por impertinentes. Mas a frase acaba por aportar uma nuance interessante àquela suposição de liberdade total da literatura: temos, sim, essa liberdade irrestrita quando vivemos algo, quando esse algo é parte de uma experiência própria, quase uma posse, ainda que impalpável e desprovida de qualquer documento oficial.

E, no entanto, é bonito o que Ernaux decide fazer com o direito que arroga a si mesma. Não passa a escrever sem censuras sobre tudo o que lhe aconteceu, não vai alinhando palavras duras sobre quem quer que cruze com ela pela vida. Há em seus livros um exercício evidente de discernimento, que talvez se possa julgar como uma ética benquista para a autoficção. Quando vai falar sobre a mulher que realizou o aborto, nela

9 Sigrid Nunez, *O amigo*, 2019.

10 Annie Ernaux, *O acontecimento*, 2022, p. 35.

e em milhares de francesas daquela época, a narradora pondera: "Não tenho o direito, pelo exercício de um poder não recíproco, de expor, no espaço público de um livro, L. B. uma mulher real, viva."[11] Mais tarde, quando fala do jovem médico que a recebe quando ela aparece à beira da morte no hospital, e que lhe impõe sua violência obstétrica e psicológica, ela afirma: "Se eu tivesse descoberto o nome desse residente de plantão da noite do dia 20 ao 21 de janeiro de 1964, e se me lembrasse dele, não hesitaria em registrá-lo aqui. Mas seria uma vingança inútil e injusta na medida em que seu comportamento devia ser apenas uma amostra de uma prática geral."[12] Há complexidade e sutileza nessas escolhas, cujos efeitos nunca são de todo previsíveis.

Uma proposta pessoal

O que me ponho a defender aqui, então, se é possível uma passagem da complexidade a um discurso mais simples, é o exercício da delicadeza no ato da escrita e no olhar que dedicamos à literatura. Ao menos é isso o que tento fazer em meus próprios romances, todos autoficcionais, não deixar que a literatura se alce a uma posição hierárquica superior à da vida. Escrever com sensibilidade, atento aos efeitos que a escrita produz na vida dos outros, na vida de todos, na minha própria vida. Mas também, como é fundamental, sem acatar silenciamentos, sem passar à produção anódina de uma versão autorizada do mundo, versão empobrecida e hipócrita. A esta altura já pude entender, também pela leitura de todos esses bons autores, que minha contribuição à complexidade dos tempos é feita de palavra, e que é preciso escrevê-la com franqueza para que tudo se transforme – e para que a própria literatura volte a alcançar, para mim, o seu sentido suspenso.

---

11 *Ibidem*, p. 41.

12 *Ibidem*, p. 64.

Referências bibliográficas

CARRÈRE, Emmanuel. *Ioga*. Tradução de Mariana Delfini. São Paulo: Alfaguara, 2023.

______. *Um romance russo*. Tradução de André Telles. São Paulo: Alfaguara, 2024.

ERNAUX, Annie. *O acontecimento*. Tradução de Isadora de Araújo Pontes. São Paulo: Fósforo, 2022.

FUKS, Julián. "A era da pós-ficção". In: DUNKER, Christian *et al.* *Ética e pós-verdade*. Porto Alegre: Dublinense, 2017.

KNAUSGÅRD, Karl Ove. *A morte do pai*. V. 1. Tradução de Leonardo Pinto Silva. São Paulo: Companhia das Letras, 2013. (Minha Luta)

______. *Um outro amor*. Tradução de Guilherme da Silva Braga. São Paulo: Companhia das Letras, 2014.

NUNEZ, Sigrid. *O amigo*. Tradução de Carla Fortino. São Paulo: Instante, 2019.

SARRAUTE, Nathalie. *L'Ère du soupçon. Essais sur le roman*. Paris: Gallimard, 1956.

Eu: entre o fascínio e o enfado

Natalia Timerman

1\. Vira e mexe pululam artigos em periódicos ou comentários em redes sociais sobre a presença excessiva das narrativas de si hoje em dia. Estes calamitosos tempos nos atolariam todos em autoficções, escrevivências, escritas de um eu que insistiria demais em se mostrar. A birra com os livros numa primeira pessoa que coincide onomasticamente com o autor me intriga. É um pouco como se a escolha do que ler fosse definitiva, como se uma pessoa, a partir do momento em que retira um livro da estante, estivesse condenada a partir de então a lê-lo para sempre. Ou como se se tratasse de uma disputa ilusória por leitores, essas criaturas tão escassas, que partiria do pressuposto de que quem lê ficção não lê jamais escritas de si e vice-versa.

Percorro a reflexão da crítica literária turco-estadunidense Merve Emre sobre o ensaio pessoal e a expando, aqui, para as escritas de si em geral: "Trata-se antes do tédio de ter que prestar atenção em 'um grande número' de pessoas, todas elas em busca de reconhecimento público a partir da projeção de uma interioridade privada."[1] Por que *ter que* prestar atenção? Quem faz essa convocação? Quem se vê obrigado a responder a ela?

A tendência: essa poderia ser a resposta. Se os insatisfeitos leitores quiserem continuar a par do que acontece na cultura, terão de enfrentar essa avalanche mesmo a contragosto.

1 Merve Emre, "A ilusão da primeira pessoa", *Serrote*, 2025, pp. 66.

2. As redes sociais podem funcionar como termômetro, indicar para onde se direciona em determinado momento a nossa algazarra de vozes (ainda que os algoritmos talvez nos devolvam sempre o eco da nossa própria voz). Quando da divulgação da lista dos indicados aos principais prêmios literários brasileiros de um certo ano, alguém reclamava, num post do Facebook, do predomínio de livros da chamada autoficção. Reações e comentários concordavam, revoltados. Meus colegas e eu, que havíamos concorrido naquele ano com livros de escritas de si, sem que nenhum tivesse sido indicado, nos queixávamos em privado, justamente, quanto à ausência de obras em primeira pessoa dessas listas. Por que apanhávamos, mesmo estando fora daquele ringue?

3. Outro dia uma amiga contou que lhe lançaram a pergunta: quando você vai enfim inventar, ao invés de escrever sobre si?[2] Como se ela fosse uma escritora menor se não inventasse. Como se a ficção fosse superior à escrita de si, uma evolução dela. Eu estava lendo *O prazer censurado: clitóris e pensamento*,[3] e um paralelo imediato se fez, o reconhecimento de um mesmo movimento. O livro da filósofa francesa Catherine Malabou discute, entre tantas questões, a diferença instituída por Sigmund Freud entre a mulher clitoridiana e a mulher vaginal. Para o criador da psicanálise, mulheres capazes de atingir orgasmos vaginais com penetração teriam primazia sobre as que conseguem gozar "apenas" com estimulação do clitóris; gozar com o pênis alheio seria, então, um estágio mais evoluído, e conseguir gozar só com a autoestimulação, uma falta, quase uma falha. O livro de Catherine Malabou desconstrói esse e outros mitos acerca do clitóris, único órgão do corpo humano cuja existência não se deve a mais nada além do prazer, e inverte a gradação da mulher clitoridiana à vaginal inventada por Freud. Prescindir da penetração, do pênis – prescindir do outro –, não é falha alguma. Malabou traz à baila a magnífica feminista italiana Carla Lonzi, para

2 Escrevi antes sobre isso no artigo "Você é uma mulher vaginal ou clitoridiana? Prefere ficção ou escrita de si?", Uol, 30 jun. 2024.

3 Catherine Malabou, *O prazer censurado: clitóris e pensamento*, 2024.

quem o "clitóris deve perder seu papel secundário" e para quem ser clitoridiana significaria, para uma mulher, precisamente pensar em primeira pessoa.

4. Em vez de se posicionar na disputa, entender como a disputa se dá; em vez de defender as narrativas em primeira pessoa, entender qual o motivo do ataque. Até mesmo de dentro, como quando Lydia Davis diz, acerca de seu romance *O fim da história*: "Eu não estou disposta a inventar muito. A maioria das coisas se mantém como era. Talvez eu não consiga pensar em algo para pôr no lugar da verdade. Talvez eu só tenha uma imaginação fraca."[4] Ressalto aqui a interpretação da professora e pesquisadora Luciene Azevedo para o título do romance, que indicaria a ausência (ou o fim) de "certa concepção da narrativa ficcional à qual estamos acostumados desde o século XVIII".[5] Ressalto a associação de Lydia Davis da própria incapacidade de inventar como fraqueza, o que, por contraposição, faria supor que a fabulação é uma força, ou seja, superior.

5. Diana Klinger menciona Roland Barthes, que se reconhece, assim como Lydia Davis, incapaz de inventar:

> Posso ter o desejo tenaz de escrever um romance (daí o título genérico: *Preparação do romance*) e constatar, depois, que não consigo fazê-lo, pela simples razão de que eu não sei mentir (não eu não quero, mas eu não sei): isso não quer dizer que eu sei dizer a Verdade; o que está fora dos meus limites é a invenção da Mentira, a Mentira luxuriosa, a Mentira que produz espuma: a Fabulação, a Mitomania. [...] Isso não é um diploma de moral; pois a Imaginação fabuladora é uma potência generosa (criar o outro), e a recusa a "mentir" pode indicar um Narcisismo: tenho apenas, ao que parece, uma imaginação fantasmática (não fabuladora), isto é, narcísica.[6]

4 Citada por Luciene Azevedo, *Pensar a ficção hoje*, 2024. p. 17.

5 *Ibidem*.

6 Diana Klinger, *Literatura e ética: da forma para a força*, 2014, pp. 34-35.

Exponho aqui meu incômodo com o uso do termo "mentira" para mencionar, descrever ou definir a ficção, principalmente na contemporaneidade. A ficção não é uma mentira porque se sustenta em um pacto cujos signatários estão de acordo com que não se trata da verdade. Como afirma Luciene Azevedo: "a literatura (que nunca foi mentira ou enganação, nunca é o oposto da verdade) sempre atuou para expandir a ideia de verdade [...]."[7]

6. As notas para o curso "A preparação do romance", de Roland Barthes, são de 1978 e 1979. O texto de Lydia Davis é de 1995. Muita coisa mudou de lá para cá, mas é tão arraigada a crença na superioridade da ficção que as escritas de si são às vezes interpretadas não como uma saída da ficção, mas da própria literatura.[8]

7. Eu não me lembro de jamais ter ouvido alguém dizer que documentário não é cinema.

8. Ontem, num jantar entre amigas, falávamos mal de alguns livros. Uma de nós se revela impressionada com como os autores são atacados. É verdade, isso não acontece tanto com cinema nem com música, respondo, pensando. Ela explica: é porque o autor é só um. Um filme é feito por muita gente. O autor, figurando em destaque na capa do livro, é ao mesmo tempo forte e vulnerável. No alto, sempre prestes a cair.

9. Luciene Azevedo questiona se "a presença invasiva do eu nas narrativas, ambiguamente aproximado aos autores das histórias, é proporcional a um rechaço pela ficção", se estaríamos, como havia afirmado Beatriz Sarlo, "realmente nos cansando das ficções".[9] Mas – velozes mudanças – agora o discurso que parece prevalente é, opostamente, o do cansaço das narrativas de si.

---

7 Luciene Azevedo, *op. cit.*, p. 51.

8 *Ibidem*. A formulação "saída da ficção", que será usada ainda outras vezes neste texto, é de Luciene Azevedo.

9 *Ibidem*, p. 17.

10. A saída da ficção é política. O escritor francês Didier Eribon afirma que "É preciso ouvir e compreender a implicação do sujeito que fala ou escreve naquilo que ele fala e escreve e, consequentemente, retraçar a genealogia histórica e social dessa implicação."[10] O sujeito que fala como si mesmo traz também o silêncio a que eram relegados os que o antecederam. As minorias, enfim, ocupando o campo literário, ocupando o espaço público.

11. Em 2017, um artigo no *El País* assinado pela escritora espanhola Anna Caballé: "Cansados do eu? A autoficção mostra sinais de fadiga." De uma escrita autobiográfica que "significava, mais profundamente, uma aposta pela verdade", passamos para "a disseminação abusiva do Eu do autor, neutralizando o efeito subversivo conseguido pela escrita autobiográfica" e para "a profissionalização do Eu, como se tudo o que viesse dele tivesse a marca da legitimidade literária. Daí o cansaço com livros cujos autores se transformaram em bufões de si próprios: me olhem".[11]

12. É no mínimo curioso que esse cansaço, se há, sobrevenha bem quando mulheres, negros, travestis, indígenas etc. estejam escrevendo em seu próprio nome. (A incapacidade de reconhecer e legitimar a emergência de outros valores e discursos é nada mais que a perpetuação da invisibilidade como estratégia de relação com a diferença.)[12]

13. Por que a predisposição à irritação, às picuinhas, mesmo que as escritas de si sejam tão diversas, tão construídas sobre os próprios termos quanto os livros de ficção? E por outro lado, por que a tendência a ler até mesmo a ficção na chave do autobiográfico? A mudança do estar no mundo causada pelas redes sociais é uma resposta simplória, mas possível. Dar um Google no nome do autor, em seu personagem, procurá-los no

---

10 Didier Eribon, "Datas de nascimento", *Serrote*, n. 49, 2025.

11 Anna Caballé, "Cansados do eu? A autoficção mostra sinais de fadiga", *El País*, 10 jan. 2017.

12 Inspirado em J. M. Gonçalves Filho, "Humilhação social: um problema político em psicologia", *Psicologia USP*, 1998.

Instagram, aumentar a imagem real de seu rosto. Voyeurismo que tem acompanhado o gesto tão antigo de ler.

14. Contraponto do filósofo coreano Byung-Chul Han a essa relação simplória que faço entre o apelo ao autobiográfico e as redes sociais:

> A narração autobiográfica pressupõe uma reflexão posterior sobre o que foi vivido, um trabalho de recordação consciente. Os dados e as informações [oferecidos pelas redes sociais], por outro lado, são gerados enquanto passam pela consciência. Eles reproduzem diretamente nossas atividades antes de serem propriamente refletidos, antes de serem filtrados pela reflexão.[13]

Então o autobiográfico e o si-mesmo das redes sociais não poderiam funcionar como solução de continuidade, um levando ao outro.

15. Talvez, então, seja a falta de si-mesmo, o "vazio interior" desta nossa modernidade tardia, a causa comum tanto da nossa demanda pelo autobiográfico (por lê-lo e escrevê-lo) quanto pelo nosso abandono aos dados e informações. Já que (também Han):

> A crise de hoje não é mais viver *ou* narrar, mas viver *ou* postar. Similarmente, a obsessão por selfies não pode ser atribuída ao narcisismo. É muito mais o *vazio interior* que leva à obsessão por selfies. O Eu precisa de propostas de sentido que possam lhe conferir uma identidade estável. Em vista do vazio interior, ele produz a si mesmo permanentemente. As selfies representam o si-mesmo de forma vazia.[14]

A tendência à escrita autobiográfica seria, assim, o reflexo de uma busca, uma tentativa de antídoto ao vazio de si.

16. Escrevi um livro de ficção, em terceira pessoa, sem nenhuma ambiguidade entre autor e narrador, e ele mesmo assim é tido muitas vezes como uma autoficção.

13 Byung-Chul Han, *A crise da narração*, 2023, p. 53.

14 *Ibidem*, p. 67.

17. Quem precisa de defesa, no embate entre narrativas de si *versus* ficção, é a literatura.

18. Sobre a acusação do que o senso comum entende por narcisismo das escritas de si: a vaidade de um escritor não está ligada ao seu narrador, mas à sua autoria.

19. O conceito de autonomia do texto provavelmente contribuía para a manutenção dos mesmos autores ocupando os mesmos espaços. A ideia de morte do autor provavelmente só foi levada a sério porque seu autor era Roland Barthes.[15]

20. Fui jurada de um prêmio literário e gostei muito de três dos mais de duzentos livros concorrentes. Não conseguia estabelecer um critério de desempate para selecionar meu preferido que, então, eu defenderia no debate com os outros jurados. Um relance de pensamento talvez tenha me impelido a escolher a obra cujo pseudônimo do autor era uma mulher. Tal livro foi a obra vencedora. Quando revelada a identidade, o autor por trás do pseudônimo era um homem.

21. Teríamos gasto o slogan feminista "o pessoal é político", surrado a máxima "quanto mais pessoal, mais universal"? Se o eu implicado de que fala Eribon é apenas sociológico, não caberia, atrelado a ele, o individual, o literário. O eu sozinho seria um aproveitador: surfaria na onda do eu sociológico que é todos, mas estaria falando só de si, de ninguém mais. O que justificaria a escrita do eu (ser porta-voz de outros) também impediria a escrita desse eu, que se valeria de uma justificativa que ele mesmo contradiz ao contar a singularidade de sua história. Talvez parte do enfado com as escritas de si venha desse paradoxo.

---

15 Caio Gagliardi, "Autor, autoria e autoridade: argumentação e ideologia em Roland Barthes" in *O império do autor na moderna teoria da literatura: o problema da autoria no século XX*.

22. Conversa de um casal antes de dormir:

Ele: Todo narrador é implicado. O discurso impessoal não existe.

Ela: Nem na ficção? Não na capa, mas dentro do livro.

Ele: Como assim?

Ela (conseguindo enxergar): A ficção é o único lugar onde a impessoalidade do discurso se faz. A ficção abre essa fenda. Quando a literatura abre mão dessa fenda perde a possibilidade de sua impessoalidade, e isso tem consequências.

Ele (bocejando): Quais consequências?

Ela: O sacrifício da liberdade, talvez? Ainda que haja, também, liberdade em um texto de não ficção. Mas não tanta. E ainda que haja regras internas estabelecidas pela própria ficção que também restringem a liberdade.

Ele: Hm.

Ela: Acho que a diferença é que a restrição, no texto de ficção, vem de dentro, das regras que o próprio mundo ficcional cria. No texto de não ficção, a restrição vem de fora, da realidade.

Ele (quase dormindo): Sim, parece que sim. Mas o que fazer? Escrever só ficção?

Ela: Não é algo que se controle. As pessoas escrevem o que escrevem. Podemos apenas tentar entender por que isso está acontecendo justamente no nosso tempo.

Antes de apagar a luz do abajur, ela se lembrou de um texto que dizia que "cada geração procura aquilo que acredita não ter. A nossa busca a si mesma".[16]

23. Se a ficção pode ser tida como o lugar do exercício da liberdade imaginativa (superior, segundo Lydia Davis, Roland Barthes e o interlocutor da minha amiga), Annie Ernaux "recusa o termo autoficção porque enxerga na recusa da ficção em si a forma de validar politicamente sua obra".[17]

---

16 Anna Caballé, *op. cit.*

17 Júlio Pimentel Pinto, "Autoficção e confissão no século XXI" in *História e literatura: diálogos no tempo*, 2025.

24. Sobre separar ou não autor e obra: a notícia de feitos hediondos gera, de tempos em tempos, a discussão sobre se devemos ou não ler a obra de seus perpetradores. Quando eu soube que Alice Munro seguiu casada com o homem que ela tinha conhecimento de ter repetidamente abusado de sua filha, minha curiosidade por sua escrita aumentou. Eu queria me debruçar, olhar com lupa, entender como ela transformou aquela atrocidade em ficção. É nosso lado mais monstruoso que faz literatura.

25. A autora argentina Belén López Peiró escreveu *Por qué volvías cada verano* a partir do fato de ter sido abusada dos 13 aos 16 anos por seu tio. Para tanto, dispõe de documentos reais do processo, que em vez de simplesmente contar a violência de que foi vítima, estabelecem um "coral de fragmentos" que desestabiliza a primeira pessoa.[18]

> É por isso que podemos dizer que a obra não se esgota no documental e nem que esse documental veda a ficção. Sim, estamos na ordem dos acontecimentos verdadeiros e [...] também estamos diante de uma obra que refrata a realidade de forma prismática. [...] Peiró cria ou inventa uma forma de narrar o que lhe aconteceu.[19]

26. De que se nutre a literatura? Do ímpeto, do buraco, do que se esconde, do que não se entende. A casca da palavra fica muito fina num mundo em que tudo aparece demais. Em que eu apareço demais.

27. Uma aluna de letras me contou que sua colega estava me estudando em seu projeto de conclusão de curso. *Me* estudando, e não à minha obra; estudando minha presença nas redes sociais. Esse recorte me causou surpresa. Eu não pensava no que postava, não imaginava que minha vontade errática de subir algo nas redes se relacionava com minha postura de autora, com minha literatura.

---

18 Tomei conhecimento do livro de Peiró no ensaio "A ficção e o documento", de Luciene Azevedo, de quem empresto, agradecida, essas reflexões.

19 Luciene Azevedo, *op. cit.*, p. 62.

28. A espetacularização e a superexposição do autor sugam seu suco, o autor seca, se torna superficial. Por uns dois anos, tudo o que eu escrevia era publicado. Percebi que precisava de um caderno, de algo que eu escrevesse mas mantivesse escondido, para sustentar as palavras que apareceriam para o leitor.

29. "Uma prática genuinamente contracultural só pode florescer por certo tempo, antes de ser cooptada pela cultura dominante", diz Merve Emre em "A ilusão da primeira pessoa".[20] Teria sido a autoficção em algum momento contracultural e, agora, disseminada, provoca cansaço?

30. Também Merve Emre:

> O confessional se provou uma estratégia altamente bem-sucedida para extrair produção literária de uma força de trabalho cada vez mais desqualificada, que não precisa fazer muito além de compartilhar experiências. Como apontou Jia Tolentino, da *New Yorker*, em "O boom do ensaio pessoal acabou", sites de baixo orçamento pagam uma ninharia a jovens mulheres por ensaios "ultraconfessionais" que permitem a "comercialização de [sua] vulnerabilidade", sabendo que esses ensaios vão encorajar o tráfego voyeurístico e, assim, aumentar a receita publicitária da qual esses portais dependem.[21]

31. Sobre o cansaço diante das escritas de si: há algum âmbito da existência contemporânea em que, munidos de um smartphone, não estamos todos generalizadamente cansados?

32. Sobre os embates de que trata este texto, recorro mais uma vez a Luciene Azevedo:

> O pressuposto é banal e já é enunciado por Bakhtin: "As fronteiras entre ficção e não ficção, entre literatura e não literatura não são delineadas de forma pacífica. A especificidade de cada situação é histórica.

20 Merve Emre, *op. cit.*, p. 74.

21 *Ibidem*, p. 77.

E o crescimento da literatura não é meramente desenvolvimento e mudança dentro dos limites fixos de qualquer definição; os limites, eles mesmos, estão mudando constantemente".[22]

32. Hoje participei de uma mesa com Luciany Aparecida e Vinicius Neves Mariano. Luciany contou que, quando criança, passou três dias chorando depois de assistir a uma cena de novela em que uma mãe morre no parto. Quando a avó lhe revelou, enfim, que a morte daquela mulher não tinha acontecido na realidade (seu choro sim), entendeu o que é a ficção. Vinicius, sobre seu conto "Mal do senhor"[23], afirma ser interpelado frequentemente por pessoas angustiadas querendo saber se aquilo aconteceu na realidade ou não. Ele só poderá responder no dia em que este texto estiver totalmente pronto e acabado: nunca.

Referências bibliográficas

AZEVEDO, Luciene. *Pensar a ficção hoje*. Rio de Janeiro: Papéis Selvagens Edições, 2024.

EMRE, Merve. "A ilusão da primeira pessoa". Tradução de Julia de Souza. *Serrote*, n. 49, abr. 2025, pp. 63-79.

ERIBON, Didier. "Datas de nascimento". Tradução de Luzmara Curcino. *Serrote*, n. 49, mar. 2025, pp. 33-61.

GAGLIARDI, Caio. "Autor, autoria e autoridade: argumentação e ideologia em Roland Barthes". In: *O império do autor na moderna teoria da literatura: o problema da autoria no século XX*. Relatório de candidatura de Livre Docência, Processo 07/50293.

GONÇALVES FILHO, J. M. "Humilhação social: um problema político em psicologia". *Psicologia USP*. 29 set. 1998. Disponível em: <www.scielo.br/j/pusp/a/s63y4NmBfsHYpwm3gtw4wFD/#>. Acesso em: 7 maio 2025.

HAN, Byung-Chul. *A crise da narração*. Tradução de Daniel Guilhermino. Petrópolis: Vozes, 2023.

22 Luciene Azevedo, *op. cit.*, p. 50.

23 O conto "Mal do senhor" abre o livro *A pele em flor*, publicado em 2025 pela Editora Alfaguara.

KLINGER, Diana. *Literatura e ética: da forma para a força*. Rio de Janeiro: Rocco, 2014.

MALABOU, Catherine. *O prazer censurado: clitóris e pensamento*. Tradução de Célia Euvaldo. São Paulo: UBU, 2024.

MARIANO, Vinícius Neves. *A pele em flor*. São Paulo: Alfaguara, 2025.

PEIRÓ, Belén López. *Por qué volvías cada verano*. Barcelona: Editorial Las Afueras, 2020.

PINTO, Júlio Pimentel. "Autoficção e confissão no século XXI". In: IEGELESKI, Francine; PAIVA, Felipe (orgs.). *História e literatura: diálogos no tempo*. Brasília: Fábrica – Oficina de comunicação, 2025.

Trauma e transcriação

Amara Moira

— Mas foi estupro?

Incrédula com o que eu acabava de ouvir, a pergunta escapuliu dos meus lábios e gerou risos na minha amiga, que se limitou a responder:

— Que nada, eu já era nervosa na época.

Estávamos batendo papo sobre amenidades, quando chegamos ao tema das primeiras experiências sexuais, e essa interlocutora comentou ter perdido a virgindade aos 8 anos. O caso se deu com um primo bem mais velho do que ela, penetração e tudo, e, se eu já estava desconcertada nesse ponto, fiquei ainda mais quando as outras duas presentes, em tom de brincadeira, relataram idades similares para os seus *débuts*. Acontecimentos do tipo são considerados a pior coisa que pode acontecer a uma criança, contudo elas estavam ali, adultas, se divertindo com essas lembranças. Seria coincidência as três serem travestis, terem vivido situações do gênero na infância e lidarem com essas memórias de maneira similar? Eis uma das questões que pretendo discutir aqui.

Diferentemente das minhas amigas, que desde a infância foram percebidas como "bichinhas" e nunca precisaram oficialmente transicionar, eu só comecei a ver o mundo por uma perspectiva travesti perto dos 30 anos. Foi aí que tive as primeiras experiências com assédio, por exemplo. Até então ninguém nunca havia me abordado de maneira abusiva ou tocado o meu corpo sem o meu consentimento. Era medo o que, antes, impedia as abordagens invasivas? Mas, se era medo, o que havia efetivamente mudado para que, nesse início oficial de transição (quando comecei a me apresentar como Amara), tais investidas se tornassem recorrentes? Meu corpo era ainda o mesmo, em boa medida, exceto pelos vestidos, adereços e o pouco de maquiagem que eu me permitia usar.

Esse assédio me proporcionava sentimentos contraditórios. Às vezes, a raiva e repulsa esperadas (e impotência também, quando me via sem condições de reagir), mas às vezes era justamente o oposto, o ato fazendo com que eu me sentisse desejável, feminina o suficiente para atrair a atenção dos homens. Uma forma concreta de reconhecimento, importante num contexto de reinvenção da minha identidade. Um caso emblemático se deu pouco antes disso que venho chamando de o Dia T da minha transição.

Pintei as unhas de vermelho, comprei uma peruca rosa-choque e uma fantasia de dominatrix, e lá fui eu nesse modelito para o carnaval de rua de Campinas, minha cidade. Primeira vez que eu encarnava uma persona feminina em público. Lá chegando, um grupo de homens foi de cara me hostilizar, e amigos precisaram intervir para eu não ser agredida. A felicidade que eu transparecia desde que pisei na rua podia indicar que aquilo era mais do que uma fantasia, daí talvez o incômodo que causei nos machões – no carnaval tudo pode, desde que não seja a sério, certo? Passado o susto, no entanto, vivi um dos momentos mais gozosos da minha vida.

Nunca recebi tanta cantada, nunca tantas mãos vieram para cima do meu corpo, passeando alegremente pela minha bunda, peito e até genital. Enquanto eu desfilava pela multidão, homens, em sua maioria, mas mulheres também, se sentiam autorizados a tocar meu corpo sem qualquer pudor. Tudo na brincadeira, óbvio, só que alguns aproveitavam para tirar uma casquinha... e, apesar da forma abusiva com que procediam, o prazer que eu experimentava era inegável. Isso foi pouco antes de me tornar oficialmente Amara, mas já era ela ali querendo dar as caras, hoje vejo. Em determinado momento, comento com uma colega cisgênero que, com essa chuva de mão-boba, agora eu estava sentindo na pele o que era ser mulher. Um comentário risonho, não crítico, com o qual ela ficou bastante irritada:

— E você acha isso engraçado?

Me desculpei pelo que havia dito e mudamos de assunto para não azedar a festa. Não era exatamente graça o que eu sentia, era uma forma inusitada de excitação, e o riso servia apenas para disfarçar o sentimento. Disfarçar de mim, inclusive, porque eu também não estava pronta para a descoberta que fazia. De qualquer forma, parecia machista da minha parte não só ter feito o gracejo, como estar gostando da situação, e, já que eu não tinha ingerência direta sobre o que me dava prazer, passei a me policiar para, pelo menos, restringir as erupções discriminatórias em minhas falas. Quem sabe se, represando tais manifestações verbais, os meus pensamentos e, por tabela, os meus próprios desejos não acabassem se transformando em algo, digamos assim, mais feminista? Uma década após o episódio, vejo o quanto essa expectativa era ingênua.

Sim, nossos desejos se transformam, mas não de maneira voluntária. Não é apertando um botão que nos livramos de toda uma história de condicionamentos. A impressão que fica é que as pessoas (eu inclusa) querem urgentemente se "desconstruir", para usar uma palavra da moda, e acreditam poder fazê-lo, ou pelo menos apressar o processo, se esmerando em reproduzir o jargão da militância. Porém, como afirma uma amiga, desconstrução não é brincar de Lego, tirar uma pecinha e colocar outra no lugar – desconstrução é fazer uma reforma estrutural num prédio sem que ele caia. É derrubar parede, trocar fiação, consertar vazamento… e adivinha quem é o prédio onde isso tudo acontece? Nesse sentido, limitar-se a modificar nossas falas, as manifestações mais superficiais do que somos, funciona como aqueles conhecidos versos do poema "Tabacaria", de Fernando Pessoa: "Conheceram-me logo por quem não era e não desmenti, e perdi-me./ Quando quis tirar a máscara,/ Estava pegada à cara."[1]

Vestimos a fantasia do politicamente correto, decoramos que não se diz "a" mas "b", papagueamos o motivo sem entendê-lo direito e, cereja do bolo, nos especializamos em fiscalizar deslizes na fala alheia. Quer forma mais eficaz de se revelar um aliado desconstruidão do que apontando dedos? Por dentro, as dúvidas permanecem, argumentos que não se

1 Fernando Pessoa, *Poesia completa de Álvaro de Campos*, 2007, pp. 290-291.

encaixam, conclusões que parecem apressadas, mas mesmo colocar esses pontos na mesa pode soar como um ataque discriminatório. O melhor, portanto, é se calar e esperar o momento em que diálogo e divergência sejam encarados com olhos menos hostis. Mais de dez anos após esse fatídico carnaval, volto a ele interessada menos em julgamentos morais do que em tentar entender o que se passava comigo.

Um ponto que me ocorre é que, como me criaram para ser um menino, minha infância não foi marcada pela necessidade de me proteger, seja das minhas curiosidades corporais, seja de investidas sexuais alheias. Frases como "fecha as pernas", "abaixa a saia", "não deixa verem a sua calcinha", "cuidado com os meninos", "não senta no colo dos homens", "não deixa ninguém te tocar" etc. eram marteladas diariamente não na minha cabeça, mas na de minha irmã. O sexo, portanto, nunca me foi apresentado como a maior das ameaças, ao contrário do que costuma ocorrer com meninas cis, que crescem sentindo medo permanente de terem suas vidas destruídas por ele (e de serem responsabilizadas pelo que quer que aconteça). Talvez isso ajude a explicar o porquê de eu ter me divertido com o assédio do carnaval, reação impensável caso eu e aquela colega cis trocássemos de lugar.

A hipótese ajuda a lançar luzes sobre os relatos de minhas amigas travestis. E, se a princípio poderia parecer inusual três travestis trazerem relatos similares sobre como lidaram com suas experiências sexuais precoces, quando comecei a estudar as autobiografias de mulheres trans e travestis brasileiras percebi que a questão era tudo menos coincidência. Se considerarmos as autoras que desde cedo foram entendidas como afeminadas, basicamente todas as que eu conheço terão relatos do tipo. Todas. Não à toa, a autobiografia de Luísa Marilac traz nas primeiras páginas a seguinte reflexão:[2]

> Se for dar o nome de estupro a tudo que as meninas bem-cuidadas de classe média chamam de violência sexual, já fui estuprada mais vezes do que posso contar. Por homens adultos que me buscavam na porta

2 Luísa Marilac e Nana Queiroz, *Eu, travesti: memórias de Luísa Marilac*, 2019, p. 21.

> da escola primária e me comiam escondidos de suas esposas. Por estudantes que empurravam os pintos na minha boca no banheiro sem fazer caso ou pergunta e nem esperavam o gozo esfriar antes de me ameaçarem de morte caso eu contasse a alguém. Por muitos desses. Sobrevivi porque em todos os casos fui capaz de encontrar algum tipo de prazer e me refugiar nele. "Prazer" eu chamei pra mim todas aquelas violências. Meu Deus!

Há um movimento ambíguo aqui, pois se, de um lado, Luísa parece pôr em dúvida se faz sentido chamar de estupro tais experiências, de outro, termina o parágrafo se martirizando por tê-las vivido como prazer. Considerando o restante da obra, fico me perguntando se esse matizar não é uma tentativa de proteger a travesti do julgamento público, que não estaria pronto para lidar com a crueza de tal declaração. Um possível cuidado da coautora, a jornalista cis Nana Queiroz, já que o livro foi construído a quatro mãos.[3] Luísa não foi ensinada a ter medo do que o sexo ou o desejo masculino lhe pudessem causar. Daí a discrepância entre como mulheres cis costumam rememorar tais experiências e como Luísa o faz. Mesmo quando a situação for retratada como violenta.

É o caso do estupro brutal que, aos 5 anos, a protagonista sofre de uma pessoa de casa. A violência, no entanto, em vez de tornar traumático o sexo, desencadeia a transformação de Luísa "em instrumento de prazer para adolescentes e homens adultos",[4] atraindo "toda sorte de tarado casado para a porta da [sua] escola ao fim do expediente".[5] Eis a forma como, agora, ela tenta racionalizar o desejo que a movia:[6]

> [...] se me haviam forçado o sexo, eu ia sublimar a dor escolhendo-o. [...] Curaria o medo de viajar em outros corpos como havia curado o medo de pegar ônibus: repetindo a experiência de novo e de novo, até me habituar a ela a ponto de arrancar-lhe a aura de horror.

3 *Ibidem*, p. 190. Nana afirma no posfácio: "A Marilac que aqui vos fala não é ela, nem sou eu: é uma filha, uma mescla de nós duas."

4 *Ibidem*, p. 32.

5 *Ibidem*, p. 33.

6 *Ibidem*, p. 31.

Situações do gênero encherão as páginas de outra autobiografia de uma mulher trans/travesti – *Meu corpo, minha prisão*, de Loris Ádreon. Sua primeira experiência se deu também aos 5 anos de idade, mas, diferentemente do que ocorreu com Luísa, foi com um desconhecido que a abordou na rua e não envolveu força física. O curioso é que, por mais que a autora comece o relato se dizendo confusa e envergonhada e querendo "desesperadamente impedir que o garotinho exposto ao perigo seja violado pelo homem",[7] a descrição dos acontecimentos parece tomar uma direção oposta:[8]

> Nunca antes havia visto os genitais de um adulto e muito menos tocado neles, por isso fiquei perplexo quando aquele homem tomou minhas mãozinhas e as colocou sobre aquela massa de carne curiosa e bizarra.
>
> Como era excitante explorar pela visão e pelo tato aquele corpo adulto e diferente do meu, ainda tão delicado e frágil!
>
> Aquele homem acariciava meus genitais com curiosidade irrestrita e delirava ao ver-me também excitado até que chegou ao clímax daquela corrida pelo prazer. Não posso afirmar se houve algum sinal de arrependimento ou culpa por parte dele, porque eu era então pequenino demais para perceber nas reações humanas o certo e o errado. Só me lembro que estabeleci imediatamente um paralelo entre o sêmen que banhava minhas mãozinhas e o leite que mamãe colocava na xícara para eu tomar.[9]

A partir dali, passam a se encontrar rotineiramente, construindo um envolvimento que teve papel central na vida de Loris: "Comer, beber, brincar, passear ou dormir; tudo somado, não se igualava aos momentos que se passavam na semiobscuridade daquele cômodo, onde o objeto de toda a atenção era unicamente Eu."[10] Esses encontros acabam de maneira inesperada e inexplicável, deixando uma sensação de vazio na protagonista.

---

7 Loris Ádreon, *Meu corpo, minha prisão*, 1985, p. 12.

8 Na "nota explicativa" ao início do livro, Loris afirma que usará sempre o masculino ao se referir a si mesma, pois quer que o leitor se veja na pele de uma figura que, apesar de convicta do que era, tinha seu gênero permanentemente deslegitimado.

9 Loris Ádreon, *op. cit.*, pp. 12-13.

10 *Ibidem*, p. 14.

Loris, no entanto, rapidamente descobriu "que havia outros homens no mundo que estavam interessados em explorar [seus] genitais",[11] experiências que agora, sim, passam a ser tratadas como violência. Como os "momentos repugnantes e insuportáveis" que vivia sempre que o pai a deixava cortando o cabelo, com três barbeiros que "achavam tão engraçadinho tocar e espremer [seu pênis] entre os dedos ásperos e nicotinados",[12] ou o bárbaro estupro coletivo que sofreu de adolescentes, culminando com a introdução de um pedregulho em seu ânus, ou ainda uma situação que virou rotina na escola, após a professora punir Loris vestindo-a com roupas de menina: "Todos [os meninos] queriam ter o gostinho de passar a mão em meu bumbum; nem que fosse uma vez ao dia."[13]

Uma palavra que, nesse momento, surge na narrativa ajuda a explicar por que essa criança em específico, e não outra qualquer, vira o alvo prioritário de tanta violência: "veadinho".[14] Violência que, além de punir Loris, serve como lembrete do risco que as demais crianças correm se se desviarem dos padrões dominantes de gênero e sexualidade. Importante notar, contudo, que tais ataques traem também desejos, o que gera uma dúvida: até que ponto esse ódio não é motivado pela própria curiosidade que figuras como Loris despertam?

Um caso vivido ainda na infância por Luísa é paradigmático nesse sentido. Ela conta de um rapaz de 18 anos que a agredia sempre que se encontravam, até que um certo dia ele a "empurrou para dentro do banheiro da escola durante o intervalo, corpo forçado contra o vaso, e [a] comeu como quem agride, porrada que acaba em gozo quente".[15] Faz então uma ameaça de morte a ela, caso alguém fique sabendo, e a agride novamente na saída da escola para deixar claro que não estava brincando. Dali em diante, Luísa diz sentir-se partida ao meio: "Enquanto no peito e no estômago me batiam o medo e o nojo daquele homenzinho desprezível, meu cu ansiava pelo calor novamente."[16] Após o estupro que

11 *Ibidem*, pp. 13-14.

12 *Ibidem*, p. 14.

13 *Ibidem*, p. 20.

14 *Ibidem*, p. 18.

15 Luísa Marilac e Nana Queiroz, *op. cit.*, p. 32.

16 *Ibidem*, p. 32.

viveu aos 5 anos de idade, essa foi a primeira de inúmeras experiências sexuais que teve antes da maioridade.

Fernanda Farias de Albuquerque, autora da autobiografia *A Princesa: depoimentos de um travesti a um líder das Brigadas Vermelhas*, calcula que, só durante a adolescência no interior da Paraíba, deve ter tido mais de mil relações sexuais. A primeira aconteceu aos 8 anos, quando entrou num rio perto de casa, a convite de um rapaz com o dobro de sua idade:

> Aproximou-se, eu sabia o que estava para acontecer. Não fugi. Consegui falar com um fio de voz, uma vozinha: me deixe, não quero! Para mim era ainda um jogo, eu a vaca. Ele fez com força e me penetrou. Era a primeira vez. Barriga e cabeça contorceram-se num suplício. Ele endiabrou com minha dor. Rapidamente vi a água tingir-se de vermelho. Embranqueci de medo. Vomitei e chorei de dor, de remorso. "Se você fizer as coisas do diabo, vai para a prisão e para o inferno!" A febre subiu de repente, tomou conta de mim. Tremia de medo, de vergonha. O que você fez comigo? Paulo também empalideceu. Mas você queria!, disse. Era verdade, eu queria. Doía mas eu queria. Simples e inaceitável, esta é a minha lembrança. Foi assim que aconteceu.[17]

Apesar de Fernanda ser brasileira, a autobiografia foi originalmente escrita em italiano, no italiano macarrônico que ela havia aprendido nos dois anos em que morou na Itália. Fernanda estava presa em Roma quando lançou mãos à obra, e Maurizio Jannelli, um militante das Brigadas Vermelhas que estava preso com ela, reescreveu o texto antes de ser publicado. Como os manuscritos da travesti estão disponíveis on-line, é possível confrontar a versão em livro com a que ela própria havia escrito. A comparação é particularmente relevante para esse ponto do relato, pois, enquanto Jannelli carrega as tintas na cena, dando a entender que Fernanda saiu traumatizada dali (talvez o que leitores cisgêneros

17 Fernanda Farias de Albuquerque e Maurizio Jannelli, *A Princesa: depoimentos de um travesti a um líder das Brigadas Vermelhas*, 1995, pp. 33-34.

acreditassem ser razoável), a versão original traz uma narrativa bem distinta. Na tradução que faço:[18]

> Seja como for, nada de mau [restava], tinha me recuperado, e depois de um mês já estava com vontade outra vez. Mas, quando lembrava, ficava com medo de acontecer a mesma coisa. Por isso sempre ia com meninos pequenos, de 11 e 12 anos, já que eu tinha provado com o meu primo e não foi igual com aquele rapaz de antes. Nessa altura eu já estava arrombada. Não tinha nada de virgem, daí dois meses depois eu fui atrás daquele primeiro estuprador. Aquilo não fez com que eu mudasse, aquilo me deu prazer, a partir daquele dia eu comecei verdadeiramente a minha carreira no pecado.

Fernanda diz não saber "o que procurava dentro daquelas cabeças duras, cabeças fracas. Naqueles suores azedos, melados, naqueles modos violentos, rudes",[19] mas relaciona isso ao fato de, desde criança, ser muito solitária. Outra parte da resposta pode estar numa expressão que surge no início da autobiografia, quando adultos comentam que ela "não brinca como os outros meninos, quer sempre se fazer de mulher para eles".[20] Numa sociedade tão heteronormativa como a nossa, o sexo é uma das formas mais poderosas de se produzir gênero. Por isso é tão comum um casal de gays, ou de lésbicas, ser perguntado sobre quem é o homem e quem é a mulher da relação. Por isso é tão comum que o homem que tenha experiências sexuais anais seja visto como gay, mesmo que o faça com uma mulher. Por isso é tão comum meninos trans e mulheres cis lésbicas passarem por estupros "corretivos" (para aprenderem a "ser mulher"). Por isso é tão comum travestis escutarem dos seus clientes

18 Fernanda Farias de Albuquerque, "Sono venuta di molto lontano", s.d., p. 8. "*Comunque nienti di malle, sono recumperado, il doppo un mes gia avevo la voglia di novo. Però quando me recordavo havevo paura di suscedermi istersa cosa. Ma min mettevo sempre con il piccolli ragazzi 11-12 anni. Poi ho provatto con il mio primo che nonera come quelli ragazzo di prima. Ormai gia era disfondatto. Non avevo nientti di virgini, di novo doppo due mesi ho cercato lui il primo strupador. Chuilo non min fatto cambiarre min fatto piascere di quelli giorno ho cominziato veramente la cariera del pecatto.*"

19 Fernanda Farias de Albuquerque e Maurizio Jannelli, *op. cit.*, p. 43.

20 *Ibidem*, p. 29.

passivos: "Quero ser mulher de uma mulher na cama." Por isso, enfim, é tão comum travestis tratarem como "maricona", sempre no feminino, o homem que queira ser passivo com elas.

No nosso imaginário, o sexo só é possível envolvendo um par de opostos complementares, e crianças viadas vão descobrir cedo que a experiência sexual pode lhes proporcionar o reconhecimento que não encontram em nenhuma outra esfera da vida. Solitárias como costumam ser, essas crianças também serão vistas como ótimos alvos por adolescentes e adultos frustrados, em conflito com os desejos que sentem: essa é a forma mais segura de explorarem suas curiosidades inconfessáveis, uma vez que essas crianças serão gratas pela atenção recebida. Soma-se a isso que bichinhas não são criadas para terem medo do sexo, combo perfeito para chegarmos no cenário que se desenha aqui. Narrativas similares serão encontradas também nas autobiografias trans *Liberdade ainda que profana*, de Ruddy Pinho, e *Trinta anos de clausura*, de Porcina d'Alessandro.

Ainda hoje nos escandalizamos com o polêmico *O caderno rosa de Lori Lamby*, de Hilda Hilst, uma espécie de diário que registra as experiências sexuais de uma menina de 8 anos, mas a impressão que tenho, ao analisar o corpus do presente ensaio, é que a obra não pareceria tão absurda, tão ficcional, se a protagonista fosse uma menina trans/travesti. O que me faz lembrar da pergunta crucial de Paul B. Preciado:[21] Quem defende a criança *queer*, a criança que não cabe nos padrões de gênero e sexualidade? Pudessem elas, desde a infância, construir livremente suas identidades e desfrutar de um mínimo de respeito, não precisariam buscar legitimação em expedientes do gênero. No entanto, se ainda hoje recorrem a tais expedientes, é preciso que tenham espaço para falar do que viveram e de como se sentem, sem terem que se preocupar com os desconfortos que suas narrativas causam. E, mais do que tudo, é preciso que aprendamos a lidar com o que elas estão dizendo.

Tenho imbricado sexo e gênero em todos os textos que escrevo, tanto nos fantasiosamente autobiográficos quanto naqueles que se disfarçam de

21 Paul B. Preciado, *Un apartamento en Urano: crónicas del cruce*, 2019, pp. 62-65.

ficção. Sem concessões, sem pedidos de desculpa, sem alertas de gatilho. É a forma que encontrei de honrar a coragem dessas figuras que, muito antes de mim, com estratégias das mais improváveis, vêm inventando o direito de ser travesti.

Referências bibliográficas

ÁDREON, Loris. *Meu corpo, minha prisão*. Rio de Janeiro: Marco Zero, 1985.

ALBUQUERQUE, Fernanda Farias de. *Sono venuta di molto lontano*. Manuscrito sem data, disponível no *Princesa 20*: <www.princesa20.it/wp-content/uploads/2014/11/SVML.pdf>. Acesso em: 1º maio 2025.

ALBUQUERQUE, Fernanda Farias de; JANNELLI, Maurizio. *A Princesa: depoimentos de um travesti a um líder das Brigadas Vermelhas*. Rio de Janeiro: Nova Fronteira, 1995.

D'ALESSANDRO, Porcina. *Trinta anos de clausura: memórias de Porcina d'Alessandro*. Rio de Janeiro: Autografia, 2021.

HILST, Hilda. *O caderno rosa de Lori Lamby*. São Paulo: Massao Ohno, 1990.

MARILAC, Luísa; QUEIROZ, Nana. *Eu, travesti: memórias de Luísa Marilac*. Rio de Janeiro: Record, 2019.

PESSOA, Fernando. *Poesia completa de Álvaro de Campos*. São Paulo: Companhia das Letras, 2007.

PRECIADO, Paul B. *Un apartamento en Urano: crónicas del cruce*. Barcelona: Anagrama, 2019.

RUDDY. *Liberdade ainda que profana*. Rio de Janeiro: Razão Cultural, 1998.

Que importa quem fala? Sobre autoteoria e autoficção

Tatiana Salem Levy

Uma coisa sou eu, outra são os meus escritos.
Friedrich Nietzsche

A narrativa que enterra o morto e salva o vivo como imortal não é autobiográfica porque o signatário conta a sua vida, mas porque essa vida, ele se a conta, ele é o primeiro, senão o único, destinatário da narração.
Jacques Derrida

Em dezembro de 2003, telefonei à minha orientadora de doutorado na PUC-Rio, Marília Rothier Cardoso, para contar que estava começando a escrever um romance sobre uma jovem que recebe do avô a chave da casa que ele deixou para trás e decide percorrer, no sentido inverso, a trajetória dos imigrantes de sua família. Ela tem o corpo paralisado e acredita que sua condição se deve aos silêncios do passado que herdou. Pensei no seguinte, disse-lhe: Faz algum tempo que essa história toma conta de mim. Quero mergulhar nela. Sendo assim, queria trocar o tema do doutorado, se você concordar, é claro. Em vez de estudar o realismo na prosa brasileira contemporânea, eu gostaria de pesquisar sobre a relação entre corpo, herança e imigração. Quero escrever sobre o corpo dos imigrantes e o corpo das gerações seguintes, o que você acha? Ela não escondeu sua alegria e foi mais longe: Quem sabe você não entrega o romance como tese?

Assim começou uma trajetória nada evidente, que me levou a defender meu primeiro romance, *A chave de casa*, como trabalho final para obtenção do grau de doutora. Não tomei essa decisão em paz, e até o último dia hesitei. Optei, então, por acrescentar ao romance um pós-escrito, um pequeno ensaio que contava, também em primeira pessoa, meu percurso nos quatro anos de doutorado até chegar ao romance e à escolha por uma narrativa de autoficção. Anos mais tarde, quando me tornei investigadora da Universidade NOVA de Lisboa, a minha primeira orientanda, Catarina Barros, me ensinou com seu projeto que o que eu havia feito nesse ensaio se chamava autoteoria, que consiste em pensar questões teóricas trazendo para o texto experiências pessoais. Nas palavras de Lauren Fournier: "O trabalho autoteórico tem nas experiências corporificadas a matéria-prima através da qual teoriza, processa e reitera a teoria com um fito feminista." Um olhar com corpo, diria Catarina.

Alguns meses depois da conturbada e polêmica defesa, o romance ganhou vida própria, foi publicado em Portugal e no Brasil, numa edição modificada em relação à tese, sem o pós-escrito. Na altura, optei por não permitir a disposição da tese on-line – o que significa, em termos práticos, que para ler o ensaio é preciso ir à biblioteca da PUC-Rio.

Agora, dezoito anos depois, decidi fazer uma edição do que havia escrito àquela altura – o que faço aqui é uma montagem de alguns trechos do ensaio original. O trauma da defesa, que oscilou entre o elogio e a acusação moral ("você recebeu uma bolsa para fazer uma tese, não um romance"), me fez renegar esse percurso, inaugural não só para mim. Depois de *A chave de casa*, muita gente escreveu romance ou poesia como tese; muita gente escreveu autoteoria como tese – colocar-se, implicar-se no texto e no pensamento foi deixando, aos poucos, embora continue encontrando forte resistência, de ser sinônimo de narcisismo. A experiência pessoal não faz de um romance menos romance, nem torna um ensaio menos reflexivo. Não necessariamente.

Entregar um romance como tese significava acreditar na ficção como fonte de saber e conhecimento. Abrir a universidade a outras formas de escrita e criação se apresentou para mim como um movimento político de subtrair da antiga forma de tese a exclusividade da legitimação. Afinal, um romance pode, sim, proporcionar uma experiência de saber. Como diz Roland Barthes, em sua célebre *Aula* no Colégio de França: "Porque ela encena a linguagem, em vez de, simplesmente, utilizá-la, a literatura engrena o saber no rolamento da reflexividade infinita: através da escritura, o saber reflete incessantemente sobre o saber, segundo um discurso que não é mais epistemológico mas dramático."

O que pretendi fazer, ao escrever o romance, foi trabalhar com a herança familiar e com a herança literária. Embora num primeiro momento eu tenha sido levada a me centrar em questões específicas da minha família, a ideia era, desde o início, transformar o material encontrado, fazendo com que ele extrapolasse os limites do privado. Tratava-se de escolher o que me interessava tanto na herança familiar – as viagens, os exílios, as paralisias – quanto na cultural – a ficção, o romance, a teoria literária.

A partir de experiências pessoais, busquei as formas nas quais a herança se apresenta – seja através de arquivos familiares, de relações entre pais e filhos, ou de marcas corporais – e as possibilidades de escolha do herdeiro, ou seja, o processo de tornar a herança algo seu. Inicialmente, desenvolvi um texto que oscilava entre a forma acadêmica e a ficcional, procurando analisar como Samuel Rawet e Franz Kafka constroem personagens cujos corpos apresentam curvaturas, doenças, pesos, estranhezas, que falam de um passado ou uma herança. No entanto, ao longo do meu percurso de escrita, a ficção foi tomando cada vez mais espaço até o momento em que percebi que para escolher a minha herança – familiar, literária e crítica – eu precisaria levar a cabo o projeto no qual minha orientadora insistia havia tempos: o de apresentar um romance como tese. Decisão nada fácil para quem até então tivera um trajeto bastante acadêmico e teórico. Mas necessária para dar conta das questões que me atormentavam.

Impossível escrever este texto sem tocar em questões pessoais, sem trazer para a ordem do público traços da minha própria intimidade. Talvez esse gesto nem chegue a assustar os leitores, pois me parece que, se entre as décadas de 1950 e 1970 a crítica literária quis tirar de cena a figura do autor, hoje, cada vez mais, ela se empenha em trazer à tona a própria figura do crítico. Implicar-se e arriscar-se no texto, dissolver as fronteiras entre o teórico e o pessoal, entre a escrita crítica e a escrita literária: é desse movimento que este ensaio participa.

Na origem do meu romance, estava a seguinte inquietação: o que significa ser neta de quatro imigrantes, participar de uma família que ao longo dos séculos teve que deixar sua terra natal inúmeras vezes e procurar acolhimento em terra estranha? Será que duas gerações posteriores ainda carregam algum tipo de trauma, de marca deixada pela imigração? Mesmo quando a assimilação já foi concluída, quando já não se é mais estrangeiro/estranho?

O que me fez querer entender a diáspora, o exílio, a imigração e, mais especificamente, a maneira como o corpo expressa esses movimentos foi ter percebido que, embora eu pertença ao meu lugar, à minha cultura, ao meu país, há algo em mim – em meu corpo – que me remete a um passado do qual, por mais que eu queira e tente, é impossível fugir. Em depoimento sobre o motivo que a levou a fazer o documentário *Um passaporte húngaro*, a cineasta Sandra Kogut diz que "queria falar sobre o que somos porque escolhemos ser e sobre o que somos querendo ou não". Meu caminho é um pouco esse. Quando falo de um passado do qual não posso fugir, estou me referindo a algo *em mim*, mas que é ao mesmo tempo anterior ao meu corpo. Como diz Hélène Cixous em *Photos de Racines*, "lembramo-nos de acontecimentos dos quais somos herdeiros mesmo que tenham se passado num 'antes' de nós. Não existe 'antes' que não seja agora.

Fechada em casa, vasculhei meu arquivo doméstico. Fotos, cartas, diários. Em Esmirna, Lisboa, Istambul, Rio de Janeiro. Em papéis descoloridos, pessoas às vezes estranhas, lugares desconhecidos. Eventualmente, alguma anotação no verso da fotografia: "vovô na Turquia"; "mamãe na ótica". Sempre alguém em algum lugar, mas raramente alguém em casa. O que mais me chamou a atenção foi o relato de uma prima-avó, escrito à mão, em que ela conta a história da família na Turquia e a mudança para o Brasil. Não cheguei a conhecer praticamente nenhuma das pessoas citadas, mas enquanto lia a narrativa tinha a sensação de que estavam todos vivos em mim, como se nos conhecêssemos havia longo tempo. Então, ficou claro que era esse o caminho que eu precisava seguir: dialogar com meus antepassados, com os fantasmas que rondavam a casa.

Em *Espectros de Marx*, Jacques Derrida diz que "é preciso falar *do* fantasma até mesmo *ao* fantasma e *com* ele". Trata-se de uma política da memória, da herança e das gerações. Aprender a viver passa necessariamente pelo outro e pela morte. Não se aprende sozinho, nem da vida pela vida, mas na interseção entre a vida e a morte, o eu e o outro. Nesse sentido, aprender a viver é um processo que pressupõe o trabalho de luto. É preciso matar o morto para se apoderar da herança e poder, enfim, escolher o que herdar. É preciso matar o morto para sair da cama e traçar seu próprio itinerário. Dar sentido a um corpo paralisado, a uma herança recebida sem escolha implica um trabalho de luto, que é também um processo de dar nome às coisas, localizar, identificar o morto.

Falar com o morto é também lhe certificar seu lugar de morto. Foi a partir desse pressuposto que decidi escrever um romance que é, na verdade, um diálogo com fantasmas. Trata-se de uma personagem em busca de suas origens, não para encontrar um sentido pronto e redentor, mas para *criar* o sentido de sua herança a partir da escrita. Derrida afirma que "se a legibilidade de um legado fosse dada, natural, transparente, unívoca, se ela não pedisse e não desafiasse ao mesmo tempo a interpretação, não se teria nunca o que herdar. [...] Herda-se sempre um segredo – que diz 'leia-me, alguma vez serás capaz?'". Mas como receber esse segredo, como entender essa fala antiga, num certo sentido anterior a nós mesmos?

Dispor de um conceito antecipadamente, ter segurança do percurso da fala e da escrita seria supor uma herança fechada, como se o que herdamos fosse preestabelecido. Será que eu poderia afirmar que herdei um corpo doente, que carrego no meu corpo as dores de gerações anteriores? Ou será que foi a partir do corpo doente que decidi buscar a herança? Afinal, o que se recebe e o que se constrói nesse processo? Certamente não há uma resposta única para essas questões, pois o que há de interessante é justamente o processo em que o herdeiro toma a herança para si. "Aquilo que herdaste de teus pais, conquista-o para fazê-lo teu", diz a máxima de Goethe retomada por Freud em *Totem e tabu*.

Para falar *ao* e *com* o fantasma é preciso estar armado, ter ou construir suas próprias armas. Então, tomada por um "mal de arquivo", decidi não apenas vasculhar diários e fotografias, mas também ir aos lugares de onde vieram meus antepassados. Eu precisava dar sentido a meu corpo paralisado, era essa a única maneira de me armar. Foi por isso que fiz as malas e parti rumo à Turquia, de onde vieram meus avós e, em seguida, a Portugal, de onde vieram meus antepassados mais antigos. Lugares para onde eu já havia ido, mas sem a intenção de rastrear o passado para torná-lo escrita.

A questão não é simplesmente enfrentar os espectros, mas fazer uma espécie de pacto diabólico com eles. Daí a ideia de ter que falar deles e para eles, mas também *com* eles. Já que os fantasmas nos rondam, nos olham, nos observam, já que é impossível fugir deles, é preciso aprender a torná-los nossos. Enquanto conhecia os lugares, as pessoas, os hábitos, enquanto me identificava com algumas coisas e me estranhava com a maioria, ia também definindo de que maneira poderia me apoderar dessa herança e escolher o que era meu. A opção por uma escrita ficcional foi uma forma de evidenciar os afetos e as sensações implicados em todo esse processo. Tornar meus antepassados personagens era uma forma de decidir que caminho dar a eles. Nesse sentido, o fantasma era a minha própria arma, eu me utilizei dele para enfrentá-lo.

Inicialmente, me pus a escrever um romance em terceira pessoa que contemplava apenas a história da volta às origens. Foi um desastre. A certa altura, apaguei tudo o que havia escrito e recomecei. Dessa vez, em primeira pessoa. O texto fluía mais. Ao longo do processo, fui diluindo as fronteiras entre fato e ficção até sentir que a questão "o que aconteceu de fato?" havia perdido o sentido. Do romance *Nove noites*, de Bernardo Carvalho, me chegaram as frases que norteariam a minha escrita: "Este é um livro de ficção, embora esteja baseado em fatos, experiências e pessoas reais. É uma combinação de memória e imaginação – como todo romance, em maior ou menor grau, de forma mais ou menos direta."

No consagrado livro *Le Pacte autobiographique*, Philippe Lejeune define que a autobiografia se constitui a partir de um pacto de leitura estabelecido pelo escritor. Em primeiro lugar, deve-se levar em conta o "pacto de referencialidade", ou seja, o fato de que o texto narra algo realmente acontecido. Em segundo lugar, o leitor deve ser convencido pelo autor de que o "eu" do texto e o nome impresso na capa coincidem, de que narrador, protagonista e autor são a mesma pessoa.

Ao contrário do que ocorre na autobiografia, na autoficção, o autor não tem interesse nem em comprovar a realidade do narrado nem em se colar explicitamente ao narrador. O jogo se estabelece na dissolução das fronteiras. A questão aqui é a construção da identidade do narrador-protagonista que se dará na própria narrativa. O romance de autoficção não procura montar as peças de um quebra-cabeça, mas, ao contrário, embaralhá-lo ainda mais.

O relato autoficcional se propõe a encenar uma subjetividade. O "eu" da narrativa não corresponde ao "eu" do autor, mas a uma subjetividade ficcional que se constitui ao mesmo tempo em que a narrativa avança. Nesse sentido, a primeira pessoa da autoficção remete a uma subjetividade em processo. Como afirma Diana Klinger em sua tese de doutorado, "o sujeito que 'retorna' nessa nova prática de escritura em primeira pessoa não é mais aquele que sustenta a autobiografia: a linearidade da trajetória da vida estoura em benefício de uma rede de possíveis ficcionais. Não se trata de afirmar que o sujeito *é* uma ficção ou um *efeito de linguagem*, como sugere Barthes, mas que a ficção abre um espaço de exploração que excede o sujeito biográfico. Na autoficção, pouco interessa a relação do relato com uma 'verdade' prévia a ele, que o texto viria saciar, pois, como aponta Cristopher Lasch, 'o autor hoje fala com sua própria voz, mas avisa ao leitor que não deve confiar em sua versão da verdade'".

Quando decidi mudar a narrativa de terceira para primeira pessoa, busquei fazer da escrita e da criação da subjetividade um único movimento, uma espécie de teatralização que coloca em jogo as noções de autor, narrador e personagem. A personagem de *A chave de casa* não se identifica comigo, mas tampouco se distancia completamente de mim. Sua subjetividade é construída a partir da busca de um sentido para seu corpo paralisado; busca essa que se dá na elaboração das diferentes narrativas. A mudança da voz de terceira para primeira pessoa permitiu que a busca pela casa coincidisse com a busca de um nome, de um corpo. Com o tempo, fui percebendo que o que me interessava não era contar detalhadamente a história dos antepassados da personagem, mas que, a partir de uma viagem de volta às origens, ela encenasse sua subjetividade. Afinal, ser herdeiro não é isso? Receber a chave do passado para construir o presente? Acolher o que vem sem aviso para poder, enfim, escolher o que se quer? Nesse sentido, a narrativa de autoficção me pareceu a melhor estrutura para delinear o trajeto de uma herdeira. A questão não era relatar as descobertas da personagem em relação ao passado de sua família, mas fazer com que algo que dissesse respeito a seus antepassados – a chave – desencadeasse a construção de um texto, de uma subjetividade.

Se ela vai atrás da casa, é porque precisa de um sentido para seu corpo rígido e acredita que pode encontrá-lo/construí-lo na viagem/escrita. No entanto, o sentido não é algo a ser alcançado, pois é tão diluído quanto as noções de autor e personagem, de realidade e ficção. Foi quando entendi que ela não encontraria um sentido fechado que comecei a pensar que o corpo paralisado talvez não estivesse associado às viagens de seus antepassados. Daí surgiu a ideia de fazer diferentes narrativas, para exacerbar a ideia de que a busca pelo sentido se encontrava em diferentes caminhos, que ele poderia estar em sua herança, mas também em outros aspectos de sua vida e, finalmente, que talvez ele estivesse em todas essas narrativas e em nenhuma delas.

Quando escrevo não sou apenas eu quem escreve. Nunca falo sozinha. Estou sempre acompanhada de outras vozes, conhecidas e estranhas, a voz da minha mãe, dos meus avós, das minhas irmãs, a voz dos livros que li, a voz dos meus fantasmas, a voz dos fantasmas que não conheço, a voz dos estrangeiros. São elas que escrevem, elas através de mim. Mas que voz é essa que fala através de nós?

Giorgio Agamben chama a impessoalidade da escrita de *Genius*, nome dado pelos latinos ao deus que é confiado a cada ser humano quando nasce, destinado à sua proteção. Esse deus que acompanha cada um de nós é, ao mesmo tempo, o mais íntimo e pessoal dos deuses, mas também o mais impessoal, a personalização daquilo que, em nós, nos ultrapassa e excede. Diz ele: "Se [Genius] parece identificar-se conosco é só para revelar-se, logo a seguir, como mais do que nós próprios, para mostrar-nos que nós próprios somos mais e menos do que nós próprios. Compreender a concepção do homem implícita em Genius significa perceber que o homem não é apenas Eu e consciência individual, mas que, desde o nascimento até a morte, convive sobretudo com um elemento impessoal e pré-individual." Essa parte impessoal não corresponde a um passado cronológico que deixamos para trás e que poderíamos evocar. Ela "está sempre presente, em nós, conosco e junto de nós, no bem e no mal, inseparável".

Blanchot diz: "Eu me nomeio, é como se eu pronunciasse meu canto fúnebre: eu me separo de mim mesmo, não sou mais a minha presença nem minha realidade, mas uma presença objetiva, impessoal, a do meu nome, que me ultrapassa e cuja imobilidade petrificada faz para mim exatamente o efeito de uma lápide, pensando sobre o vazio. Quando falo, nego a existência do que digo, mas nego também a existência daquele que diz."

Se a "tese" não existe, certamente existe o percurso do doutorado. Fragmentado, ramificado, é verdade. Quando se começa uma pesquisa nunca se conhece o ponto de chegada. Iniciei o curso com um projeto sobre a narrativa brasileira contemporânea e acabei escrevendo meu próprio romance. Entre um e outro, a experiência da escrita – tanto crítica quanto literária – foi se fazendo em direções diferentes, mas sempre com a preocupação de pensar a literatura, de refletir sobre ela e sobre o espaço da crítica no mundo e na universidade de hoje. Quanto ao formato da tese-romance, foi uma experiência de tentar abrir o espaço acadêmico a outras formas de conhecimento. Talvez, daqui a alguns anos, essa experiência não seja mais aceita. Mas pode ser também que, pelo contrário, ela não seja mais questionada e não seja nem mesmo necessário explicar o porquê dessa decisão.

Referências bibliográficas

AGAMBEN, Giorgio. *Profanações*. Tradução de Luísa Feijó. Lisboa: Cotovia, 2002.

BARTHES, Roland. *Aula*. Tradução e posfácio de Leyla Perrone Moisés. São Paulo: Cultrix, s.d.

BLANCHOT, Maurice. *A parte do fogo*. Tradução de Ana Maria Scherer. Rio de Janeiro: Rocco, 1997.

CARVALHO, Bernardo. *Nove noites*. São Paulo: Companhia das Letras, 2002.

CIXOUS, Hélène. *Photos de Racines*. Paris: Des Femmes, 1994.

DERRIDA, Jacques. *Espectros de Marx*. Tradução de Anamaria Skinner. Rio de Janeiro: Relume Dumará, 1994.

______. *Mal de arquivo: uma impressão freudiana*. Tradução de Cláudia Rego Monteiro. Rio de Janeiro: Relume Dumará, 2001.

FOURNIER, Lauren. *Autotheory as Feminist Practice in Art, Writing, and Criticism*. Cambridge/Londres: The MIT Press, 2021.

FREUD, Sigmund. *Totem e tabu*. Tradução de Paulo César de Souza. São Paulo: Companhia das Letras, 2013.

KLINGER, Diana Irene. *Escritas de si, escritas do outro. Autoficção e etnografia na narrativa latino-americana contemporânea*. Tese de Doutorado em Literatura Comparada, Departamento de Letras, Universidade do Estado de Rio de Janeiro (Uerj), Rio de Janeiro, março de 2006.

LEJEUNE, Philippe. *Le Pacte autobiographique*. Paris: Editions du Seuil, 1996 [1975].

NIETZSCHE, Friedrich. *Ecce homo: como alguém se torna o que é*. Tradução de Paulo César de Souza. São Paulo: Companhia das Letras, 2004.

Maternidade, motor e empecilho para a escrita

Lubi Prates

Ainda me lembro perfeitamente daquela volta para casa. Era um fim de verão e as chuvas caíam, de repente, depois de manhãs quentes, com mormaço, e foi isso que aconteceu enquanto eu caminhava. Recordo a pergunta que me fiz: *é melhor me abrigar e esperar a chuva passar para ir para casa ou devo seguir o caminho, o mais rápido que puder, e chegar encharcada?* Naquele momento, para mim, esperar significava uma grande perda de tempo. Mas a outra escolha também não representava nenhum alívio, já que eu chegaria molhada em casa, teria que tirar as roupas na porta da sala, correr para o banheiro, tomar banho, me vestir novamente, e colocar as roupas para lavar... Que decisão me custaria menos, já que ambas seriam pagas com o Tempo (assim mesmo, escrito com maiúscula)?

Há poucos anos, esta não seria uma preocupação; eu, simplesmente, pararia numa cafeteria ou numa loja qualquer e esperaria a chuva ir embora para eu ir também. Essa tarde, então, riscou um limite fundamental no meu chão. Depois de semanas de adaptação do meu filho (com pouco mais de 2 anos) à creche, era a primeira vez que eu o deixava lá, e a angústia que eu sentia, ao voltar para casa, era algo desconhecido. Eu me debatia entre duas escolhas simples porque havia uma possibilidade mínima de a creche me telefonar e pedir para eu retornar. Se isso acontecesse, *é melhor estar no meio do caminho ou debaixo do chuveiro, correndo o risco de sequer escutar o toque do celular?* Pensava enquanto caminhava, mais, mais rápido, e as gotas molhavam os meus óculos a ponto de me irritar. Não tomei nenhuma decisão, apenas segui o fluxo até em casa. Como imaginado antes, entrei, tirei as roupas encharcadas, corri até o banheiro, tomei banho, me vesti, peguei as roupas que havia abandonado na sala, levei-as para a lavanderia, coloquei-as dentro da máquina de lavar – tudo num fluxo contínuo, esbaforida, carregando o celular sempre comigo. Nenhuma ligação da creche. Provavelmente, meu filho tinha ficado bem depois que eu parti. E, sim, era isso que eu desejava: que ele ficasse bem sem a minha presença, que ele soubesse que outras pessoas podem cuidar bem dele, além de mim, do pai, dos avós, da dinda e do dindo. O mundo é grande e o amor pode ser maior. Ainda me lembro perfeitamente daquela tarde porque foi naquele momento que vi, nitidamente, que a simbiose entre meu filho e eu começava a se dissipar. Por outro lado, a maternidade já havia me mostrado que eu *tinha que* pensar em TUDO, e essa sensação era reforçada mesmo a distância.

Quando os movimentos de chegar em casa terminaram, fiz um café e me sentei no meu escritório. Lá já não era mais um lugar onde eu fazia o meu filho caber, com alguns brinquedos espalhados e lápis e papel dispostos para quando ele precisasse se distrair, assim como foi no momento em que eu terminava de escrever a minha tese e/ou o meu livro "novo", sobre maternidade. Era estranho como as coisas estavam em ordem, era estranho porque fazia silêncio e isso me deixava em alerta. O celular sempre ao lado. Aumentei o volume da notificação para que nenhuma me passasse despercebida. Mas, sobretudo, era estranho estar, de novo, diante de uma página em branco num recorte do Tempo que imitava a vida que eu tinha *antes* da maternidade. A imitação era péssima, óbvio – se relacionava apenas às noções exteriores. Dentro de mim, algo mudou, de forma irremediável.

Ainda me lembro perfeitamente daquela tarde. Eram muitas as perguntas que eu me fazia, algumas eram sobre a escrita. Já havia mais de uma década que eu me definia como *escritora* e nada, absolutamente nada além do nascimento do meu filho causou um corte tão profundo na minha escrita (o porquê, o que e como). Embora eu acreditasse que poemas (o que eu escrevia regularmente) poderiam surgir nos momentos mais inoportunos, e já tivesse vivenciado essa experiência inúmeras vezes, a minha tendência obsessiva me fazia defender veementemente um ritual de escrita, que poderia falhar ou não. Como engravidei no fim da pandemia de covid-19, eu tinha vivido alguns anos em que criar uma bolha onde adentrar e poder escrever não era apenas uma questão artística, mas também uma questão de saúde mental. Então, havia um Tempo, havia o que eu gostava de ler, ouvir, ver para me sentir *inspirada* e escrever (no papel). E esse mesmo processo era válido para a minha escrita acadêmica. Se nenhuma linha surgisse, ao menos tinha havido uma predisposição interna para que isso acontecesse. Meses depois, com um bebê recém-nascido e diante da impossibilidade de qualquer ritual para escrever, a escrita não cessou, apenas acabou com as próprias exigências. Eu escrevia no bloco de notas do celular, gravava áudios para mim mesma com versos ou trechos que usaria depois e que não queria correr o risco de esquecer (um risco real durante o puerpério) por não ter papel e caneta à mão, eu escrevia durante a amamentação, colocando o meu filho para dormir, velando o seu sono, escrevia até que ele chorasse ou me chamasse, escrevia enquanto ele brincava, escrevia na calada da noite. E embora possa parecer que eu escrevi muito, na verdade, eu escrevi pouquíssimo porque estes momentos não passavam de segundos, minutos: versos, trechos, mesmo quando as palavras transbordavam... O meu filho me deu muitas palavras. Se antes eu me segurava somente nos fios da Poesia, depois do seu nascimento, a sucintez não foi capaz de explicar a complexidade que minha vida tinha tomado, por isso, a forma da minha escrita passou a abranger outros gêneros literários – ainda que de maneira totalmente fragmentada. Se houvesse um resumo, eu diria que a escrita materna é a escrita dos fragmentos: dos cacos, dos retalhos, das palavras que juntamos.

Ter um filho mudou tudo. E se mudou *como* eu escrevia, mudou também o *que* eu escrevia. Além dos poemas, vieram prosas e textos acadêmicos, muitos deles sobre maternidade, sobre a *minha* maternidade. E, se friso o *minha* aqui, devo dizer que não acredito de maneira nenhuma que as minhas experiências são apenas individuais. Mas, se desde o século XX se proliferam textos de mulheres brancas compartilhando as suas escolhas em relação à maternidade ("filho: ter ou não ter?, eis a questão") e as suas experiências, percebi que eram poucas as mulheres negras que falavam sobre isso, a partir das suas próprias perspectivas. Enquanto eu construía essa percepção, me aprofundei na produção da Lucille Clifton, que já era minha poeta preferida, e que, com o orgulho de se inscrever como uma mulher negra, mãe, me mostrou a potência que há em escrever sobre algo tão singular. Apesar da dificuldade no ato de escrever, se tornava urgente, para mim, registrar que eu sou uma mulher negra, que eu escolhi ser mãe, que eu escolhi ter um filho negro como eu, que eu escolhi amá-lo e cuidá-lo e que eu escolhi fazer isso me assegurando de que haveria uma rede de apoio (companheiro/pai, avós, dinda, dindo e amigas/os/ues). Assim como eu, muitas outras mulheres negras fazem as mesmas escolhas diariamente, algumas, bem próximas a mim. Mas a quem interessa que essas histórias sejam contadas? Ao mesmo tempo que se defende que o nascimento (todos nós passamos por isso) e a maternidade assumam os mesmos postos que o amor, o sexo e a guerra têm na Literatura, e nas artes, em geral, pois isso transformaria a sociedade na qual vivemos, acredita-se numa *história única* e invisibilizam-se as perspectivas de pessoas racializadas, transgênero, dissidentes sexuais, pobres e de outros grupos marginalizados. Ainda me lembro perfeitamente das perguntas que me fiz naquela tarde, das respostas que me dei e de como ambas se reforçavam com o silêncio que havia na casa – momentaneamente, vazia do meu filho.

Mesmo que as histórias que eu quero contar não interessem a ninguém, exceto a mim mesma e a mais duas ou três pessoas, ainda assim irei contá-las. Por mim e para mim. A maternidade fez nascer em mim uma busca pela minha integridade, por me agarrar aos lampejos da minha autoconsciência, e estar atenta aos meus desejos é um passo importante para isso.

Ainda me lembro perfeitamente daquela tarde. Encarando a folha em branco, que nunca antes tinha sentido tão branca, ouvindo pela primeira vez o silêncio que fazia quando o meu filho não estava comigo, percebi que vivia uma cena inaugural. Que não resultou em nenhuma outra ação, mesmo que o óbvio, a expectativa e o meu desejo fossem escrever. Parecia que seria fácil, mas foram muitas as perguntas que me fiz, na minha mente, uma algazarra: *por que eu escrevo? O que eu escrevo? Como eu escrevo? E-u-a-i-n-d-a-e-s-c-r-e-v-o? Eu JÁ escrevi?* O Tempo das dúvidas e escolhas passa rápido, embora pareça lento. Não demorou até que eu tivesse que me retirar daquela reflexão, fechar o caderno, calçar o tênis, desligar as luzes, trancar a porta e o portão e refazer o caminho da minha casa até a creche para buscar o meu filho, andando tão depressa como se estivesse atrasada. A creche não me ligou, tudo deve ter transcorrido dentro do que era esperado. Ainda me lembro perfeitamente daquela tarde, e aquele tempo sozinha me pareceu um grande desperdício de Tempo, pensando em tudo. Foram meses para eu esquecer de mim mesma pelo caminho creche-casa e casa-creche, como se fosse um passeio, poder me distrair com as pequenas coisas, cantarolar, chegar, tirar os sapatos, coar um café, ir até o escritório, sentar, ter tranquilidade diante do papel em branco (já conhecido) e escrever.

Naquela tarde, me lembrei: às vezes, o meu filho, com a simplicidade do seu vocabulário, conta sobre mim: *"Minha mamãe é uma doutora escritora."* São coisas quase inconjugáveis, mas ele aparenta ter mais certeza delas do que eu.

O eu dos outros em oficinas de escrita

Gabriela Aguerre

Um aluno tem o texto comentado pelos colegas, em roda, em uma sala de aula dentro de um instituto onde ocorre um curso de formação de escritores, noite de segunda-feira, São Paulo. O autor se mantém em silêncio enquanto vão se seguindo os comentários, um a um, cada qual desfiando um aspecto do texto lido previamente e que, agora, na companhia uns dos outros, põem-se a esmiuçar: aquele trecho bonito, aquele outro um pouco mais confuso; o sentido geral da história, algo que pode estar faltando ao enredo; se o personagem parece contraditório em algum gesto ou ausência de iniciativa, se a contradição pode ser entendida como parte do próprio personagem, sua interação com os demais personagens, o quanto cada um parece estar bem ou mal desenhado.

Quem comenta não se dirige diretamente ao autor, mas à roda, orientada por uma professora do curso que conduz a oficina, lança perguntas e pontua alguns esclarecimentos – tentando destacar aspectos formais e simbólicos do texto, levando o grupo a refletir sobre dificuldades no processo de escrita que, em geral, são compartilhadas pela maioria. Ela também tenta dar uma unidade à discussão, considerando leituras e impressões diversas, procurando devolver, ao autor, um reflexo o mais preciso possível da presença do seu texto no mundo, esteja o texto no ponto em que estiver, mesmo um texto em andamento. Nesse caso, eram alguns capítulos de um romance narrado em terceira pessoa, acompanhando a trajetória de um personagem que se via confuso, um pouco perplexo, diante de algumas escolhas que tinha tomado na vida, ou seja, desconforme com o que ele mesmo imaginava ou projetava para si.

A turma a essa altura já está acostumada a tentar distinguir as figuras de autor, narrador e personagem; não era a primeira oficina de escrita criativa da qual participam. Já estiveram no centro de uma discussão como essa, recebendo os olhares para textos seus e, nessa posição, puderam sentir na pele aquilo que o texto provoca em leitores aplicados. Mesmo que se identifiquem eventuais relações entre as características do personagem em questão e o autor, que segue em silêncio, o texto não autoriza ninguém a deduzir que haveria qualquer coincidência entre o que foi escrito e o que foi vivido – o real, digamos –, salvo que isso estivesse claramente expresso. E, ainda assim, poderíamos seguir em dúvida. Não perguntamos ao texto nada além do que ele mesmo pode nos oferecer. O texto se revela como se seu autor fosse apenas um mensageiro. Somente a pessoa que escreve sabe o quanto empresta de si e o quanto toma emprestado de outros na construção de um personagem, de um espaço, de um evento. Às vezes acusa o golpe quando se questiona um aspecto ou acontecimento que diga respeito a algo muito íntimo ou secreto – mas apenas quem escreve sabe. O que se conversa fora dali não necessariamente precisa ser conhecido para que se frua a história, a linguagem; para que se absorva o impacto que provoca um punhado de letras sobre tela ou papel.

O narrador, naquele texto, ia e vinha no tempo, descrevia o personagem em cenas como se estivesse testemunhando os mais mínimos movimentos, ora antecipando um acontecimento seguinte, ora se mantendo na dúvida perene do presente, como se cada passo caísse no abismo da incerteza do próximo passo. A roda vai terminando, todos já deram suas contribuições e estão se preparando para enviar os comentários por escrito, dentro do próprio arquivo do texto ou separadamente, em um ou mais parágrafos críticos. Antes de convidar para o intervalo, pois se aproxima o horário de fechamento da cantina, a professora questiona algo que pairava frágil, sem ter sido enfrentado frontalmente, sobre as escolhas da narração – se quem conta o que está contando, no texto, apenas acompanha o presente ou se já está no futuro dos eventos, rememorando-os. "Onde está o narrador?", ela lança a pergunta.

O autor, já se levantando da cadeira, cigarro na mão, isqueiro na outra, responde, com riso intranquilo: "Está lá embaixo, fumando um cigarro."

Como professora de escrita criativa tenho tido nos últimos anos o privilégio de acompanhar dezenas de alunas e alunos em suas experimentações daquilo que pude ver se formando como um projeto literário, como um livro. Um ofício que exige tanto responsabilidade quanto cuidado – a cada roda de leitura, a cada entrega de texto, se reapresentam questões cujas respostas são dadas apenas uma vez, ali, naquelas páginas – e a cada vez de um jeito diferente. Faz parte do trabalho apontar o que funciona e o que não funciona, e refrescar sempre a ideia do que é que *funciona* em um texto literário: aquilo que serve para um e não para outro, considerando sempre o efeito que uma palavra, uma frase, o texto inteiro podem provocar; tentando estabelecer, naquela roda, um ambiente de cumplicidade com quem mostra o que escreveu, ainda incipiente, querendo ser, vindo a ser, e com aqueles que estão do lado de fora do texto, olhando para ele, se preparando para ocupar aquela posição na semana seguinte.

Às vezes digo que, embora as oficinas de escrita sejam espaços de experimentação – e que todo texto é provisório até a autora ou o autor dizerem o contrário, e que isso implica se desapegar do texto para poder observá-lo e *só depois* decidir por onde e de que maneira seguir –, elas são também espaços "sagrados", em oposição aos espaços dos textos "consagrados", os que já lemos prontos, os que vêm com capas e orelhas, em noites de lançamento, em resenhas nos jornais e redes sociais, nos podcasts, mobilizando feiras literárias. Sagrado como algo que irrompe no silêncio ou no vazio, passando a existir, esse gesto de criação acompanhado sempre de alguma gravidade. (O que não significa que há de se sacralizar o texto, pelo contrário: é o que é ou pode vir a ser: rasurá-lo, corrigi-lo, descartá-lo, revisá-lo, reestruturá-lo não nos deve doer tanto nos ossos.)

Então imaginemos o autor fumando lá embaixo. Suponhamos que a narrativa que ele teve analisada é totalmente fabulada, que nada daquilo aconteceu em sua vida, que não há segredos revelados, que criador e criatura se encontram pela rua como se não se conhecessem. Isso que almeja a ficção. Agora suponhamos o oposto disso: que todo esforço da narrativa fosse o de reconstruir acontecimentos tal e qual o autor se recorda deles e que apenas tenha substituído nomes, feições, pequenas circunstâncias, talvez com o receio de despertar incômodos ou, algo mais pragmático, um processo judicial movido por alguém do mundo real – esse receio tão concreto de que alguém se sinta ofendido ou atacado e se veja no direito a "revidar". Se houver correspondência entre quem narra e quem escreve, poderemos conjeturar que é não ficção. Se houver dúvidas, que é autoficção. Haverá quem se importe, haverá quem pergunte. Mas haverá algo anterior de que talvez não se fale o suficiente: a decisão de qual chave de escrita utilizar, seja no ímpeto inicial, seja ao longo da confecção, releitura e revisão do próprio texto. Acho que precisamos falar sobre essa chave.

Escritoras e escritores iniciantes se beneficiam de refletir sobre qual caminho tomar e experimentar sem medo – ou com. Porque parece haver um entendimento de que, se usarmos a chave da ficção, tudo será entendido então como "não meu", um campo mais protegido e seguro. E de que, se usarmos a chave da não ficção, então estaremos falando de um gênero não literário, daquele que expõe gratuitamente e que poderá ser visto como individualizado demais, narcisista demais, incapaz de promover algum suposto efeito universalizante da literatura. Também haverá o meio do caminho: e se me expuser, mas não muito? E se eu publicar sob um pseudônimo, como se esse livro não fosse meu? Ou se o meu desejo for o de simplesmente me colocar na narrativa, com todas as correspondências que conseguir estabelecer, para imprimir meu lugar no mundo ou, ainda, sentir-me pertencente a ele?

Fato é que as primeiras produções literárias, nesse caminho mais desperto e consciente, nesse gesto mais decidido de "começar" uma trajetória na escrita ou de encontrar um livro dentro de si, naturalmente parecem conter um fato importante ou talvez o mais importante da vida – a autora ou o autor no centro dos acontecimentos, cercando os arredores de um evento muito particular. Uma conformação familiar específica, um trauma de origem, alguma sorte de milagre ou tragédia, ou simplesmente aquilo que "se contar ninguém acredita" (e é por isso que se vai contar). Mas as formas de se aproximar desse acontecimento são tão variadas quanto o número de palavras que se podem formar a partir do alfabeto. Pode-se iniciar um relato em primeira pessoa que vá se descolando daquilo que se pretende contar "porque aconteceu assim", e talvez o próprio texto peça decisões que se afastem do impulso original. Pode-se temer esse início, e então uma solução seja criar um personagem e situações nas quais se acoplem características, sensações ou sentimentos vivenciados – e a isso também podemos chamar de imaginação. Pode-se optar por iniciar e sustentar um contrato autobiográfico, tal como o postulado por Philippe Lejeune e debatido amplamente por Leonor Arfuch em *O espaço biográfico*, procurando manter-se fiel a um "eu" da escrita que corresponda à voz de quem narra e à identidade de quem assina a obra. Pode-se fazer um jogo novo, controlando essa narrativa ou sendo conduzido por ela.

Quando vi o meu primeiro livro publicado, me caiu bem a etiqueta da ficção, pois entendi o livro como um romance – foi assim que ele foi se conformando, dentro de uma oficina (exatamente como a que aparece no começo deste ensaio), ambiente que acolheu minha produção da primeira à última página. Já pronto, fora de mim, compreendi que o livro trazia nos paratextos alguns elementos que me aproximavam das características da protagonista, e dessa forma fui aceitando também a prateleira da autoficção, essa que mantém os limites difusos entre autora e narradora: *isso aconteceu mesmo?* Mas me conforta, agora, passado algum tempo, a hipótese de o livro, como um todo, conter um gesto não ficcional, pois eu nada poderia ter feito de diferente ao tentar cercar três dos assuntos mais não ficcionais da minha vida até aquele momento: a morte de minha irmã gêmea, a perda de uma gestação, a morte de meu pai. Escrever daquele jeito, distanciando-me o quanto pude, mergulhando na linguagem o quanto pude, foi o que deu para fazer.

Escritoras e escritores mais experientes conseguem olhar com um pouco mais de clareza para aquilo que os moveu e move nos seus processos de escrita. O primeiro gesto literário já foi absorvido pelos seguintes, ora repetindo e reafirmando procedimentos, ora se afastando deles – e, em geral, quanto se incomodam ao serem confrontados com a pergunta de se isso ou aquilo aconteceu de verdade, ou de quanto há de autobiográfico em tal passagem, no livro inteiro, em cada conto. Mas a curiosidade não deixa de ser legítima. Quem há de negar que a chancela de "verdade", de "real", não acrescente uma camada de fascínio e interesse ao texto literário? Em quantos níveis isso pode ocorrer? Como se olhássemos para algo tão bem escrito, com personagens tão cheios de carne, alma e presença que não nos conformássemos com o fato de serem *apenas* criaturas de papel. (Ou quiçá sejamos mesmo fuxiqueiros, quem há de negar?)

Muito embora haja algo de extremamente valioso nas escritas de si não ficcionais (essa investigação tão corajosa), não se trata de insistir na questão, geralmente estéril, de observar a ficção e perguntar se "isso aconteceu de verdade", ou "o quanto de autobiográfico há nos romances". Trata-se de ampliar as possibilidades criativas sem trair o desejo, sem negar a ninguém o direito de escrever o que quiser, como quiser – apenas tentando atingir sua melhor forma possível, que se reflete na construção narrativa, na elaboração estética, no arranjo dos elementos que compõem uma história. Escrevendo, cada qual inicia um processo de descoberta, de tentativa e erro, cercando aquilo que viu e o que deixou na sombra, despertando inclusive para um "eu" que nem tinha consciência que existia. Esse "eu" que os outros olham e a quem fazem perguntas que só o texto pode responder.

Até isso acontecer, até chegar o momento no qual quem escreve põe à prova o que escreveu, observando como ressoa a sua voz narrativa, tantas dúvidas atravessam o caminho de quem está começando, inclusive se serão capazes de imaginar o tanto necessário. Como se a fabulação fosse um pressuposto, uma exigência, sem lembrar que escrever é puxar fios, e que de um evento que se considere crucial, exportado de uma experiência, tudo o que se desfie a partir dele é composto de linguagem. Ao se iniciar uma história, algo se separa de quem a escreve, e é aí que passa a se desenrolar o novelo. E talvez seja essa a experiência mais bonita do ato de escrever, esse ter em mãos o material de que se compõe a literatura e se aventurar por ele.

No ensaio "Sobre o *daimonion* e outras motivações para escrever", publicado no livro *Escrever é muito perigoso*, Olga Tokarczuk fala da "decisão ousada de procurar dentro de si uma voz própria" em oposição ao fenômeno, que ela vê com apreensão, da avalanche do "eu" como ponto de vista, "o ego muito aumentado do escritor", que está "inflado patologicamente, subjetivando tudo ao redor e aos poucos substituindo todo o universo".[1] Chega a chamar esse "eu" de "trepadeira daninha". Em "Psicologia do narrador", outro ensaio do mesmo livro, ela sugere que "trazer o narrador à vida significa recuar, encolher-se", para "ceder lugar e deixar espaço para um mundo que precisa se formar para que possa ser contado".[2] Em "What is Real?"[3] [O que é real?], um texto paciente e iluminador acerca de seus processos de escrita, Alice Munro usa a expressão "argamassa inicial do mundo real", a que dispara a construção de um quarto, uma cidade, um mundo ficcionais.

Jonathan Franzen estressa ainda mais os termos:

> Minha ficção é extremamente autobiográfica e, mais que isso, considero que meu trabalho como escritor seja torná-la ainda mais autobiográfica. Segundo minha concepção de romance, ele é um embate pessoal, um engajamento total e direto com a história da própria vida do autor.[4]

Ele toma emprestada essa concepção a partir de Kafka, que,

> [...] embora nunca tenha se transformado num inseto, e embora nunca tivesse uma comida (uma maçã da mesa da família!) incrustada em seu corpo e apodrecendo lá, devotou toda sua vida como escritor a narrar sua luta pessoal com a família, com mulheres, com a lei moral, com seu inconsciente, com o sentimento de culpa e com o mundo moderno. A obra de Kafka, que salta do mundo onírico sombrio do seu cérebro, é mais autobiográfica que qualquer descrição realista do seu cotidiano no escritório ou com a família ou com uma prostituta com que ficasse. O que é a ficção, afinal, senão um tipo de sonho com um propósito?[5]

1 Olga Tokarczuk, *Escrever é muito perigoso: ensaios e conferências*, 2023, p. 116.

2 *Ibidem*, p. 151.

3 Alice Munro, "What is Real?" in *The Art of Short Fiction*, 1993.

4 Jonathan Franzen, *Como ficar sozinho*, 2002, p. 274.

5 *Ibidem*, p. 274.

Um tipo de sonho com um propósito.

Talvez seja disso que precisemos falar mais, daquilo que verdadeiramente nos move. E de como as estratégias de representação podem ser tão ou mais importantes que o conteúdo de um relato em si ou a autorreferencialidade dos eventos narrados. É por isso que, antes mesmo de desejar escrever um livro, é preciso abrir-se para a experiência da escrita com interesse pela escrita, percebendo esse lugar tão interessante de habitar, sem saber como se chega do outro lado, mas se aventurando pelo caminho e voltando ao início quantas vezes forem necessárias. Se todas as histórias merecem ser escritas, nem todas serão lidas – e o que pode fazer quem escreve senão escrevê-las da melhor maneira possível? Ariana Harwicz, em *O ruído de uma época*, dá uma pista: "É preciso começar do zero, ressuscitar as palavras, fazer-lhes uma reanimação cardiopulmonar."[6]

Talvez nos leve uma vida para entender por que escrevemos o que escrevemos, como se pergunta Rosa Montero, que tece um livro inteiro, *O perigo de estar lúcida*, para tentar chegar a uma ou muitas respostas: desde o direito de mentir a nosso respeito – como ela conta que Mark Twain, durante uma entrevista, inventou para si um irmão gêmeo chamado Bill, que teria morrido afogado em uma banheira, e que ninguém sabia se tinha sido ele mesmo, Mark, ou seu duplo, Bill, que teria sobrevivido – até sua "teoria do funil", segundo a qual "de repente o escritor vivesse numa espécie de funil onde tudo ou quase tudo que acontece na sua vida real termina tendo ressonância com a obra que está criando".[7] Ela escreve que

> Nós humanos somos pura narração, somos palavras em busca de sentido. Epiteto dizia, com razão, que o que afeta o ser humano não é o que lhe acontece, mas o que se conta do que lhe acontece. De modo que, se você muda o relato, muda a vida, como demonstram as inúmeras terapias que, como a psicanálise clássica, se baseiam na construção de uma nova narrativa pessoal. Isso para não falar da memória, que é pura fantasia, uma história que evolui com os anos.

6 Ariana Harwicz, *O ruído de uma época*, 2024, p. 20.

7 *Ibidem*, p. 100.

> Somos todos romancistas, escritores de um único livro, o da nossa existência. E ainda bem que podemos lançar mão das mentiras para dar certa aparência de ordem e destino a esse caos, ou então a vida seria uma verdade inabitável.[8]

Talvez seja importante dissolver a ideia de que assumir a correspondência do "eu" que escreve com o "eu" que é narrado seja de todos, *a priori*, o gesto mais corajoso, destemido, despudorado, relevante. Coragem é escrever e mostrar, e melhorar, e botar um texto de pé, e rabiscá-lo até que chegue à sua melhor forma – que consiga imprimir, em quem o ler, a marca invisível de algo que agora se carrega para sempre.

Referências bibliográficas

ARFUCH, Leonor. *O espaço biográfico: dilemas da subjetividade contemporânea*. Tradução de Paloma Vidal. Rio de Janeiro: EdUerj, 2010.

FRANZEN, Jonathan. *Como ficar sozinho*. Tradução de Oscar Pilagallo. São Paulo: Companhia das Letras, 2002.

HARWICZ, Ariana. *O ruído de uma época*. Tradução de Silvia Massimini Félix. São Paulo: Editora Instante, 2024.

MONTERO, Rosa. *O perigo de estar lúcida*. Tradução de Mariana Sanchez. São Paulo: Editora Todavia, 2023.

MUNRO, Alice. "What is real?". In: GEDDES, Gary (org.). *The Art of Short Fiction*. Canada: HarperCollins, 1993.

TOKARCZUK, Olga. *Escrever é muito perigoso: ensaios e conferências*. Tradução de Gabriel Borowski. São Paulo: Todavia, 2023.

8 Rosa Montero, *O perigo de estar lúcida*, 2023, p. 172.

E se tudo for real?

Bruna Mitrano

"Não corte os negativos",[1] nos adverte *A água é uma máquina do tempo*, de Aline Motta, artista intermídia que resgata a história de suas antepassadas por meio de uma pesquisa em documentos públicos e pessoais. Antigamente, a edição de vídeo era feita com tesoura, cola e fita adesiva. Os rolos de filme eram cortados e remontados para criar a sequência desejada. Cortar os negativos significa editar a memória, significa ocultar a parte que não interessa. O "não" de Aline pode ser interpretado como pedido ou como alerta, e vem de um desejo de não apagamento, especialmente dos corpos femininos e negros.

Tendo acesso a poucas informações, a autora decide fabular a biografia das mulheres da família, desde a tataravó, Ambrosina, que morreu de tuberculose durante a Revolta da Armada. Em vez de seguir uma linha genealógica previsível (bisavó, avó e mãe), Aline fala da tia-avó, Michaela Iracema, que nunca teve filhos. Uma genealogia reconstruída a partir do corte. Ao contar a história de Michaela Iracema, ela revela um pouco da própria história, numa espécie de atualização da opressão – registros de violações explícitas e simbólicas.

Antes e depois de chegar ao formato impresso, *A água*… foi e continua sendo ação. Na performance de mesmo nome, Aline se posiciona no centro do palco, lendo o texto, enquanto fotografias e vídeos são projetados em sua direção, tomando a parede e todo o seu corpo, que funciona como instrumento e cenário. Apesar da força que as imagens têm no trabalho

1 Aline Motta, *A água é uma máquina do tempo*, 2023, pp. 27 e 41.

da artista, o projeto é uma espécie de exaltação da palavra, do poder que ela tem de gerar: "Estou grávida da minha mãe. Chegou a minha vez de te carregar na barriga. A gestação dura o tempo de escrita de um livro."[2]

Costumo usar esse livro/projeto artístico em oficinas de experimentação poética para pensar os processos de construção de uma poesia biográfica e autobiográfica, ou autoficcional. Certa vez, uma aluna chamada Fernanda me perguntou se as fotografias, os documentos e as fontes das informações que encontramos em *A água é uma máquina do tempo* bastavam para eu concluir que "tudo ali" era real. Dei uma resposta genérica, disse que, se existe coincidência onomástica entre poeta e voz poética, referências a situações e lugares reais, aceito o pacto, assumo o risco de acreditar no que é dito. Fernanda fez silêncio e, depois, outra pergunta, que me fez entender aonde ela queria chegar: "Mas como saber se ela está falando sobre ela mesma?".

Naquele momento, vi que Bianca e Gustavo também esperavam uma resposta. Decidi, então, quebrar o protocolo que eu mesma criei e usar exemplos do meu segundo livro de poesia, *Ninguém quis ver*, que pode ser identificado como autobiográfico. Nele, dois poemas trazem nomes de "tias", tia Vilma e tia Fátima. Quem lê não supõe que minha mãe teve seis irmãos, homens. Nunca tive tia. Tia Fátima morre no poema. O texto é um lamento por uma perda que nunca tive. Aliás, ter a perda já é algo ilógico. Dominar o que se perde. Tia Fátima é empregada doméstica e guarda fotos numa caixa de sapatos. A voz poética, a minha voz, é sobrinha, neta e filha de mulheres que viveram limitadas às casas dos patrões. Mas na "vida real", minha mãe era vendedora ambulante, nunca teve um patrão, e minha avó, lavadeira.

O susto dos alunos me animou e continuei. Dona Laura é uma das personagens mais carismáticas do livro. É uma senhorinha que amarra um pano na barriga para suportar a fome. Criei dona Laura para chegar à frase "não acredito na fé de quem nunca passou fome", que no poema ficou assim: "duvido da fé// de quem nunca precisou acomodar a fome/

2 Trecho inicial da performance *A água é uma máquina do tempo*, apresentada no Museu Paranaense (Mupa), no dia 7 de outubro de 2023. Esse trecho não existe na versão impressa.

sob um lenço estampado de frutas".[3] Quer dizer, primeiro existiu um desejo, algo que eu quis dizer, algo em que acredito. Depois, as imagens foram criadas para embasar essa crença. Nunca conheci alguém como dona Laura, mas ela possui características que representam uma moradora da periferia da cidade do Rio de Janeiro, aquelas que observei nas mulheres com quem cresci e que observo hoje nas minhas vizinhas.

E aí me lembro de uma coisa bem interessante que a filósofa italiana Adriana Cavarero diz. Que nas narrativas da vida não importa o que há de real, mas o reconhecimento de que *eu* tenho o desejo de contar e de ouvir a *minha* história.[4] Adriana acredita que as mulheres contam suas histórias para serem recontadas por outras mulheres e considera a existência de uma "língua do tu", em que o pronome de quem o *eu* fala não é o *ela*, mas o *você* – criando, assim, uma fruição biográfica recíproca: "eu conto para você a minha história para que você a narre para mim."[5]

No livro *Olha-me e narra-me*, publicado no Brasil em 2025, Cavarero cita Hannah Arendt para dizer que, enquanto a filosofia moderna se limita a questões generalizantes como "*o que* sou?" (o que me caracteriza), a narrativa biográfica busca responder à pergunta fundamental da condição humana: "*quem* eu sou?" (o que me faz única).[6]

A dúvida de Fernanda me levou a elaborar uma atividade de produção poética que tem sido de grande utilidade para trabalhar a forja na/da escrita de si. Nela, convido os participantes da oficina a visitarem o episódio da morte de Marvin Gaye. Marvin foi morto pelo pai com dois tiros no peito. Dois. O que prova que não foi acidental. Pai e filho tinham o mesmo nome. Sempre pensei no que Marvin filho teria sentido naqueles segundos antes de Marvin pai apertar o gatilho. Teria dado tempo de sentir raiva, medo, arrependimento, culpa? Mas a atividade que proponho, embora passe pela ação do pai e pelo sentimento do filho, se concentra em Alberta, a mãe, que estava presente no momento do assassinato.

3 Bruna Mitrano, *Ninguém quis ver*, 2023, p. 28.

4 Adriana Cavarero, *Olha-me e narra-me: filosofia da narração*, 2025.

5 *Ibidem*, p. 101.

6 *Ibidem*, p. 99.

Não encontrei na internet informações sobre como ela reagiu ao ver o filho ser baleado. Se é que reagiu. Na Wikipédia, há pouca coisa sobre Alberta Gay, a mulher esquecida, silenciosa e silenciada, mesmo diante de uma tragédia familiar. O que ela teria dito se pudesse, se tivesse essa liberdade, esse direito? O que ela teria feito se não tivesse medo? Proponho aos alunos a criação de um poema a partir da frase não dita e do gesto de dizer, isto é, da intervenção. Dar voz a Alberta. Depois, peço que a cena original seja esquecida. O poema tem origem no esquecimento, num exercício de desvincular a frase do acontecimento. Nasce daí um texto em primeira pessoa, com referências a experiências de quem escreve.

Falar de como eu me sentiria, ou melhor, de como eu me sinto no lugar de Alberta, é falar sobre mim, porque é também falar sobre como meu corpo se insere no mundo e como ele reage aos conflitos com outros corpos, visto que qualquer relação é conflitante. A escrita de si é, em todo caso, reconhecimento e reconstrução da própria identidade. Por isso, me pergunto se é possível escrever a nossa biografia sem, de algum modo, reescrever a biografia de nossos ancestrais. Além de *A água é uma máquina do tempo*, outros dois livros me ajudam a pensar sobre essa questão: *Vingar*, de Danielle Magalhães, e *Nascente*, de Heleine Fernandes.

Em *Vingar*, a escritora e professora Danielle Magalhães vai em busca da história da avó, da bisavó e da tataravó, e acaba esbarrando na dificuldade de compreensão do significado de "família". O verbo que dá título ao livro tem duas possibilidades de leitura. Vingar como vingança ou como resistência – a criança vingou, apesar de tudo. Meu poema preferido é o "minha primeira barata". Nele, a conexão entre mãe e filha se dá justamente num rompimento. No rompimento de um vínculo de medo:[7]

> desde que eu matei a primeira barata
> eu percebi que eu podia estar mais próxima da minha mãe
> mas com alguma distância
> com alguma distância que não fizesse da identificação

7 Danielle Magalhães, *Vingar*, 2021, p. 33.

uma herança
que eu teria que carregar
por muito tempo sem saber que
matar a barata não seria matar a minha mãe
mas matar um pouco do que me unia a ela
através do compartilhamento da fobia
desde então matar a barata foi poder
estar mais próxima da minha mãe
sem que a fobia fosse o laço
desde então matar a barata foi poder
matar um pouco a fobia da minha mãe
não permitir que ela perdurasse
de geração para geração
de mãe para filha

Romper com o medo não significa romper com a mãe, mas caminhar no sentido de construção da própria identidade, a partir do encontro – e portanto do conflito – com a identidade da mãe. Romper com o medo significa impedir que ele perdure pelas próximas gerações de mulheres. Romper com o medo significa, sobretudo, *vingar* a mãe: "desde então matar a barata foi poder/ libertar um pouco/ minha mãe/ sem ela saber/ que todas as vezes que mato uma barata/ eu sinto aquele gostinho feliz de vingança".[8]

Em *Nascente*, a também escritora e professora Heleine Fernandes homenageia seus antepassados menos distantes, aqueles com quem ela teve ou tem contato. O poema "socorro" é sobre a avó da autora, e o primeiro verso, o primeiro verbo, já aparece em primeira pessoa: "aprendi a gargalhar com ela".[9] Ali, a gargalhada é uma assinatura herdada. O som que faz parte da identidade de Heleine vem de Socorro, e essa herança está na memória, mas numa memória inconsciente, inacessível, uma memória do corpo.

8 *Ibidem*, p. 34.

9 Heleine Fernandes, *Nascente*, 2021, p. 25.

aprendi a gargalhar com ela
o som que faz as pessoas me reconhecerem
de longe
é uma assinatura vocal dela
de quem meus músculos recordam
e rendem homenagem

Falar da avó é falar de si, porque o corpo lembra, a despeito do desejo do *eu*. A voz poética em *Nascente* vai herdar também as histórias da mãe "como hálito vital/ fumaça de tabaco cheiroso, sopro que vem do meio do corpo".[10] Narrativas repassadas no suor e no sangue, pelos poros e pelo útero.

enquanto isso
suas histórias continuavam
borbulhando em seu útero
sem imagem
e sem palavra
em silêncio.

elas vibram ainda hoje
na pele dos filhos
os que nasceram e os que não nasceram.
saberei eu traduzir esses silêncios
herdados
em canto cheiroso
em hálito de sereia?

Heleine, a filha, a neta, a poeta, não só assume a responsabilidade de traduzir os silêncios, como se propõe a levar adiante uma literatura da não palavra: "a literatura de cimento do meu avô/ a literatura de letra

10 *Ibidem*, p. 31.

insegura de minha avó/ a literatura de minha mãe/ que não escreve:/ a literatura que herdei/ e continuo".[11]

A respiração e o útero são elementos que ligam, também, a voz poética de *A água é uma máquina do tempo* à mãe: "Uma última respiração sua atravessou o cordão umbilical e saiu dos meus olhos em forma de lágrimas. Mesmo adulta eu ainda era capaz de habitar o seu corpo, mover os seus órgãos de lugar."[12] O cordão umbilical é o elo insuperável. A filha adulta ainda habita o útero. O embrião move os órgãos da mãe conforme se desenvolve. A filha, portanto, ainda é capaz de transformar, de movimentar esse corpo.[13]

> Se eu soubesse teria soprado um par de pulmões
> no lugar do seu útero
> E esse par extra você o teria doado em vida
> para Ambrosina
> que poderia assim respirar o vento da eternidade
> que não termina no dia seguinte
> Inverter a lógica dos embriões
> A filha que vira uma ancestral da mãe
> memória e veículo
> A água é uma máquina do tempo

Fazer a tataravó, que morreu sem ar, voltar a respirar e, mais, ser eterna só é possível na criação e na recriação dessa figura, aqui, pela palavra. Como eu disse lá no terceiro parágrafo, o livro/projeto artístico de Aline, mais do que reconstruir a história, dá vida, dá identidade a essas mulheres invisibilizadas que no máximo tiveram suas dores publicizadas, noticiadas: a morte de Ambrosina e o estupro de Michaela Iracema. A genealogia invertida – "A filha que vira uma ancestral da mãe/ memória e veículo" – pode ser lida como uma metáfora da própria criação artística/poética.

---

11 *Ibidem*, p. 33.

12 Aline Motta, *op. cit.*, p. 121.

13 *Ibidem*, 137.

Depois de uma longa conversa, acho que Fernanda, Bianca e Gustavo entenderam que a poesia não precisa ser fiel à realidade.

Mas e se ela quiser ser? Se a autora quiser que *tudo ali* seja real?

Será que somos capazes de nos desapegar da ideia de que poeta é necessariamente quem cria ilusão, biográfica ou não? Será que estamos preparados para aceitar uma autoria em que a criação esteja totalmente ancorada à experiência? Será que conseguimos, hoje, incluir a poesia biográfica e autobiográfica em nossas leituras sem relegá-la ao lugar de gênero menor, vendável, mas não literário? Será que estamos dispostas/os/es a acolher uma poesia biográfica e autobiográfica que considera recortes identitários como gênero e raça sem rebaixá-la a subcategorias? Fiz essas perguntas aos alunos, no último dia daquela oficina.

Referências bibliográficas

CAVARERO, Adriana. *Olha-me e narra-me: filosofia da narração*. Tradução de Milena Vargas. Rio de Janeiro: Bazar do Tempo, 2025.

FERNANDES, Heleine. *Nascente*. Rio de Janeiro: Malê, 2025.

MAGALHÃES, Danielle. *Vingar*. Rio de Janeiro: 7Letras, 2021.

MITRANO, Bruna. *Ninguém quis ver*. São Paulo: Companhia das Letras, 2023.

MOTTA, Aline. *A água é uma máquina do tempo*. São Paulo: Círculo de Poemas, 2023.

Sobre os autores

ADRIANO SCHWARTZ

É professor livre-docente de literatura contemporânea na Escola de Artes, Ciências e Humanidades da Universidade de São Paulo e orientador no programa de pós-graduação em teoria literária e literatura comparada da Faculdade de Filosofia, Letras e Ciências Humanas. Nos últimos anos, tem se dedicado ao estudo das obras de J. M. Coetzee, Lydia Davis, Alice Munro e, especialmente, Ricardo Piglia.

AMARA MOIRA

É travesti, feminista, doutora em teoria e crítica literária pela Universidade Estadual de Campinas com tese sobre *Ulysses*, de James Joyce, e autora dos livros *E se eu fosse puta* (n-1 edições, 2023) *e Neca: romance em bajubá* (Companhia das Letras, 2024). Foi também a tradutora de *Chuva dourada sobre mim* (Diadorim, 2024), da argentina Naty Menstrual. No momento, atua como coordenadora no Museu da Diversidade Sexual, em São Paulo.

ANDREA SAAD HOSSNE

Professora titular no Departamento de Teoria Literária e Literatura Comparada da Universidade de São Paulo. É organizadora, com Sandra Nitrini, de *Memória e trauma histórico: literatura e cinema* (Hucitec, 2018) e coordenadora, com Patrícia Nakagome, do Grupo de Pesquisa Leitores e Leituras na Contemporaneidade.

ANNA FAEDRICH

É professora de literatura brasileira na graduação em Letras e no programa de pós-graduação em estudos de literatura da Universidade Federal Fluminense. É autora de *Escritoras silenciadas: Narcisa Amália, Júlia Lopes de Almeida, Albertina Bertha e as adversidades da escrita literária de mulheres* (Macabéa e FBN, 2022) e de *Teorias da autoficção* (EdUerj, 2022).

BIANCA SANTANA

É jornalista, doutora em ciência da informação, com tese sobre escrita de si de mulheres negras, e mestra em educação pela Universidade de São Paulo. Professora da Fundação Armando Álvares Penteado, colunista da *Folha de S.Paulo* e comentarista do *Jornal da Cultura*. Autora de livros como *Quando me descobri negra* (Fósforo, 2023), *Continuo preta: a vida de Sueli Carneiro* (Companhia das Letras, 2021) e *Arruda e guiné: resistência negra no Brasil contemporâneo* (Fósforo, 2022).

BRUNA MITRANO

É poeta. Vive e escreve na periferia da cidade do Rio de Janeiro. Tem textos publicados em jornais e revistas no Brasil e no exterior. Participou de mais de vinte antologias de poemas, como *As 29 poetas hoje*, organizada por Heloísa Teixeira, e *A resistência dos vaga-lumes*, organizada por Cristina Judar e Alexandre Rabelo. É autora de *Não* (Patuá, 2016) e *Ninguém quis ver* (Companhia das Letras, 2023).

CAMILO GOMIDE

É mestre em literatura e crítica literária pela Pontifícia Universidade Católica de São Paulo, doutorando em teoria literária e literatura comparada pela Universidade de São Paulo, tradutor do norueguês e editor. Em 2023, foi pesquisador convidado na Universidade de Oslo, Noruega, com uma bolsa Capes.

DIANA KLINGER

É professora de teoria da literatura na Universidade Federal Fluminense. É autora dos livros *Escritas de si, escritas do outro: o retorno do autor e a virada etnográfica* (7Letras, 2007), *Literatura e ética: da forma para a força* (Rocco, 2014) e coautora de vários livros, como o *Indicionário do contemporâneo* (Editora UFMG, 2018). Foi professora visitante na University of Wisconsin, Madison, e na Stanford University, além de palestrante em várias universidades do Brasil e do exterior.

FELIPE CHARBEL

Nasceu no Rio de Janeiro, em 1977. É escritor, professor da Universidade Federal do Rio de Janeiro e pesquisador do CNPq. Autor dos livros *Janelas irreais: um diário de releituras* (Relicário, 2018) e *Saia da frente do meu sol* (Autêntica Contemporânea, 2023). Também publicou ensaios em revistas como *Piauí*, *Serrote*, *Quatro Cinco Um*, *Suplemento Pernambuco*, *Morel* e *Peixe-elétrico*.

GABRIELA AGUERRE

É escritora, jornalista e professora de escrita criativa. Graduou-se em comunicação pela Pontifícia Universidade Católica de São Paulo, cursou linguística na Universidade de São Paulo, trabalhou por duas décadas na Editora Abril (foi diretora da revista *Viagem e Turismo*) e fez a pós-graduação de formação de escritores no Instituto Vera Cruz, onde atua como professora desde 2018. Em 2019 publicou seu primeiro romance, *O quarto branco* (Todavia), finalista do Prêmio Jabuti na categoria Romance Literário e do Prêmio São Paulo de Literatura na categoria Romance de Ficção de Estreia, ambos em 2020.

IEDA MAGRI

Doutora em literatura brasileira pela Universidade Federal do Rio de Janeiro, professora de teoria da literatura da Universidade do Estado do Rio de Janeiro e pesquisadora do CNPq. É autora dos romances *Um crime bárbaro* (Autêntica Contemporânea, 2022) e *Uma exposição* (Relicário, 2021), entre outros.

ISABELA CORDEIRO LOPES

Pesquisadora e professora, com trabalho voltado para narrativas da América Latina contemporânea. Graduada pela Universidade Federal de Minas Gerais, é mestra em letras pela Universidade de São Paulo, onde conclui atualmente seu doutorado em teoria literária e literatura comparada, com uma pesquisa sobre ficção pós-ditatorial chilena.

JOSELIA AGUIAR

Escritora e jornalista. É bacharel em comunicação social pela Universidade Federal da Bahia, mestre e doutora em história pela Universidade de São Paulo. Seu primeiro livro, *Jorge Amado: uma biografia*, publicado pela Todavia, venceu o Prêmio Jabuti em 2019 na categoria Biografia, Documentário e Reportagem. Finaliza para a mesma editora um livro em torno da vida e obra da pintora Djanira. É a organizadora da Coleção Brasileiras, que publica retratos de mulheres que se destacaram nos mais diversos campos de atuação, para a Rosa dos Tempos. Foi curadora da Festa Literária Internacional de Paraty (Flip) em 2017 e 2018, e dirigiu a Biblioteca Mário de Andrade entre 2019 e 2021.

JULIÁN FUKS

É escritor e crítico literário. É autor dos romances autoficcionais *Procura do romance* (Record, 2012), *A ocupação* (Companhia das Letras, 2019) e *A resistência* (Companhia das Letras, 2015), livro ganhador dos prêmios Jabuti, Oceanos, Saramago e Anna Seghers. É doutor em teoria literária pela Universidade de São Paulo, tendo publicado também o ensaio *Romance: história de uma ideia* (Companhia das Letras, 2021). Suas obras já foram traduzidas para onze línguas e publicadas em diversos países.

JÚLIO PIMENTEL PINTO

É professor no Departamento de História da Universidade de São Paulo e autor, entre outros, de *A pista & a razão: uma história fragmentária da narrativa policial* (e-galáxia, 2020) e de *Sobre literatura e história: como a ficção constrói a experiência* (Companhia das Letras, 2024).

LUBI PRATES

É escritora, editora, curadora de literatura e ativista visual. Tem quatro livros de poesia publicados: *coração na boca* (Multifoco, 2012), *triz* (Patuá, 2016), *um corpo negro* (nosotros editorial, 2018) e *Até aqui* (Peirópolis, 2021). *um corpo negro* foi contemplado pelo ProAC com bolsa de criação e publicação de poesia e, além de ter sido finalista do Prêmio Rio de Literatura e do Prêmio Jabuti, também foi traduzido e publicado nos seguintes países: Alemanha, Argentina, Colômbia, Croácia, Estados Unidos, França, Portugal e Suíça. *até aqui* foi finalista do Prêmio Jabuti. É doutora em psicologia do desenvolvimento humano pela Universidade de São Paulo e dedica-se às ações que combatem a invisibilidade de mulheres e pessoas negras.

LUCIENE AZEVEDO

É professora de teoria literária da Universidade Federal da Bahia. Coorganizou os livros *Escrita não criativa e autoria* (e-galáxia, 2018) e *Pós-autonomia, inespecificidade, autoficção: práticas literárias do presente* (Edufba, 2024). Pela Papéis Selvagens, publicou *Pensar a ficção hoje* (2024). Sua pesquisa atual investiga a tensão entre a não ficção e a ficção nas produções atuais, com ênfase em autores latino-americanos, como Eduardo Halfón, Valéria Luiselli, Verónica Berger Bicecci e Ricardo Vivallo, entre outros.

MARIANA DELFINI

É tradutora, editora e crítica. Graduada em jornalismo pela Escola de Comunicação e Artes da Universidade de São Paulo, é mestre em teoria literária e literatura comparada pela Faculdade de Filosofia, Letras e Ciências Humanas da mesma instituição, tendo desenvolvido pesquisa em torno da obra de não ficção de Emmanuel Carrère, com ênfase em *Um romance russo* (2007). Do autor francês, traduziu *Ioga* (2020) e *V13* (2022), além de obras de escritoras como Annie Ernaux, Rachel Cusk e Yasmina Reza.

NATALIA TIMERMAN

É médica psiquiatra pela Universidade Federal de São Paulo, mestra em psicologia pela Universidade de São Paulo e doutoranda em teoria literária e literatura comparada pela mesma universidade. É autora da não ficção *Desterros: histórias de um hospital-prisão* (Elefante, 2017; Todavia, 2025), da coletânea de contos *Rachaduras* (Quelônio, 2019), indicada ao Prêmio Jabuti, e dos romances *Copo vazio* (Todavia, 2021) e *As pequenas chances* (Todavia, 2023). Foi selecionada para a Art Omi: Writers, residência literária em Ghent, Nova York, em 2025.

SAMARA LIMA

Mestranda pelo programa de pós-graduação em literatura e cultura da Universidade Federal da Bahia. Participa do Grupo de Pesquisa Leituras Contemporâneas – Narrativas do Século XXI, coordenado pela professora doutora Luciene Azevedo. Seus principais interesses de pesquisa são narrativas contemporâneas, inespecificidade, expansão dos campos artísticos do presente e a relação entre literatura e imagem fotográfica (especialmente em Annie Ernaux).

TATIANA SALEM LEVY

É escritora, pesquisadora na Universidade Nova de Lisboa e colunista do jornal *Valor Econômico*. Publicou os romances *A chave de casa* (Record, 2007, Prêmio São Paulo de Literatura), *Dois rios* (Record, 2012), *Paraíso* (Foz, 2015), *Vista Chinesa* (Todavia, 2021) e *Melhor não contar* (Todavia, 2024). É também autora de dois livros infantis, *Curupira Pirapora* (Tinta da China Brasil, 2012, Prêmio FNLIJ) e *Tanto mar* (Galerinha, 2013, Prêmio ABL), do ensaio *A experiência do fora: Blanchot, Foucault e Deleuze* (Civilização Brasileira, 2011) e do livro *O mundo não vai acabar* (José Olympio, 2017), que reúne crônicas publicadas desde 2014. Eleita em 2012 pela revista britânica *Granta* para a seleção dos vinte melhores jovens escritores brasileiros, os seus livros já foram publicados em 16 países.

TRUDRUÁ DORRICO

Pertence ao povo Makuxi. Doutora em teoria da literatura na Pontifícia Universidade Católica do Rio Grande do Sul, é escritora, palestrante e pesquisadora. A antologia da qual participa, *Apytama: floresta de histórias*, recebeu o Prêmio Jabuti na categoria Literatura Infantojuvenil em 2024. Foi residente no Cité Internationale des Arts (Paris, 2023), LABVERDE (Amazonas, 2024). Em 2025 foi curadora convidada da XV Bienal Internacional do Livro do Ceará. Sua obra *Tempo de retomada* (Autêntica, 2025) é tema do Boi Caprichoso no Festival Folclórico de Parintins, em 2025, o maior festival da Região Norte do Brasil.

YASMIN SANTOS

Nasceu no Rio de Janeiro em 1998. Jornalista e ensaísta, é autora de *Conceição Evaristo: voz insubmissa* (Rosa dos Tempos, 2024), ensaio biográfico sobre uma das escritoras mais importantes da literatura brasileira. Colaborou com diversos veículos, entre os quais as revistas *Piauí*, *Serrote*, *Quatro Cinco Um* e os jornais *Folha de S.Paulo* e *Nexo*. Desde 2022 é editora da Companhia das Letras.

Este livro foi composto na tipografia Minion Pro,
em corpo 11,5/15,2, e impresso em
papel off-white no Sistema Cameron da
Divisão Gráfica da Distribuidora Record.